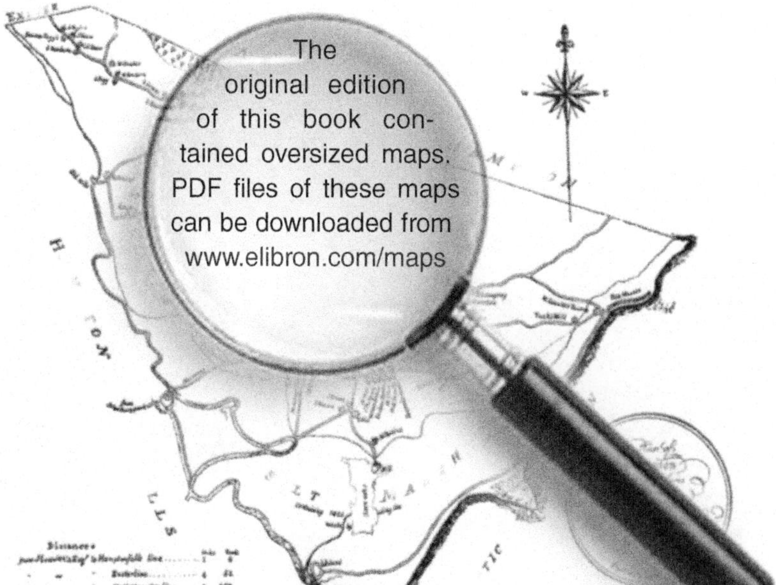
The
original edition
of this book con-
tained oversized maps.
PDF files of these maps
can be downloaded from
www.elibron.com/maps

ÉMILE DE GIRARDIN

DU

DROIT DE PUNIR

Elibron Classics
www.elibron.com

Elibron Classics series.

ISBN 1-4212-2151-9 (paperback)
ISBN 1-4212-2150-0 (hardcover)

This Elibron Classics Replica Edition is an unabridged facsimile
of the edition published in 1871 by Henry Plon,
Paris.

DU

DROIT DE PUNIR

PARIS. — TYPOGRAPHIE DE HENRI PLON
8, RUE GARANCIÈRE

ÉMILE DE GIRARDIN

DU

DROIT DE PUNIR

PARIS
HENRI PLON, IMPRIMEUR-ÉDITEUR
10, RUE GARANCIÈRE

1871

PRÉFACE

> Les connaissances qu'on a acquises dans quelques pays, qu'on acquerra dans d'autres sur les règles les plus sûres qu'on puisse tenir dans les jugements criminels, intéressent le genre humain plus qu'aucune autre chose qui soit au monde. Ce n'est que sur la pratique de ces connaissances que la liberté peut être fondée. MONTESQUIEU.
>
> Si par notre insouciance l'époque du perfectionnement du système pénal se trouve reculée, sommes-nous innocents des excès, des erreurs d'une justice criminelle que nous aurions pu éclairer et contenir dans ses bornes légitimes? ROSSI.

« Vous voulez la *liberté de tout dire!* donc vous voulez la *liberté de tout faire!* » Tels sont les termes dans lesquels m'apostrophait, il y a vingt ans, en janvier 1850, M. Louis Veuillot, alors rédacteur en chef de *l'Univers.*

A cette rude apostrophe, qui m'était lancée en pleine poitrine, je répondais dans la *Presse* en ces termes : « Qu'a de commun la liberté de la pensée » avec la liberté de l'action, le *droit de tout dire* » avec le *droit de tout faire?* Le droit de tout dire » est une *question de forme;* le droit de tout faire » est une *question de fond.* C'est ce qu'atteste l'expé» rience. Punit-on l'articulation précise? Aussitôt » l'insinuation transparente prend sa place. Pour» suit-on l'insinuation? Elle se transforme en allu-

» sion. Frappe-t-on l'allusion? Elle se change en » allégorie. Réprime-t-on l'allégorie? L'hypothèse » apparaît. Défend-on l'hypothèse? Elle appelle à » son secours l'interrogation sous forme dubitative. » Interdit-on l'interrogation? On ne peut interdire » la réticence insidieuse, le démenti perfide, la jus- » tification simulée, qui sont au nombre des cent et » une manières, au moins, de dire la chose défen- » due. Le *droit de tout dire* a son correctif naturel » dans le *droit de tout contredire.* Ce correctif » manque au *droit de tout faire.* Il y a des choses » qu'on a l'entière liberté de faire, mais il en est » d'autres qu'on n'a le droit de faire sous aucune » forme et sous aucun prétexte. On n'a le droit, sous » aucun prétexte, de tuer, de violer, ni de voler. » L'interdiction est absolue; il n'y a pas de degrés. » Pourquoi, au contraire, est-il puéril de vouloir » limiter la liberté de dire? C'est qu'ici la forme do- » mine le fond, et qu'on ne gagne rien à défendre » d'exprimer sous telle forme ce qu'il est impossible » d'empêcher de dire sous telle autre forme. Que » l'on cesse donc d'assimiler deux libertés qui n'ont » rien de pareil, rien de commun. La liberté de » tout dire doit exister par cette raison souveraine » qu'il n'y a aucun avantage à la restreindre. La » liberté de tout faire n'existe pas et ne saurait » existcr. »

Le lendemain du jour où j'avais fait à mon contradicteur cette réponse, qui, la veille et dans la chaleur de la controverse, m'avait paru péremptoire et triomphante, le doute me venait à l'esprit, tardivement amené par la réflexion.

Je m'interrogeais avec sévérité, et je me demandais avec angoisse si je n'étais pas tombé dans l'inconséquence et le lieu commun, mes deux ennemis, en refusant d'assimiler la liberté de faire à la liberté de dire, après avoir assimilé la liberté de dire à la liberté de penser? Si la liberté est indivisible, ajoutais-je en m'interpellant moi-même, de quel droit, après avoir effacé la limite tracée entre la liberté de penser et la liberté de dire, laisserais-je subsister la limite tracée entre la liberté de dire et la liberté de faire? Ce qui est indivisible par essence ne saurait être divisé par nécessité. Passée au crible de la logique, ma réponse à M. Louis Veuillot, que je croyais victorieuse, n'est que spécieuse. Si la liberté de penser implique la liberté de dire, la liberté de dire implique la liberté de faire. Admettrai-je donc la liberté de mal faire? Et pourquoi ne l'admettrais-je pas si, après avoir admis la liberté de mal penser, j'admets la liberté de mal dire? Mais alors que devient la société?

Telle est la question qui me poursuit depuis vingt ans, et sur laquelle, depuis 1850, il ne s'est point passé un seul jour sans que je lui aie fait subir mentalement un nouvel interrogatoire afin de savoir si, oui ou non, de même que la vérité, la liberté est une?

Ce n'est donc pas sans y avoir mûrement, très-mûrement réfléchi, que je viens dire : Oui, la liberté est une; oui, la liberté est indivisible, car dès qu'elle est divisée elle cesse d'être la liberté et devient l'arbitraire.

L'histoire est là pour l'attester !

Ce qui est condamné dans un temps ne l'est pas dans un autre temps. Ce qu'un pays défend, un autre pays ne le défend pas. Ce que des religions sanctifient, des religions différentes le réprouvent. Ce qui est un crime sous un nom cesse de l'être en changeant de nom. Puisque la société admet comme des maux auxquels elle doit se résigner le meurtre et le vol collectifs, glorifiés sous les noms de guerre et de conquête, pourquoi n'admettrait-elle pas, au même titre, le meurtre et le vol individuels flétris sous les noms de crime et délit? Est-ce que le meurtre et le vol individuels ont jamais fait couler autant de sang et causé autant de ruines qu'ont causé de ruines et fait couler de sang le vol et le meurtre collectifs, auxquels cependant les nations dressent des arcs de triomphe? Si la guerre et la conquête n'avaient jamais existé et n'existaient pas encore, l'esprit concevrait-il qu'elles fussent compatibles avec l'état de société? Assurément non. Cependant ce qui serait invraisemblable est vrai. Ceci m'amène à penser et à prétendre que, si le meurtre et le vol demeuraient impunis, la société vivrait avec eux comme elle vit avec la guerre et la conquête. Il suffirait que cela fût pour que cela lui parût simple, comme il lui suffit que cela ne soit pas pour que cela lui paraisse monstrueux.

Est-ce à dire que l'état social aux prises avec la guerre et la conquête soit ce qu'il serait sans ces deux risques, sans ces deux crimes, sans ces deux calamités, sans ces deux fléaux? (J'accumule ici toutes les expressions, afin que le lecteur choisisse entre elles celle qu'il préférera.) Je ne le pense pas; qui pourrait le penser? Imaginez donc ce que serait la société sans la guerre et la conquête! Ce serait la civilisation élevée à sa plus haute puissance. Ce serait le travail produisant tout ce qu'il peut et doit produire. Ce serait le service militaire obligatoire cessant d'enlever annuellement à l'agriculture et à l'industrie tous les bras qu'il leur prend. Ce serait la dette publique rapidement amortie par le rapide accroissement du revenu public. Ce serait l'impôt n'étant plus qu'une taxe communale et qu'une prime d'assurance contre certains risques spécifiés. Ce serait le bien-être universel. Ce serait enfin le règne de la science, de la liberté, de la production et de la richesse, au lieu d'être le règne de la violence, de l'oppression, de la destruction et de la misère.

Je le crois et je l'affirme : le jour où la guerre et la conquête auront fermé leurs écoles de meurtre et de vol et cessé de fausser la logique humaine, meurtriers et voleurs, à l'état individuel, deviendront si rares, que la pénalité à la source de laquelle ce livre remonte se tarira d'elle-même.

Pouvant gagner par le travail plus qu'il ne gagnerait par le vol, pourquoi un homme ayant été contraint, non plus d'apprendre dans la caserne d'une grande ville l'art de tuer son semblable, mais d'apprendre dans l'école de sa commune à lire et à écrire, à raisonner et à compter, volerait-il?

Si le vol n'était pas puni, ce qu'aurait impunément dérobé le voleur pouvant lui être impunément dérobé, quel avantage aurait-il à voler?

Aucun, absolument aucun, puisqu'il n'aurait volé à plus faible ou moins adroit que lui que pour être volé, à son tour, par plus adroit ou plus fort que lui.

Ce serait de l'ineptie.

Qu'il soit clairement démontré par la logique, par l'arithmétique, par l'instituteur, que le vol c'est l'ineptie, et l'évidence ne tardera pas à combattre le vol plus efficacement que ne le combattaient la justice, la prison et le geôlier.

Le plus souvent le vol étant au meurtre ce que la cause est à l'effet, si le vol cessait d'alimenter le meurtre, que deviendrait le meurtre, hormis certains cas de délire? Il deviendrait ce que devient le cours d'eau dont la source s'est tarie; il deviendrait ce que devient la plaie qui se sèche et se ferme. Il disparaîtrait. Donc, pour rendre le meurtre de plus en plus rare, ce qu'il faut faire, c'est l'écraser dans son œuf qui est le vol, comme pour rendre le vol de moins en moins fréquent, il faut l'étouffer dans ses germes, qui sont l'ignorance, la misère, le vagabondage. Peut-on rendre le vagabondage impossible? Assurément. Peut-on détruire l'ignorance? Cela n'est pas douteux. Peut-on vaincre la misère en commençant par la séparer en misère imméritée et en misère méritée, puis en misère accidentelle et en misère héréditaire et invétérée? Ma conviction profonde à cet égard est que pour gagner certainement la bataille, il suffirait de la livrer résolûment en regardant devant soi et non en arrière de soi.

Si les idées dans lesquelles je puise cette triple assurance ne sont pas des erreurs, je suis donc fondé à assimiler la liberté de faire à la liberté de dire, au même titre qu'il y a déjà tendance générale à assimiler la liberté de dire à la liberté de penser.

Ces trois libertés n'en faisant qu'une seule sont inséparables, et il est heureux qu'il en soit ainsi.

Je vais le démontrer.

Comment la liberté de penser, quand elle s'égare, le saurait-elle sans la liberté de dire qui lui montre son erreur? Comment la liberté de dire, quand elle tombe dans l'inconséquence, s'en apercevrait-elle sans la liberté de faire par laquelle cette inconséquence s'atteste? L'acte est aussi nécessaire à vérifier la parole que la parole est nécessaire à vérifier la pensée. Que ces trois libertés : liberté de penser, liberté de dire, liberté de faire, s'exercent concurremment, conjointement, pleinement, et l'homme dont la raison aura été exercée par le raisonnement ne sera pas plus libre de mal faire qu'il ne sera libre de mal dire ou de mal penser. Ce n'est jamais volontairement que, soit en pensée, soit en parole, soit en action, l'homme donne la préférence à ce qui est faux sur ce qui est vrai, à ce qui est réputé mal sur ce qui est réputé bien; non, ce n'est jamais volontairement qu'il s'ôte la raison. Désapprendre ce que la logique démontre quand on a appris à raisonner, n'est pas plus facile que de désapprendre que 2 multiplié par 2 égale 4, lorsqu'on sait l'arithmétique. L'homme qui sait compter voulût-il se persuader que 2 multiplié par 2 égale 5 qu'il n'y parviendrait pas. Ce qu'il faut donc lorsqu'on veut faire l'homme à l'image de la civilisation, c'est le prendre et le conduire par le frein qui est en lui. Ce frein, ce n'est pas la douleur qui irrite, ce n'est pas la crainte qui abaisse, non, ce frein, c'est la raison qui élève. La société qui punit l'homme excède son droit; la société qui ne l'instruit pas manque à son devoir. Ne punissez plus l'homme, instruisez-le, et le milieu social qui est trouble ne tardera pas à devenir limpide. Alors des inconséquences et des incohérences qui ne se voient pas, ou qui ne blessent pas le regard habitué à n'y faire aucune attention apparaîtront dans toute leur évidence. Alors ce sera par la transformation de la société que s'opérera la réforme de l'homme. Cette transformation quelle sera-t-elle? Elle sera ce que la logique prescrira qu'elle soit, pour que le règne de la liberté indivisible soit le règne de la raison humaine. Là n'est pas encore la question; la plus urgente serait de savoir comment s'accomplira cette transformation. S'accomplira-t-elle violemment par la voie brusque d'une révolution commençant par être politique et ne tardant pas à devenir sociale, ou s'accomplira-t-elle scientifiquement par la voie lente de transitions progressives? Mon avis est qu'une révolution déchaînant tout à coup les exigences les plus folles, les colères les plus aveugles, les idées les plus fausses, compromettrait cette transformation et ne l'opérerait pas. Ce qu'il faut donc souhaiter, c'est qu'elle s'opère par voie de transitions. Mais quelles devront être ces transitions? C'est ce qu'il s'agit de chercher. Celles que j'indique n'ont la prétention d'être ni les seules ni les meilleures. Ce qu'elles se proposent modestement, c'est de montrer le but à atteindre et de donner l'élan. Dès que la nécessité qui se cachait aura apparu à tous les yeux aussi impérieusement qu'elle apparaît aux miens, le nombre des transitions que fera naître la controverse sera tel qu'il n'y aura bientôt plus entre elles que l'embarras du choix. La justesse d'une idée est indépendante de ses moyens d'application. Ils peuvent être faux et défectueux sans que leur imperfection soit une preuve qu'elle n'est pas juste. Il n'a pas suffi de reconnaître que la vapeur était une force pour trouver immédiatement le secret de la dompter, de l'utiliser et d'en faire la plus grande puissance moderne, la puissance presque incommensurable de la découverte de laquelle datera le monde nouveau, le monde de la liberté par la science. Jusqu'à ce que la vapeur ait enfin trouvé les maîtres auxquels il ne lui a plus été possible d'échapper par des explosions si fréquentes qu'elles faisaient mettre en question son utilité comparée à ses dangers, que d'efforts infructueux il a fallu entreprendre, que d'essais périlleux il a fallu tenter, que de doutes il a fallu vaincre, que de railleries il a fallu braver, que de persévérance et de courage il a fallu amasser et dépenser! Admirable preuve que jamais obstacles et périls ne sont trop grands, car c'est sur eux que se mesure le génie de l'homme; ce sont eux qui l'inspirent. Qu'une chose paraisse impossible, et si ses regards sont attirés sur elle, il ne prendra pas de repos qu'il n'ait prouvé qu'elle ne l'était pas. Il ne faut donc pas craindre de le défier! On ne le défie pas assez. Presque toujours les tâches qui lui sont données sont trop petites et trop faibles pour l'envergure de ses ailes. Osez affirmer que l'homme, frère de l'homme, n'a pas le droit de punir son semblable et son égal! Osez affirmer que si la société a le droit de se protéger, ce droit elle ne l'a pas par les moyens barbares qu'elle emploie et qui lui nuisent plus qu'ils ne lui profitent, qui la menacent plus qu'ils ne la protégent! Osez affirmer que pour empêcher l'idiot ou l'insensé d'être meurtrier ou voleur il y a, il doit y avoir mieux à faire que d'ajouter à cette lie la lie du geôlier et du bourreau! Le premier sentiment qu'éveillera l'audace de cette affirmation, ce sera l'incrédulité, puis l'incrédulité s'effacera pour faire place à la réflexion, laquelle engendrera les objections, qui, à leur tour, engendreront les solutions.

Et lorsque la société vivra sans geôliers et sans bourreaux, avec moins de meurtriers et de voleurs, cela lui paraîtra aussi simple qu'il lui paraît simple maintenant d'exister sans les esclaves et sans les serfs, dont elle a prétendu pendant des siècles qu'il lui était absolument impossible de se passer.

En publiant ce livre, que des nécessités journalières de polémique m'ont souvent contraint d'interrompre, mais sans jamais parvenir à me le faire abandonner, j'obéis à une conviction qui commande impérieusement à ma volonté. Assister au triomphe de cette conviction qui me domine est un espoir que je n'ai pas ; mais l'espoir que j'ai, c'est d'appeler les méditations des penseurs et la controverse des publicistes sur la plus importante des questions de mon temps; car elle est le fondement de la liberté.

De toutes les recherches ardues auxquelles je me suis opiniâtrément livré, aucune ne m'aura fait plus vivement regretter de n'avoir pas été doué du génie qui eût été nécessaire pour faire apparaître dans tout l'éclat de sa justesse et de sa puissance l'idée qui s'est emparée de mes plus profondes réflexions. Quoi qu'il en soit, je tiens à y avoir attaché mon nom avant de mourir. Après moi, l'idée semée par moi, j'en suis certain, germera, poussera, fleurira, fructifiera, car elle est appelée à sauver le vieux monde expirant. Elle seule aura le pouvoir de le régénérer.

Aucune ne sera plus utile à débattre le jour où enfin se tarira la politique des incidents, cette politique courante et superficielle qui emploie des forces si considérables à faire tourner une roue dans le vide, sans élever aucune des questions qui rendraient à l'humanité son rang que lui a dérobé la société.

Aussi me tardait-il que l'œuvre, ébauchée depuis

vingt ans, fût finie, pour que le débat commençât et que les objections me servissent à la rectifier, à la compléter et à dissiper les ombres qui seraient restées. Si mes efforts pour faire la clarté et l'évidence demeuraient vains, cela ne prouverait point que l'idée est fausse; cela prouverait seulement que les ailes ont manqué au publiciste pour s'élever par delà les nuages à la hauteur de la vérité radieuse pressentie, entrevue par le penseur... Qu'y a-t-il de plus commun que de rendre imparfaitement ce que l'on a admirablement conçu? Qu'y a-t-il de moins rare que l'impuissance de l'écrivain ou de l'artiste aux prises avec la difficulté et la grandeur du sujet qu'il a choisi?

Critiquer pour critiquer n'a jamais été mon fait. Jamais je n'ai attaqué une institution existante, quelle qu'elle fût, sans m'être préalablement demandé par quelle autre institution je la remplacerais si j'étais pris au mot et mis en demeure de la changer. Je suis homme de gouvernement au moins autant qu'homme de liberté. On peut contester la valeur des moyens émanés de mon initiative, mais non la scrupuleuse loyauté de cette façon de procéder. Mettre en question la légitimité du droit de punir, son utilité, sans savoir comment substituer à un rouage défectueux de l'appareil social un rouage qui soit à la fois plus simple et plus fort, est une pensée que j'eusse repoussée si elle me fût jamais venue. Ce qui est difficile et louable, ce n'est pas de détruire pour détruire, c'est de détruire pour améliorer. Les moyens que je propose ont tous été quelque part vérifiés par l'expérience ; s'ils sont bons, je n'aurai eu d'autre mérite que de les avoir rassemblés et coordonnés. J'aurai fait pour la liberté ce qu'ont fait pour la vapeur Watt et Fulton ; ils ne l'ont pas inventée, ils ne l'ont pas découverte, ils en ont simplement utilisé la force.

Mais en faisant cette chose si simple, quelle immense et bienfaisante révolution ils ont opérée !

La liberté avait conquis *le droit de penser* et à peu près conquis *le droit de dire et d'imprimer ce qu'elle pense;* elle était incomplète, il manquait à sa plénitude *le droit de faire*, sans autre limite que la raison exercée par le raisonnement.

C'est ce droit dérobé que j'ai voulu lui rendre, en enlevant à l'esclavage humain son dernier anneau.

Si le succès, si lointain qu'il soit, couronnait mes efforts, quelle plus glorieuse tâche aurait jamais été accomplie !

Ce serait l'humanité replacée sur sa base et en équilibre sur elle-même, non, il est vrai, sans que la société s'en effraye; mais serait-ce donc la première fois que la société se serait effrayée de dangers n'existant que dans son imagination? Le véritable réformateur n'est pas téméraire; il tient compte même des frayeurs imaginaires lorsqu'elles sont invétérées; il fait à chaque risque sa part, et proportionne la prudence de l'exécution à la hardiesse de la conception.

Soigneusement combinée avec un ensemble de mesures qui s'appliquent à donner au mécanisme social la simplicité, la justesse et la puissance qui lui manquent, j'espère que la réforme que je propose aura ce double caractère

Ni timidité ni témérité.

ÉMILE DE GIRARDIN.

LIVRE PREMIER

DU DROIT DE PUNIR

CHAPITRE PREMIER.

DE LA SERVITUDE PÉNALE.

> Il serait aisé de prouver que dans tous ou presque dans tous les Etats de l'Europe les peines ont diminué ou augmenté à mesure qu'on s'est plus éloigné de la liberté.
> MONTESQUIEU.

Les peines corporelles, les peines dites afflictives, sont le dernier anneau de la longue et lourde chaîne de l'esclavage; aussi se nomment-elles justement la *servitude pénale.*

C'est contre le maintien de cette servitude pénale, c'est contre le maintien de toutes les peines corporelles, que, poursuivant l'œuvre commencée en 1764 par le marquis César Beccaria, je prends la parole. Il intitula son livre : *Des délits et des peines;* j'intitule le mien : *Du droit de punir.*

Lorsqu'on remonte assez haut dans l'antiquité, nulle trace de pénalité autre que la *satisfaction volontaire* n'y apparaît.

La pénalité est d'origine servile. A Rome, le citoyen libre qui avait encouru la sévérité de la loi était déclaré ESCLAVE DE LA PEINE, *servus pœnæ.* Cet esclavage mérité avait pour but et pour effet de le dépouiller de son inviolabilité.

L'esclave pouvait être condamné aux pénalités les plus sévères et aux supplices les plus cruels.

Déclarer *esclave de la peine* le citoyen libre fut le moyen de lui appliquer les peines serviles.

En France, pendant longtemps, on dégrada le noble afin de pouvoir le punir.

Plus tard, on ennoblit plusieurs peines, de manière à les rendre applicables au noble.

La peine est infamante ou non infamante. Ce n'est pas le crime, pas même la condamnation : c'est le genre de peine ou le mode de son exécution qui comportent l'infamie... Le fouet donné par le bourreau est infamant ; par le geôlier, sous la custode, il ne l'est pas... En France, le fouet sous la custode est seul applicable aux nobles (1).

L'assimilation du noble au serf, dans la pénalité, s'opère ainsi progressivement.

Le noble et le serf reproduisent les mêmes phé-

(1) ORTOLAN, *Introduction historique au droit pénal.*

nomènes dont le citoyen romain et l'esclave ont donné le spectacle.

Sera puni selon la qualité des personnes... Cette formule est de style dans les lois criminelles de tous les États européens. Selon que le coupable est de vile ou de noble condition, la condamnation varie (1).

Le droit de punir commence par n'être que la satisfaction du besoin de vengeance, ainsi que l'établit en ces termes l'auteur de l'*Histoire du droit criminel*, M. Albert du Boys :

L'âge primitif est un âge de simplicité et d'ignorance sous le rapport de la civilisation matérielle ; mais c'est en même temps un âge d'innocence et de connaissance des vérités religieuses transmises par la tradition.

Le droit de punir n'est pas encore une institution sociale, c'est une vengeance particulière.

Plus tard, à la vengeance se substitue la *composition* (*dommages-intérêts*). Le coupable propose de racheter son crime : l'offensé y consent. La coutume intervient, sanctionne, et fait ainsi qu'il suit de l'usage une règle obligatoire.

A cette époque, sur toutes les parties de l'Europe où s'étend cette barbarie, on trouve pour point de départ de la pénalité la vengeance privée... Plus tard, le caractère cupide du barbare fait naître une habitude nouvelle, celle du rachat de la vengeance... La coutume la change en règle... C'est là ce qu'on nomme COMPOSITION (2).

(1) ORTOLAN. — (2) ORTOLAN.

Des hommes d'une science et d'un esprit rares ont été très-frappés non-seulement du respect pour la personne et la liberté de l'homme qui paraît dans ce genre de peine (*la composition*), mais de plusieurs autres caractères qu'ils ont cru y reconnaître... Quel est, dès que l'on considère les choses sous un point de vue élevé et moral, quel est le vice radical des législations pénales modernes? Elles frappent, elles punissent, sans s'inquiéter de savoir si le coupable accède ou non à la volonté de la loi; elles agissent uniquement par voie de contrainte.

La loi salique semble porter à la personne et à la liberté des hommes un singulier respect... *L'unique peine écrite, à vrai dire, dans la loi salique, est la* COMPOSITION (*wehrgeld, wedrigeld,* argent de défense, garantie)... La composition est le premier pas de la législation criminelle hors du régime de la vengeance personnelle; le droit caché sous cette peine, le droit qui subsiste au fond de la loi salique et de toutes les lois barbares, c'est le droit de chaque homme de se faire justice soi-même, de se venger par la force, c'est la guerre entre l'offenseur et l'offensé. La composition est une tentative pour substituer un régime légal à la guerre. C'est la faculté donnée à l'offenseur de se mettre, en payant une certaine somme, à l'abri de la vengeance de l'offensé. Elle impose à l'offensé l'obligation de renoncer à l'emploi de la force.

L'offensé a eu longtemps le droit de choisir entre la composition et la guerre, de repousser le *wehrgeld* et de recourir à la vengeance... La composition ne fut d'abord qu'un essai assez peu efficace pour mettre fin à la lutte désordonnée des forces individuelles... Au début, il n'existe entre les hommes que des inégalités peu variées et peu puissantes... Il n'y a point non plus ou presque point de puissance publique. Les hommes ne sont donc fortement gouvernés ni par d'autres hommes ni par la société; leur liberté est réelle; chacun fait à peu près ce qu'il veut, selon sa force, à ses risques et périls... L'inégalité se prononce entre les hommes... Une force collective s'élève... Naissent, d'un côté, l'aristocratie; de l'autre, le gouvernement, c'est-à-dire deux modes de répression des volontés individuelles, deux moyens de soumettre beaucoup d'hommes à une autre volonté que la leur.

A leur tour, les remèdes deviennent des maux: l'aristocratie opprime, l'oppression amène un désordre différent du premier, mais profond et intolérable. Cependant, au sein de la vie sociale, par le seul effet de sa durée, par le concours d'une multitude d'influences, les individus, *seuls êtres réels*, se sont développés, éclairés, perfectionnés.

Alors, de même qu'il y avait eu effort pour la création de la défense publique et au profit de l'inégalité entre les hommes, de même un effort commence vers un but contraire, vers la réduction de l'aristocratie et du gouvernement, c'est-à-dire que la société tend vers un état qui extérieurement du moins, et à n'en juger que sous ce rapport, ressemble à ce qu'elle était dans son principe, à un libre développement des volontés individuelles, à cette situation où chaque homme fait ce qu'il veut, à ses risques et périls.

La composition pécuniaire suppose, entraîne l'aveu du tort par l'offenseur; elle est de sa part un acte de liberté; il peut s'y refuser et courir les chances de la vengeance de l'offensé; quand il s'y soumet, il se reconnaît coupable et offre la réparation du crime. De son côté l'offensé, en acceptant la composition, se réconcilie avec l'offenseur: il promet solennellement l'oubli, l'abandon de la vengeance; en sorte que la composition a, comme peine, des caractères beaucoup plus moraux que les châtiments des législations plus savantes.

Si la liberté a péri à l'entrée de la carrière sociale, c'est que l'homme n'a pas été capable d'y avancer en la gardant; qu'il la reprenne et l'exerce de plus en plus, c'est le but, c'est la perfection de la société (1).

Alors apparaît dans le *droit d'asile* comme une imitation du *droit d'exil* en usage à Athènes, à Sparte et à Rome :

Au moyen âge, le coupable n'a qu'à passer le bras dans l'anneau des portes de l'église. En plusieurs pays, son plus sûr asile est le manteau d'une femme. Qu'elle prenne sous sa manche la tête du fugitif, personne n'osera l'assaillir.

Généralement les lois antiques donnent du temps au coupable pour vouloir guérir ; s'il ne se sent pas mûr pour l'expiation, il peut fuir au prochain asile, aux autels, à son propre foyer, qui est aussi un autel ; personne ne l'en arrache. La loi juive reconnaît des *villes d'asile* (2).

La rigueur de la pénalité croît avec l'esprit de domination :

Le roi prétend au droit de juger comme à un accessoire nécessaire de son pouvoir. Dans le cas où il serait resté, comme Melchisédech, comme Numa, pontife de son peuple, il pourrait réussir au moyen de la religion. Mais s'il s'est élevé un sacerdoce à côté de son trône, toute prétention de sa part à la judicature, surtout en matière criminelle,

(1) Guizot, *Histoire de la civilisation en France.*

(2) Michelet.

serait impuissante à se faire admettre. La famille voudrait conserver le droit de vengeance particulière comme un inaliénable héritage, comme une tradition... Partout et toujours l'abolition de la vengeance privée ne pourra être due qu'à l'autorité de l'inspiration prophétique ou sacerdotale.

La pénalité est atroce dans l'âge théocratique, parce qu'elle doit avoir les caractères de l'infini, comme la Divinité, qu'elle a la prétention de vouloir venger. Il en est ainsi dans toute fausse religion, et la même observation s'applique aux peuples qui professent la véritable, si le pouvoir civil, sans consulter les ministres du culte, crée et fait exécuter lui-même les lois pénales en matière de crimes religieux. Ce genre d'erreur tient à la confusion des deux pouvoirs, que le catholicisme tend plus que toute autre religion à distinguer et à séparer.

Dans l'âge héroïque, la pénalité est encore dure et inflexible, surtout à l'égard des serfs et des plébéiens (1).

Les pénalités du dix-huitième siècle sont horribles, et les peines sont des instruments de vengeance et de terreur. Elles sont exagérées et cruelles. La mort est prodiguée. La privation de la vie n'est pas le plus haut supplice : on a inventé la mort exaspérée : le feu, l'écartèlement, la roue, la strangulation, le knout, le glaive, l'enterrement tout vif, le sac (2).

Ces rigueurs donnent lieu aux observations qu'on va lire :

Je vais ouvrir à vos yeux les annales du monde. Si ces sanglantes législations dont je vais parcourir les tableaux

(1) Albert du Boys, *Histoire du droit criminel.*

(2) Ortolan.

n'ont pas épouvanté les crimes, si, *au contraire, ils semblent renaître avec plus de rage* sous la verge de fer qui les frappe; si, d'un autre côté, les pages de l'histoire sont moins souillées de forfaits lorsque les législations douces et modérées ont réglé les empires, la question, alors, sera décidée. De ce tableau comparatif et analytique résultera cette conclusion épouvantable, que pendant des siècles entiers le sang des hommes a coulé sur la terre comme l'eau des fleuves, sans qu'il soit résulté autre chose de ces assassinats juridiques qu'un malheur de plus ajouté à la liste effroyable des malheurs et des fléaux dont l'homme est en tout temps, en tout lieu, la victime sans cesse renaissante.

Est-ce dans ces siècles horribles, est-ce sous la domination barbare de Tibère, de Caligula, etc., qu'en voyant plus de supplices on vit moins de crimes?

Venez, ô malheureux partisans de la sévérité, fouillez, si vous en avez le courage, ces annales épouvantables que je ne lis qu'en frissonnant! Dites-nous si alors la vertu était plus en honneur, les mœurs plus douces, les dieux plus vénérés, les biens et la vie des hommes plus respectés que sous le régime humain et doux des Titus, des Trajan (1)?

On peut encore observer que les lois atroces ne sont ou n'étaient qu'un reste hideux, conservé par la routine, de l'ancienne jurisprudence contre les esclaves, et cela malgré la liberté dont l'Europe se vante, malgré l'abolition de l'esclavage. Ainsi le résultat de l'abolition de l'esclavage ne fut pas d'abolir les lois bien dures que l'on avait portées contre les esclaves, mais de les étendre aux hommes libres pour lesquels ou plutôt contre lesquels on ne les eût jamais faites (2).

(1) Chaussard.

(2) Lauze de Peret.

On exécute un criminel. Son supplice devient un spectacle pour la plupart de ceux qui y assistent ; un petit nombre l'envisagent avec une pitié mêlée d'indignation. Que résulte-t-il de ces deux sentiments ? Rien moins que la terreur salutaire que la loi prétend inspirer... Il arrive au spectacle d'un supplice la même chose qu'au spectacle d'un drame ; et comme l'avare retourne à son coffre, l'homme violent et injuste retourne à ses injustices.

Semblables aux fluides qui, par leur nature, se mettent toujours au niveau de ce qui les entoure, l'âme s'endurcit par le spectacle renouvelé de la cruauté. Les supplices, devenus fréquents, effrayent moins, parce qu'on s'habitue à leur horreur, et les passions, toujours actives, sont, au bout de cent ans, moins retenues par les roues et les gibets qu'elles ne l'étaient auparavant par la prison. Supposons deux nations où les peines soient proportionnées aux crimes, que chez l'une le plus grand supplice soit l'esclavage perpétuel, et chez l'autre la roue ; j'ose avancer que chacune de ces nations aura une égale terreur du supplice au delà duquel elle n'en connaît point. Et s'il y avait une raison pour transporter dans la première les châtiments en usage dans la deuxième, la même raison conduirait à accroître pour celle-ci la cruauté des supplices, en passant insensiblement de la roue à des tourments plus lents et plus étudiés, et enfin aux derniers raffinements de cette science barbare.

On ne peut nier que l'atrocité des peines *ne soit directement opposée* au bien public et au but même qu'elle se propose, celui d'empêcher les crimes... Plus le châtiment sera terrible, plus le coupable osera pour l'éviter. Il accumulera les forfaits pour se soustraire à la punition due à un seul, et la *rigueur des lois multipliera les crimes* en punissant trop sévèrement le criminel. Les pays et les siècles où l'on mit en usage les plus barbares supplices *furent toujours déshonorés par les plus monstrueuses atrocités*... Ce n'est point par la rigueur des supplices qu'on prévient plus sûrement les crimes, mais par la *certitude de la punition*.

Tout législateur sage doit chercher plutôt à empêcher le mal qu'à le réparer, puisqu'une bonne législation n'est que l'art de procurer aux hommes le plus grand bien-être possible et de les garantir de toutes les peines qu'on peut leur ôter, d'après le calcul des biens et des maux de cette vie.

Mais les moyens que l'on a employés jusqu'à présent sont pour la plupart insuffisants ou contraires au but que l'on se propose.

A quoi l'homme serait-il réduit, s'il fallait lui interdire tout ce qui peut être pour lui une occasion de mal faire? Il faudrait commencer par lui ôter l'usage de ses sens.

Voulez-vous prévenir les crimes? Que la liberté marche accompagnée des lumières.

Si vous prodiguez les lumières au peuple, l'ignorance et la calomnie disparaîtront devant elles (1).

L'expérience a fait remarquer que dans les pays où les peines sont douces, l'esprit du citoyen en est frappé, comme il l'est ailleurs par les grandes.

La sévérité use le ressort de la pénalité... On établit une peine cruelle qui arrête le mal sur-le-champ, mais on use le ressort du gouvernement. L'imagination se fait à cette grande peine, comme elle s'était faite à la moindre; et, comme on diminue la crainte pour celle-ci, l'on est bientôt forcé d'établir l'autre dans tous les cas. Les vols sur les grands chemins étaient communs dans quelques

(1) Beccaria.

Etats; on voulut les arrêter: on inventa le supplice de la roue, qui les suspendit pendant quelque temps. Depuis ce temps, on a volé comme auparavant sur les grands chemins.

Il ne faut point mener les hommes par les voies extrêmes; on doit être ménager par des moyens que la nature nous donne pour les conduire. Qu'on examine la cause de tous les relâchements, *on verra qu'elle vient de l'impunité des crimes et non pas de la modération des peines*.

La nature est juste envers les hommes; elle les récompense de leurs peines, elle les rend laborieux, parce qu'à de plus grands travaux elle attache de plus grandes récompenses. Mais si un pouvoir arbitraire ôte les récompenses de la nature, on reprend du dégoût pour le travail, et l'inaction paraît le seul bien.

La sévérité des peines est tout entière du génie des gouvernements despotiques (1).

On ne peut qu'admirer les excellentes choses que dit Montesquieu sur l'inefficacité des punitions barbares ou seulement trop sévères, sur le triste effet qu'elles ont de multiplier les crimes au lieu de les diminuer, parce qu'elles rendent les mœurs atroces et les sentiments féroces (2).

Là où les supplices les plus cruels ont existé, les crimes les plus atroces se sont manifestés. Car, ainsi que le remarque Bentham, les malfaiteurs s'endurcissent à la pensée du sort qui les menace, et leurs actes les plus effroyables de barbarie ne sont alors que des représailles (3).

(1) Montesquieu.

(2) Destutt de Tracy.

(3) Faustin Hélie, *Théorie du Code pénal*.

Par toute l'Europe, chez toutes les nations, on trouve trois grandes phases de pénalité. Dans la première, la peine n'existe pas ; il n'y a que la vengeance privée et le rachat à prix d'argent ; dans la seconde, la peine apparaît tout d'un coup, avec des raffinements de cruauté inouïs. Dans la troisième, elle va s'adoucissant (1).

L'adoucissement successif des peines corporelles : — tel fut le but que se proposa Beccaria ; *l'abolition définitive des peines corporelles :* tel est le but qui m'est apparu comme pouvant et devant être certainement atteint dans l'avenir, s'il était résolument poursuivi dans le présent ; telle est, après l'avoir longtemps méditée, l'idée que je viens soumettre à l'épreuve de la discussion.

D'accord avec la législation romaine et avec la législation grecque, Beccaria admet pleinement le droit de l'homme de punir corporellement l'homme, son égal ; ce droit, Beccaria l'admet au nom de l'utilité commune ; d'accord avec la législation future et la science moderne, c'est au nom de l'utilité plus encore que de la justice que je le nie hautement.

Ce que j'entreprends de démontrer, c'est qu'ayant pour instruments la prison et l'échafaud, le geôlier et le bourreau, moins peut-être le bourreau que le geôlier, la pénalité corporelle a été et est encore

(1) Ortolan.

le plus grand obstacle que la civilisation ait rencontré dans son cours.

Sans la pénalité corporelle, cette usurpation de l'homme sur son semblable; sans la pénalité corporelle, ce fondement de toutes les dominations; sans la pénalité corporelle, cette brutalité de l'ignorance s'arrêtant aux effets et ne remontant pas aux causes, que de maux faussement considérés comme inhérents à la nature humaine eussent disparu, et que de progrès sociaux se fussent accomplis depuis longtemps!

Montesquieu condamne en ces termes l'esclavage légal :

L'esclavage n'est pas bon par sa nature; il n'est utile ni au maître ni à l'esclave : à celui-ci parce qu'il ne peut rien faire par vertu ; à celui-là parce qu'il contracte avec ses esclaves toutes sortes de mauvaises habitudes, qu'il s'accoutume insensiblement à manquer à toutes les vertus morales.

Ce que dit Montesquieu de l'esclavage légal, je le dis de l'esclavage pénal; il a le même double effet: il pervertit le geôlier en même temps que le détenu.

La pénalité corporelle, la servitude pénale ne se justifie ni par son origine ni par son usage.

Elle ne se justifie ni par sa légitimité ni par son utilité.

CHAPITRE II.

DE LA LÉGITIMITÉ DU DROIT DE PUNIR.

> Y a-t-il un droit de punir? S'il existe, d'où dérive-t-il?
> ROSSI.
>
> Le problème de la pénalité est en lui-même un problème immense.
> DE PARIEU, *Corps législatif*, 10 avril 1863.

Hormis le cas étroitement limité de légitime défense, la société ne reconnaît pas à l'homme le droit d'en punir un autre.

Si l'homme n'a pas le droit de punir, à quel titre la société l'aurait-elle et l'exercerait-elle?

Si la société le tient de Dieu, que d'abord elle démontre l'existence de Dieu, et qu'ensuite elle justifie que Dieu lui a délégué ce droit!

Si la société ne le tient que d'elle-même, qu'elle dise, si elle ose, comment elle l'a exercé, comment elle en a légitimé la possession par l'usage!

Si cet usage n'a été qu'un long et cruel abus, plus profitable à la barbarie et à l'oppression qu'à la civilisation et à la liberté, sur quoi se fonderait sa légitimité?

Cette légitimité, rien ne l'atteste; cet abus, tout le constate. Il n'est pas une page de l'histoire qu'il n'ait maculée de sang. Qu'est-ce que l'histoire, sinon le sanglant martyrologe des innombrables victimes immolées par l'ignorance, la superstition, la tyrannie, la cruauté, l'iniquité armées du droit de punir?

Si ce doute que je hasarde est une injure faite au passé, si le droit de punir est légitime, s'il se justifie par ses arrêts et s'il me condamne par ses services, ressuscitez de vos tombes et déclarez-le, vous, les immortels coupables, au premier rang desquels est Jésus-Christ, surnommé le Divin Sauveur après avoir été supplicié!

Selon Hobbes, Locke, Grotius, Vattel, Jean-Jacques Rousseau et Beccaria, punir ne serait pas seulement un usage; punir serait un droit qui aurait pour origine et pour fondement un contrat formé entre les hommes se mettant en société. S'il en est ainsi, je demande, en qualité de partie contractante, à voir le contrat qui m'engage et à vérifier la signature de mes auteurs.

Demande inutile! La rédaction d'un prétendu contrat social engageant à perpétuité les générations successives sans tenir compte ni des conquêtes alternatives, ni des dominations étrangères, ni des usurpations tyranniques, ni des révolutions populaires, est une hypothèse du dix-huitième siècle que le dix-neuvième a renversée, quoique Beccaria l'eût formulée en ces termes:

C'est la nécessité seule qui a contraint les hommes à céder une partie de leur liberté ; d'où il suit que chacun n'en a voulu mettre dans le dépôt commun que la plus petite portion possible, c'est-à-dire précisément ce qu'il en fallait pour engager les autres à le maintenir dans la possession du reste. L'assemblage de toutes ces petites portions de liberté est le fondement du droit de punir.

Tel est le peu de consistance de ce fondement, que ce que Beccaria affirme en ces termes spécieux, Pastoret le contredit en ces termes péremptoires:

On dit : « L'on a commis la peine, et en devenant membre du corps social on s'y est soumis. Ne dirait-on pas que la convention vient d'être faite et que le coupable y avait assisté lui-même ? »

Beccaria est d'accord avec Vattel s'exprimant ainsi:

Le droit de punir, qui, dans l'état de nature, appartient à chaque particulier, est fondé sur le droit de sûreté. Tout homme a le droit de se garantir de l'injure et de pourvoir à sa sûreté par la force contre ceux qui l'attaquent injustement. Pour cet effet, il peut infliger une peine à celui qui lui fait injure, tant pour le mettre hors d'état de nuire par la suite et pour le corriger, que pour contenir par son exemple ceux qui seraient tentés de l'imiter. Or, comme la société est chargée de pourvoir à la sûreté de ses membres, tous se dépouillent en sa faveur de leur droit de punir.

Mais Pastoret est d'accord avec Puffendorff concluant en ces termes:

Comment les particuliers ont-ils pu, par les conventions qui sont le fondement des sociétés civiles, conférer à l'État le droit de punir? La peine étant un mal que l'on fait souffrir à quelqu'un malgré lui, il est difficile d'expliquer comment on peut se punir soi-même, ou par conséquent comment on peut transférer à autrui un pouvoir que l'on n'a pas.

Il est clair que les peines ne sont pas dues en vertu d'une convention ; et il n'y a personne qui, en entrant dans une société civile, stipule de l'État qu'il le punira s'il veut commettre quelque crime.

Après ces paroles décisives, qui persisterait encore à soutenir que le droit de punir a pour fondement un contrat social?

Selon Blackstone, Richard Philipps, Romagnesi, Carmignani, le droit de punir tirerait sa légitimité du droit de légitime défense. Si l'on veut que je reconnaisse le droit de légitime défense, qu'on ne le dépouille pas de son nom et qu'on n'en change pas la nature! Hormis le cas de guerre civile, le droit de légitime défense est un droit exclusivement personnel. Pourquoi l'avoir converti en droit impersonnel? Pourquoi l'avoir transporté de l'individu à l'État? — Pour empêcher l'individu d'en abuser! — Mais l'abus qu'en aurait fait l'individu aurait-il jamais pu égaler l'abus, l'immense abus que l'État en a fait sous tous les prétextes imaginables? Est-ce que le droit de légitime défense n'était pas de lui-même étroitement limité, puisque, pour se défendre, il fallait que l'individu eût été attaqué? Je suppose que l'État ne se fût pas substitué à l'individu, je suppose que l'État n'eût pas commis, sous ce nom: « *droit de punir* », l'usurpation qu'il a hypocritement consommée, que fût-il arrivé? Il fut arrivé que le droit de légitime défense se serait perfectionné sans cesse et n'eût jamais excédé ses bornes; il fût arrivé qu'une multitude de crimes et de délits imaginaires donnant lieu à des peines imméritées mais réelles n'eussent pas été inventés pour servir de masques menteurs aux visages hideux des plus féroces tyrans, osant effrontément prétendre qu'ils défendaient la société alors qu'ils outrageaient l'humanité, alors qu'ils la noyaient dans le sang, alors qu'ils ne faisaient qu'assouvir leurs plus mauvais instincts, pervertir leur pays et détourner de son cours la civilisation.

Plus d'équivoque trompeuse! Il n'est pas vrai que le droit de punir, droit légalement impersonnel, soit le droit de légitime défense, droit exclusivement personnel. Le droit de punir, en admettant qu'il soit légitime, n'est pas le droit de légitime défense. Incontestables sont ces paroles de M. Charles Lucas, inspecteur général des prisons:

Il serait absurde de dire que la société invoque le droit de légitime défense, lorsque précisément elle attend que ce droit ait cessé pour faire commencer celui qu'elle prétend avoir.

Oui, en effet, ce serait absurde.

Selon Beccaria, de Broglie, Rossi, le droit de punir tirerait sa légitimité du droit de défense sociale. Pour que je pusse admettre comme vraie cette allégation sans preuves, il faudrait que ses auteurs m'eussent préalablement démontré que la société est efficacement défendue par le droit de punir, et que ce droit est plus une garantie qu'un péril. C'est ce que j'ose contester, c'est ce que j'ose nier, lorsque je compare le faible risque d'être volé, d'être assassiné que je courrais, s'il n'y avait ni geôliers ni bourreaux, à l'immense risque d'être tué, pillé et surtout tyrannisé que je cesserais de courir, s'il n'y avait plus ces innombrables armées qui incitent à la guerre, à la conquête, au despotisme; car si elles n'y aboutissaient pas fatalement, à quoi serviraient-elles et qu'en ferait-on? Qu'on supprime le recrutement obligatoire, qui m'arrache à l'affection de ma famille, à l'exercice de ma profession; qu'on ne m'envoie plus me faire massacrer ou mutiler loin de ma commune; qu'on ne m'empêche plus de dire, d'écrire, d'imprimer ce que je pense; qu'on me laisse toute la liberté de réunion et d'association dont jouissent l'Américain, l'Anglais, le Belge, le Suisse et même l'Allemand et l'Italien; que mon argent compté au percepteur se convertisse en rails et non plus en canons, en écoles et non plus en prisons; qu'on fasse pour tarir le crime dans sa source, pour l'étouffer en germe dans son œuf, tout ce qu'on peut, tout ce qu'on doit faire, et je consens volontiers à prendre à ma charge toutes les précautions que me dictera la prudence pour me garder des assassins et des voleurs. S'il le faut, pour les déshabituer du vol qui conduit ces derniers à la tentation du meurtre, je n'aurai plus de caisse; je ferai tous mes payements au moyen de chèques; j'imaginerai des poches moins imparfaites, qui se ferment au lieu d'être béantes; je remplacerai mes couverts d'argent massif par des couverts d'argent plaqué au moyen de la galvanoplastie; j'aurai un timbre à mes volets, une barre à ma porte, une sonnette électrique d'alarme, et même une veilleuse allumée toute la nuit; je ferai enfin tant de frais d'imagination pour n'être pas volé, que le voleur le plus ingénieux en sera découragé, car son métier deviendrait la plus laborieuse et la moins lucrative des professions. C'est déjà ce qui a lieu pour les voleurs de grandes routes depuis le perfectionnement des voies de communication et l'invention des chemins de fer. Ces voleurs ont disparu comme un effet qui n'a plus de cause. Ne payant pas de soldats, je payerai volontiers autant de gardes champêtres, même embrigadés, qu'il en faudra pour qu'ils n'aient rien à envier aux sergents de ville et que le champ ne soit pas moins bien surveillé que la rue. Si cher qu'il m'en coûte, ce sera encore un marché avantageux que je conclurai, car ma vie et ma bourse ne seront pas plus en danger et ma liberté sera moins en péril. Qu'on ne se hâte pas de crier au paradoxe, car ce qu'on vient de lire, il y a longtemps que M. Alexis de Tocqueville, l'auteur de la *Démocratie en Amérique,* l'a écrit en ces termes :

Que m'importe, après tout, qu'il y ait une autorité toujours sur pied, qui veille à ce que mes plaisirs soient tranquilles, qui vole au-devant de mes pas pour détourner tous les dangers sans que j'aie même le temps d'y songer, si cette autorité, en même temps qu'elle ôte ainsi les moindres épines sur mon passage, est maîtresse absolue de ma liberté et de ma vie !

C'est ce que pensent les Anglais, ainsi que le constate M. Édouard Laboulaye :

Tout bon Anglais repousse l'immixtion de la police dans ses affaires ; il aime mieux être volé que protégé.

L'Anglais a raison.

Améliorez les choses sans relâche et sans fin, et vous arriverez à n'avoir plus besoin de punir les hommes. La pénalité est l'oreiller sur lequel s'endort la société. Le milieu social est vicieux : qu'elle le change ! Qu'elle s'interroge et se demande s'il n'y a rien de vrai dans ces paroles de Thomas Morus :

Que faites-vous donc ? — Des voleurs, pour avoir le plaisir de les pendre.

Le meurtre et le vol sont des risques ; il faut s'efforcer sans relâche de les diminuer. Est-ce là ce que fait la société lorsque, pour échapper aux risques les plus petits, elle s'expose aux risques les plus gros? Si la défense sociale doit être placée ailleurs que dans l'exercice du droit de punir, si ce n'est pas en elle qu'il puise sa légitimité, d'où la tire-t-il donc?

Selon Leibnitz, Joseph de Maistre, le droit de punir, sanctifiant les moyens par la fin, tirerait sa légitimité de la source réputée divine de l'expiation.

Sur quoi la société se fonde-t-elle pour prétendre refaire à sa mobile image et à son étroite mesure l'humanité immuable et immense? Quels sont les titres de la société pour substituer ses lois aux lois de la nature? A quelles études approfondies de l'homme la société, avant de le juger, de le condamner et de le punir, s'est-elle livrée? De quelle époque date la science anthropologique? Où cette science fondamentale en est-elle? De quels moyens dispose-t-elle? Jouit-elle de toute la liberté qui lui serait nécessaire pour porter tous ses fruits, sans crainte de voir l'arbre coupé jusque dans ses racines par l'intolérance légale? S'il y a des hommes qui naissent moralement difformes, comme il y en a qui naissent difformes physiquement; s'il y a des idiots et des incorrigibles de naissance, comme il y a des aveugles, des sourds-muets, des bossus et des culs-de-jatte de naissance; si les difformités morales existent dans l'humanité au même titre que les difformités physiques, sans que l'homme soit plus responsable des premières que des secondes, que devient et que vaut la doctrine de l'expiation fondée sur le libre arbitre? La société, cet établissement orthopédique de l'humanité, s'est-elle jamais posé cette question? S'est-elle jamais demandé sur quoi reposait sa théorie du bien et du mal? S'est-elle jamais demandé si ce qu'elle appelait le mal relativement au bien n'existait pas dans l'humanité au même titre que la laideur relativement à la beauté, ou que l'ombre relativement à la lumière? S'est-elle jamais interrogée pour savoir si elle ne glorifiait pas dans l'État, sous les noms de victoire et de conquête, ce qu'elle flétrissait et punissait dans l'Individu sous les noms de meurtre et de vol? Qu'est-ce que la guerre, si ce n'est l'école de tous les crimes et de tous les excès? Qu'est-ce que le service militaire obligatoire, si ce n'est l'instruction obligatoire du meurtre, sous peine, à qui refuserait de tuer son semblable, d'être fusillé? Tuer un homme et lui voler l'argent qu'il possède est un acte criminel puni par la justice. Tuer cinq cent mille hommes et leur voler le sol sur lequel ils étaient nés est un acte glorieux, immortalisé par l'histoire! A-t-on ouvert le cerveau humain pour vérifier si entre le meurtre et le vol glorifiés et le meurtre et le vol qualifiés il y a une séparation qui empêche la confusion et mette à l'abri de la méprise la logique laissée par l'ignorance à l'état brut et primitif? Sait-on exactement comment la logique sauvage opère sous la pression de certains faits extérieurs, tels que le vol à main armée se nommant la conquête, et le massacre en masse se nommant la gloire? S'est-on rendu compte des conclusions que peut en tirer l'inculte et rigoureuse logique, abandonnée à elle-même, à elle seule? Si dans ses lois positives la société a mis l'inconséquence, l'homme dans la tête duquel l'inconséquence n'est pas entrée par l'instruction est-il punissable de n'être pas inconséquent, et la logique est-elle un crime qu'il doive expier? Si la société juge et punit le meurtre et le vol d'individu à individu, qui jugera et qui punira la société, qui fut et qui est encore le vol d'État à État et le meurtre de peuple à peuple? Si l'individu ne doit pas échapper à l'expiation, à quel titre la société, plus coupable encore, y échapperait-elle? L'expiation est un mot vide d'où rien ne peut sortir; l'expiation n'est pas une source divine de laquelle découle le droit de punir. Expier, c'est réparer. Hormis le cas où le voleur, arrêté à temps, est contraint de restituer ce qu'il a dérobé, la peine ne répare pas. La liberté qu'on enlève au voleur ne rend pas au volé l'argent qui lui a été pris, si cet argent a été dépensé. La vie qu'on ôte à l'assassin ne rend pas la vie à la victime.

Selon M. Cousin et M. Guizot, le droit de punir

tirerait sa légitimité de la justice. Pour qu'il fût vrai que la justice soit le fondement véritable de la peine, il faudrait que la justice fût une, il faudrait que la justice fût universelle, éternelle, immuable. Est-elle immuable? est-elle éternelle? est-elle universelle? est-elle une? L'histoire est là pour attester le contraire et dire que des actes qui étaient punissables ont cessé de l'être, et que des actes qui sont encore punissables en certains pays ne le sont plus ou ne l'ont jamais été en d'autres pays. L'Europe, pour ne parler que d'elle, a certainement condamné à la peine de mort plus d'innocents qualifiés hérétiques et sorciers qu'il n'a jamais été et qu'il ne sera peut-être jamais condamné à la même peine de coupables qualifiés meurtriers. L'Europe, maintenant, ne croit plus aux sorciers et laisse vivre en paix les hérétiques; mais elle croit encore aux journalistes, mais elle croit encore aux prétendus crimes et délits de l'expression de la pensée, mais elle continue de les poursuivre et de les condamner. Que faut-il penser de la justice qui brûlait les hérétiques et les sorciers? Que faut-il penser de la justice qui punit les penseurs de la même peine que les voleurs? Que faut-il penser de la justice qui a condamné, supplicié, tué, crucifié, brûlé, roué, écartelé, mutilé, flagellé, emprisonné ou exilé les plus grands philosophes, les plus célèbres écrivains, les plus illustres savants? Que faut-il, enfin, penser de la justice qui s'écrit dans les lois? La justice est l'expression de la société, mais la société n'est pas l'expression de l'humanité. La justice est un mot dont le sens varie selon que la civilisation a plus ou moins de respect pour l'inviolabilité de la vie humaine et de la liberté humaine ; par lui-même le mot *justice* ne signifie rien. Dire que la punition est une forme de la justice, c'est dire un non-sens, puisque la justice sociale peut être la forme de l'iniquité humaine et le masque de la barbarie.

Selon Kant, *le droit de punir* tirerait sa légitimité de *la liberté de se punir*. Le coupable ne serait pas puni, il se punirait. C'est par cette subtilité indigne d'un penseur que Kant essaye de faire accepter et de justifier en ces termes la peine du talion :

Le mal non mérité que tu fais à un autre d'entre le peuple, tu te le fais à toi-même ; si tu le déshonores, tu te déshonores toi-même ; si tu le voles, tu te voles toi-même; si tu le frappes, si tu le fais mourir, tu te frappes, tu te fais mourir toi-même. Il n'y a que le droit du talion qui puisse donner la qualité et la quantité de peine.

Rendre le mal pour le mal, c'est l'imiter, c'est l'absoudre ; il n'y a qu'une manière de le combattre et de le condamner, peut-être même de le tarir, c'est de rendre le bien pour le mal ; précepte évangélique qui, s'il eût été suivi, eût donné naissance à une société vraiment nouvelle et eût changé la face de l'ancien monde. Mais, je le demande, en quoi le monde chrétien diffère-t-il du monde païen? N'est-ce pas le même arbitraire dans les lois positives faussant les lois naturelles? N'est-ce pas la même ignorance qui prend l'effet pour la cause et la peur pour le danger? N'est-ce pas le même esprit d'inconséquence qui flétrit l'assassinat et le vol et qui glorifie la guerre et la conquête? N'est-ce pas le même mépris de la richesse pour la pauvreté, de l'oisiveté pour le travail et de la force pour la liberté? N'est-ce pas la même soif de domination perpétuant les mêmes abus et les mêmes résistances? Ne sont-ce pas les mêmes abus érigés en droit et les mêmes erreurs érigées en vérités? Quels sont les principes que le monde chrétien n'ait pas empruntés au monde païen? A-t-il cessé d'avoir des geôliers et des bourreaux? A l'esprit de domination a-t-il fait succéder l'esprit de fraternité? Au châtiment qui flétrit a-t-il fait succéder la miséricorde qui pardonne? Aux ténèbres a-t-il fait succéder la lumière? A l'ignorance a-t-il fait succéder l'instruction? A l'erreur a-t-il fait succéder la vérité? A l'iniquité a-t-il fait succéder la justice? A la misère imméritée a-t-il fait succéder le bien-être général comblant le gouffre qui existe entre elle et le luxe héréditaire? A la compression et à la répression de la perversité a-t-il fait succéder l'étude et l'observation de l'homme qui eussent exactement appris quelle part dans les crimes commis il est juste de faire à la volonté humaine et à la responsabilité personnelle? Enfin, à l'inconséquence a-t-il fait succéder la logique dont la conscience devrait être la voix intérieure, l'accord parfait entre la raison des hommes et leurs actes? Est-ce que de tous les enfants qui naissent la société vigilante s'applique à tout prix à faire des êtres qui raisonnent et qui raisonnent juste, afin de détourner d'elle les périls que lui font courir les êtres qui ne raisonnent pas ou qui raisonnent à faux?

Le sceau de la légitimité manquant au droit de punir, qui ne se justifie ni par son origine ni par sa fin, qui n'est ni le droit personnel de légitime défense, ni le droit collectif de défense publique, ni l'expiation réputée d'essence divine, ni la justice immuable, ni l'application du talion; le droit de punir, qui va jusqu'à donner à l'homme érigé en juge le droit de condamner son semblable à la perte de la vie ou de la liberté, n'étant qu'une usurpation sociale, s'il n'est pas légitime, est-il utile?

CHAPITRE III.

DE L'UTILITÉ DU DROIT DE PUNIR.

> Les fausses idées que les législateurs se sont faites de l'utilité sont une des sources les plus fécondes en erreurs et en injustices.
>
> C'est avoir de fausses idées d'utilité que de sacrifier mille avantages réels à la crainte d'un désavantage imaginaire ou peu important. Celui-là n'a certainement pas des idées droites, qui voudrait ôter aux hommes le feu et l'eau, parce que ces deux éléments causent des maladies et des inondations, et qui ne sait empêcher le mal que par la destruction.
>
> BECCARIA.

> L'utilité seule, considérée isolément, par sa nature, ne légitime rien; car, dans des circonstances données, elle pourrait tout légitimer : le mal infligé au méchant comme le mal infligé à l'innocent; le mal infligé avec mesure comme le mal infligé avec excès et à la légère.
>
> L'utilité n'est pas un principe suprême, générateur primitif de nos droits et de nos devoirs; elle est un motif; elle peut et doit être pour la société une mesure, dans l'exercice de pouvoirs dérivant d'une source peu élevée. ROSSI.

Si le droit de punir se justifie par son utilité, du moins qu'il la démontre!

Cette utilité, comment le droit de punir la démontre-t-il?

Il ne la démontre pas, mais, par la voix de ses interprètes les plus autorisés, il affirme que sans lui la société ne pourrait exister, que sans lui elle ne pourrait se conserver, que sans lui enfin elle ne pourrait se défendre.

Pour exiger ainsi qu'on la croie sur parole, quels sont les titres de la société?

Est-il une superstition qu'elle n'ait pas déifiée?

Est-il une idolâtrie à laquelle son intolérance n'ait pas immolé des millions de victimes?

Est-il une erreur qu'elle n'ait pas élevée au rang suprême de vérité?

Est-il une usurpation qu'elle n'ait pas faussement érigée en droit?

Est-il une imposture sur laquelle le scrupule l'ait emporté?

Est-il une iniquité devant laquelle sa conscience ait reculé?

Est-il une cruauté qu'elle n'ait pas poussée jusqu'au raffinement?

Est-il une bête, la plus féroce, qu'elle n'ait pas dépassée en férocité?

Est-il un animal, le plus stupide, qu'elle n'ait pas égalé en stupidité?

Est-il un vice, le plus honteux, qu'elle n'ait pas honoré?

Est-il une vertu, la plus pure, qu'elle n'ait pas condamnée?

Est-il un forfait, le plus exécrable, qu'elle n'ait pas commis?

Est-il un exemple, le plus détestable, qu'elle n'ait pas donné?

Est-il un outrage à la raison de l'homme dont elle n'ait pas partout laissé des traces ineffaçables?

Est-il enfin un crime dont elle n'ait pas été la semence trop féconde?

Lorsque la société et son nom disparaîtraient pour faire place exclusivement à l'humanité et à son règne, est-ce qu'il y aurait lieu de le déplorer? Qu'est-ce que la dignité de l'homme et le progrès de la civilisation y perdraient?

Si l'ancienne société ne peut vivre sans la conservation des peines corporelles, eh bien, qu'elle périsse, et que ce soient là son châtiment et son expiation! Que la servitude pénale ait le même sort que l'esclavage antique et le servage féodal! Que la société ait le même tombeau que l'antiquité et la féodalité!

Mais sans la hache du bourreau et la clef du geôlier, que sera l'humanité et comment les hommes vivront-ils entre eux?

L'homme, dans l'échelle des êtres, serait-il donc au-dessous de la bête, qu'il ne pourrait exister sans échafaud et sans prison? La raison, dont l'homme s'enorgueillit de posséder la plus grande part, sinon la totalité exclusivement, la raison serait-elle donc en lui non un signe de supériorité, mais une cause d'infériorité? A quoi lui servirait la raison, si ce n'était pas pour se conduire par le raisonnement?

Le raisonnement, voilà le frein de l'homme! Ce frein suffit à l'humanité, mais à la condition qu'il ne soit plus faussé par les mains convulsives d'une société à la fois téméraire et poltronne.

La peine corporelle n'est pas un frein : ce qui le prouve, c'est son impuissance, à quelque titre que l'on considère la peine corporelle, soit comme expiation de la faute, soit comme amendement du coupable, soit comme intimidation du pervers, soit comme protection des bons, soit comme réparation du trouble causé à ces derniers par le crime. La peine corporelle n'est pas un frein : ce qui le prouve plus manifestement encore, c'est l'impossibilité d'en proportionner exactement la force selon la nature du délit, selon son étendue, selon la variété de ses causes, les unes originelles et indélébiles, les autres sociales et passagères; les Allemands diraient : les unes subjectives et les autres objectives.

Dans l'abréviation de la vie par la pénalité, où est l'expiation? Qu'est-ce que la société fait de plus et de différent que ce qu'auraient fait quelques jours, quelques semaines, quelques mois, quelques années plus tard, la maladie et la mort? Où est l'intimidation? Quelles preuves a-t-on recueillies que le spectacle et la peur du supplice aient jamais arrêté la main égarée par le délire du crime? Où est la protection? Quelles raisons a-t-on de penser que les bons sont mieux protégés contre les méchants par la pénalité qui supprime ceux-ci que par la science qui grossirait le nombre de ceux-là, non en prétendant agir sur eux *directement*, mais en agissant sur eux *indirectement* par l'amélioration des choses? Où est la réparation? En quoi une tête coupée répare-t-elle le trouble causé par un meurtre commis?

Dans la privation de la liberté par la pénalité, quelles que soient la forme et la durée de cette privation, quel que soit le régime pénitentiaire adopté, où est l'amendement du coupable? Qu'on interroge à cet égard tous les inspecteurs des bagnes, tous les directeurs des prisons dites maisons de force et de correction, les unes servant d'expérimentation au système cellulaire, les autres continuant la tradition de l'emprisonnement en commun avec ou sans modifications! Ils répondront que la peine flétrit le condamné, mais qu'elle ne l'amende pas.

Toute autre peine que la peine de mort ou la détention à perpétuité, loin d'être une garantie pour l'humanité, est un péril pour elle.

Logiquement, c'est César Beccaria, le critique de la peine de mort, qui a tort : c'est Joseph de Maistre, l'apologiste du bourreau, qui a raison.

Beccaria, c'est l'inconséquence, car toutes ses propositions se contredisent; mais de Maistre, c'est l'imposture, car il suppose un Dieu qui ne saurait exister, un Dieu créateur bouillant d'impatience, éperdu de colère, frappant sa créature, la martyrisant et l'égorgeant pour la punir de ce que, lui, ne l'a pas mieux faite.

Je n'admets ni la demi-pénalité, selon César Beccaria, ni la double pénalité, selon Joseph de Maistre. Je dis : double pénalité, car la condamnation prononcée par un Dieu jugeant les hommes après leur mort, si elle était cumulée avec la condamnation de l'homme jugé par l'homme, constituerait pénalement un pléonasme faisant mentir l'axiome juridique : *Non bis in idem.* Qui affirme l'innocence du bourreau nie l'existence de Dieu; qui affirme l'existence de Dieu nie l'innocence du bourreau. Le même coupable pour la même faute ne peut être justement puni deux fois : la première fois avant sa mort, et la deuxième fois après. Joseph de Maistre n'est pas un chrétien, c'est un païen.

J'insiste sur ce dilemme inflexible : ou il existe un Dieu créateur suprême et souverain juge, ou ce Dieu n'existe pas. Si ce Dieu existe, de quel droit la société en devance-t-elle le jugement, et sur quels textes se fonde-t-elle pour l'interpréter? Si ce Dieu n'existe pas, conséquemment s'il n'y a moralement ni bien ni mal, s'il n'y a matériellement que des risques, de quel droit la société juge-t-elle, condamne-t-elle, punit-elle ceux de ses membres qui, accusés par elle, seraient fondés à se retourner contre elle et à lui dire : « Société, qui lèves inexorablement le bras pour nous ôter la vie ou nous priver de la liberté, peux-tu te rendre à toi-même le témoignage que tu as fait pour nous tirer de la barbarie, de l'ignorance, de la misère, de l'abrutissement, de l'avilissement, tout ce que te prescrivaient de faire la civilisation, la prévoyance et l'équité? Es-tu certaine de n'avoir point par tes lois positives, lois variant selon les lieux, les temps et les croyances, contrevenu à aucune des lois dérivant de la nature des choses, lois immuables? Es-tu sûre d'être d'accord avec l'humanité, à l'égard de laquelle tu n'es que ce qu'une nation est à l'univers et que ce qu'un siècle est à l'éternité? »

Si la peine est l'expiation de la faute, l'expiation doit être entière; si la peine est l'intimidation du pervers, elle ne doit pas l'intimider à demi; si la peine du méchant est la protection des bons, elle ne doit pas les protéger à moitié; si la peine corporelle est la réparation du trouble, elle doit être complète. Point de demi-peines! point de demi-supplices!

Logiquement, la peine de mort peut se défendre; logiquement, aucune autre peine, même celle de la détention à perpétuité, ne résiste à un examen approfondi. Mettre les mauvais en prison, ce n'est pas seulement mettre les bons à l'amende, puisque ce sont ceux-ci qui payent les frais de logement et de nourriture de ceux-là; c'est encore et surtout mettre la société aux prises avec un problème insoluble : le problème des libérés.

Qu'en fait-elle, qu'en peut-elle faire, sinon des récidivistes, sinon des êtres plus dangereux à l'expiration de leur peine et à leur sortie de prison qu'avant la condamnation et la prétendue expiation de leur crime?

Un ouvrier meurt, tombe malade ou change

d'atelier; deux remplaçants se présentent leur livret à la main; l'un n'a jamais encouru aucune condamnation judiciaire, l'autre est un libéré : que devra faire la société, représentée par le manufacturier ou l'entrepreneur? Si elle donne la préférence au libéré, que pensera et que deviendra l'immaculé? Si elle donne la préférence à l'immaculé, que pensera et que deviendra le libéré? Qui lui donnera le pain sans lequel la faim, mauvaise conseillère, le poussera au vol et du vol au meurtre, par la déclivité de la pente et la puissance du milieu? Qui lui donnera le coucher, sans lequel, s'il échappe à la cour d'assises, il n'échappera pas à la police correctionnelle qui juge et punit les vagabonds? Si le libéré est jeune, s'il a été assez rusé pour tromper les défiances de la société à son égard, s'il a été assez laborieux pour gagner son pain et payer son gîte, à qui se mariera-t-il? S'il avoue sa qualité de repris de justice, trouvera-t-il une honnête fille qui consente, avec l'assentiment de ses parents, à devenir sa femme? S'il parvient à cacher qu'il a été condamné à une peine afflictive et infamante, quel sera le sort de la malheureuse femme le jour où un incident tardif, mais immanquable, lui révélera le passé de son mari? S'ils ont des enfants, qu'en feront-ils? comment les élèveront-ils? Si le libéré ne se marie pas, s'il n'ose pas, s'il ne peut pas se marier, dans quels bas-fonds de cette société, fière du nom qu'elle porte, le libéré plongera-t-il pour y trouver une concubine? et si de cet accouplement il naît des enfants, quel lait suceront-ils? En ouvrant les yeux, quels exemples auront-ils? Dès leur plus bas âge assis à l'école de la flétrissure et de la réprobation, de la misère et du vice, quelles leçons puiseront-ils?

C'est en vain que Bentham a émis le vœu que je vais rappeler :

Un criminel ne doit pas, après avoir subi sa peine dans les prisons, être rendu à la liberté sans précaution et sans épreuves ; le faire passer subitement d'un état de captivité à une liberté illimitée ; l'abandonner à toutes les tentations de l'isolement, de la misère et d'une convoitise aiguisée par de longues privations, c'est un trait d'insouciance et d'inhumanité qui devrait enfin exciter l'attention des législateurs.

C'est également en vain que le directeur des prisons et des établissements pénitentiaires de France, M. Dupuy, a consigné dans son rapport de 1865 les réflexions suivantes :

Serait-il juste d'attribuer à l'inefficacité de notre système répressif les récidives qui sont annuellement signalées ? Ne pourraient-elles être imputées à d'autres causes ?

La surveillance légale, qui se justifie d'ailleurs par des motifs de sécurité publique, n'a-t-elle pas pour effet de jeter fatalement les libérés en dehors de la société ? Ne les empêche-t-elle pas de se procurer du travail ?

La courte durée des peines ne contribuerait-elle pas à cet état de choses ?

Les causes les plus actives des récidives doivent donc

être recherchées ailleurs que dans le régime de nos établissements, dans lequel les privations et les moyens de réforme sont combinés de telle sorte qu'il semble difficile d'aller plus loin sans rompre la mesure qui doit être gardée entre les droits de la répression et ceux de l'humanité.

Entre les maisons de force et de correction, il n'y a pas d'établissement de refuge et de travail à la porte desquels les repris de justice puissent aller frapper avec la certitude qu'elle leur sera ouverte et qu'ils y trouveront à gagner leur vie sans y perdre leur indépendance.

Pourquoi?

Serait-ce parce qu'il serait impossible que l'ordre y régnât sans un régime disciplinaire qui différât peu de celui de la prison?

Serait-ce parce que de tels établissements, si l'État les fondait, ne pourraient exister sans porter atteinte à la concurrence, laquelle vit nécessairement de liberté et d'égalité?

Quelle que soit la cause qui ait empêché de prendre en considération le vœu souvent émis qu'il se fondât des établissements librement ouverts aux repris de justice, il suffit de constater qu'il n'y en a point.

Si le droit de punir n'est pas un droit qui se justifie par son origine et sa légitimité; s'il est dénué de la puissance d'intimidation salutaire qu'on lui attribue et que les faits contredisent; si l'usage de punir n'est pas un usage qui se justifie par sa fin et son utilité; si cet usage est moins utile que nuisible et moins tutélaire que dangereux; si ces adoucissements n'ont été que des inconséquences; si, enfin, les problèmes dont il est hérissé sont insolubles, n'en doit-on pas conclure que l'humanité, pour se mettre à l'abri des risques de meurtre et de vol, a autre chose à faire que de dresser des échafauds ou des potences, et qu'à construire des prisons selon le mode d'Auburn ou selon le mode de Philadelphie?

Je ne suis point exigeant : je ne demande pas au droit que s'est arrogé l'homme de punir corporellement un autre homme, je ne lui demande pas de me prouver sa légitimité, ce qu'il ne pourrait faire; je me contente de lui demander de me démontrer son utilité; et c'est parce que j'ai cherché cette utilité sans la découvrir que j'ai rencontré sur mon chemin ce point d'interrogation : La société ayant désarmé l'homme au nom usurpé de la justice, ne serait-ce pas au tour de l'homme de désarmer la société au nom mérité de la science?

CHAPITRE IV.

L'ÉCHELLE PÉNALE.

> Nous arrivons à la mesure de la peine. C'est ici que les difficultés s'élèvent. Comment fixer le rapport de la valeur de l'action et de la valeur du châtiment? Comment calculer ces deux quantités pour déterminer leur mutuelle égalité? Le rapport de la peine avec le crime est une vérité d'intuition ; elle ne se démontre pas. C'est la notion du bien et du mal, du juste et de l'injuste, qui s'applique au fait de l'expiation. Ce n'est pas résoudre le problème que de dire que la peine doit s'élever ou s'abaisser selon la gravité des délits; que deux crimes divers ne méritent pas la même peine. Il n'est question en cela que de plus ou de moins, d'une idée de relation. Le meurtre doit être puni plus que le vol. Mais quelle est la peine due au vol? ROSSI.
>
> La tyrannie a infligé les mêmes peines aux scélérats et aux gens de bien. MONTESQUIEU.
>
> On a appliqué les peines les plus graves à des fautes légères, et, dans cette occasion comme dans mille autres, l'homme est souvent victime d'un mot. BECCARIA.
>
> Les peines afflictives sont filles et compagnes de l'esclavage. LAUZE DE PERET.

L'échelle pénale repose en France sur ces trois naïves distinctions desquelles il résulte que ce qui fait le crime ou le délit, ce n'est ni l'intention ni l'acte, c'est la peine :

Art. 1er. — L'infraction que les lois punissent des peines de police est une *contravention*.

L'infraction que les lois punissent des peines correctionnelles est un *délit*.

L'infraction que les lois punissent d'une peine afflictive ou infamante est un *crime*.

Cette échelle a pour échelons les peines qui suivent :

§ Ier. — *Peines afflictives et infamantes.*

La mort;
Les travaux forcés à perpétuité;
La déportation;
Les travaux forcés à temps;
La détention;
La réclusion.

§ II. — *Peines infamantes.*

Le bannissement;
La dégradation civique.

§ III. — *Peines correctionnelles.*

L'emprisonnement à temps dans un lieu de correction;
L'interdiction en tout ou en partie des droits civiques, civils et de famille;
L'amende.

§ IV. — *Peines de police.*

L'emprisonnement;
L'amende;
La confiscation de certains objets saisis.

Ces échelons constituent-ils une véritable échelle pénale? — C'est ce qu'il serait difficile d'admettre lorsqu'on a recueilli les témoignages qui suivent de trois inspecteurs généraux des prisons de France.

La parole est à M. Moreau Christophe:

L'échelle pénale est renversée à ce point que la peine que la loi avait faite la plus lourde, l'administration l'a faite la plus légère. Ce système antisocial pousse le délit au crime et place par lui au faîte de la pénalité une prime d'encouragement et de récompense.

La parole est maintenant à M. Charles Lucas:

Tandis que le correctionnel des prisons départementales aspire à la maison centrale, attiré par l'appât du travail salarié, le détenu de la maison centrale, du sein de sa vie captive et monotone, ambitionne la vie extérieure du forçat, l'air pur qu'il respire, l'arsenal où il circule, la mer qu'il sillonne et le soleil qui étale à ses regards l'imposant spectacle que présentent l'activité de l'homme et l'agitation des flots. J'ai vu des condamnés me *supplier* de les faire transférer de la maison centrale au bagne; qu'autrement ils feraient un *mauvais coup* pour y parvenir.

On est mieux aux bagnes que dans nos maisons centrales, à ce point que nos septuagénaires ne veulent plus user des dispositions de la loi qui leur permet d'aller dans ces dernières maisons. L'ordre de la répression dans nos établissements de détention en France est en sens inverse de la criminalité.

Enfin la parole est à M. Léon Vidal:

La peine cellulaire, l'emprisonnement individuel, l'isolement continu du prisonnier, renversent toute l'économie si sage, si prévoyante, si juste du Code pénal. Les peines deviennent toutes égales; le temps seul les rend différentes ; le plus mince délit est puni comme le plus atroce des crimes. Cette belle et si éminemment équitable, si morale et si naturelle *graduation des peines, que le législateur avait établie d'après les lois éternelles de la justice divine et humaine et l'expérience des siècles, disparaît dans une commune et brutale égalité de la geôle individuelle. Avec cette règle, tous les condamnés sont perpétuellement au secret et au cachot.*

Après ce dernier aveu, que devient l'échelle pénale?

Entre les travaux forcés à perpétuité et les travaux forcés à temps, où est la différence si le condamné à temps meurt avant le condamné à perpétuité?

Entre la détention, la réclusion et l'emprisonnement, où est la différence ailleurs que dans les mots?

En réalité, l'échelle pénale se borne à ces cinq échelons :

La privation de la vie, ou peine de mort;

La privation de la liberté sous des noms différents;

La privation de la patrie, ou bannissement;

La privation des droits civiques, civils et de famille;

La privation d'une somme d'argent, ou amende.

S'il est vrai qu'il en soit ainsi, adopter cette division aura l'avantage de simplifier et d'abréger l'examen qui va suivre.

CHAPITRE V.

DE LA PRIVATION DE LA VIE.

Qui peut avoir donné à des hommes le droit d'égorger leurs semblables? BECCARIA.

C'est par la nécessité seule que la peine capitale peut être justifiée... Avant d'ôter la vie à un homme, il doit être prouvé qu'il n'existe pas d'autre moyen de prévenir la violation de la sûreté publique que le sacrifice du coupable. Le fardeau de cette démonstration retombe donc sur ceux qui prétendent maintenir le fréquent usage de ce sacrifice. MACKINTOSH.

Peut-on dire en conscience que lorsqu'on guillotine un assassin, il n'y a pas d'autre moyen de préserver la société? DE GÉRANDO.

Art. 1er. A dater du jour de la publication de la paix générale, la peine de mort sera abolie dans toute la République française.
CONVENTION NATIONALE. Loi du 4 brumaire an IV.

En vain on accumulera les sophismes, il sera toujours évident qu'en ôtant la vie la société commet l'action qu'elle punit. PASTORET.

Nous ne devons pas punir un crime en l'imitant.
ELISABETH, impératrice de Russie.

Je suis contre toutes les peines corporelles dites afflictives; donc je suis pour l'abolition de la peine de mort, mais plutôt systématiquement que sentimentalement. J'aurai la franchise de l'avouer: s'il s'agissait de supprimer toutes les peines, moins une seule, ce serait celle-là que je maintiendrais, sauf à retrancher le bourreau. Je serais avec Joseph de Maistre et non avec César Beccaria. La peine que j'éliminerais la première, ce serait celle de la privation de la liberté sous ses divers noms : — emprisonnement, réclusion, détention, travaux forcés à temps, déportation, travaux forcés à perpétuité. Je voudrais commencer par le commencement et finir par la fin, au lieu de commencer par la fin et de finir par le commencement. Je ne descendrais pas l'échelle pénale, je la monterais.

D'éloquents discours, d'ardents plaidoyers, d'innombrables écrits, ont attaqué la peine de mort. Je les ai tous ou à peu près tous sous les yeux. Je dois le dire, ce ne sont pas ces monuments qui m'ont convaincu; ce ne sont pas eux qui m'ont rangé au nombre des adversaires déclarés de toute atteinte portée à l'inviolabilité de la vie humaine, aussi bien qu'à l'inviolabilité de la liberté humaine, de la pensée humaine et de la parole humaine. La peine de mort est la seule peine qui atteigne certainement son but; elle est la seule qui protége efficacement la société. Elle est la seule qui ne soit pas cruelle, car, si elle abrége la vie, elle abrége la souffrance (1). Elle ne fait pas souffrir longtemps et

(1) La peine de mort a été remplacée dans la Louisiane ainsi qu'il suit :

« Les meurtriers sont enfermés dans des cellules isolées. Devant chaque cellule s'étend un petit terrain où il leur est permis de travailler, excepté pendant deux mois de chaque année. Cette période commence au jour anniversaire de leur crime. Tant qu'elle dure, les condamnés ne peuvent sortir de leur cellule que pendant le temps nécessaire pour la nettoyer.

» Le jour anniversaire du crime est un jour de jeûne. Pendant inutilement. Elle est logique. Elle n'est pas menteuse. Elle ne pervertit pas stupidement les condamnés, promettant faussement de les amender. Elle ne corrompt pas l'immense personnel nécessaire à leur garde. Elle ne fait pas pulluler le crime après avoir tari la honte, prodigué la flétrissure et marié la misère à la dépravation.

Le grand argument contre la peine de mort, c'est qu'elle est irréparable en cas d'erreur. Si concluante, si irréfutable que paraisse cette objection, ce n'est pas elle qui m'arrêterait s'il n'y avait que celle-là. Est-ce que la peine des travaux forcés ou seulement

vingt-quatre heures le condamné ne reçoit aucune nourriture; il reçoit la visite du chapelain, qui l'exhorte à prier et à demander à Dieu le repentir de son crime.

» Les meurtriers ne reçoivent aucune visite, excepté celles des inspecteurs, des gardiens et des directeurs de la prison. Ils ne lisent aucun livre, excepté des extraits de la Bible, des livres de morale, que le chapelain juge capables de les exciter au repentir et de leur rappeler leur crainte et les espérances de l'autre vie.

» On les exempte du jeûne quand le médecin déclare que le jeûne est dangereux pour leur santé.

» S'ils ne savent pas lire, on le leur enseigne.

» Ils n'ont communication avec personne, excepté les employés, inspecteurs, visiteurs de la prison, le chapelain et le médecin.

» Le condamné est considéré comme mort pour le reste du monde. Sa cellule est peinte en noir. Sur la porte est inscrit en grosses lettres :

« *Dans cette cellule est enfermé, pour y passer sa vie dans la solitude et le regret, A. B., convaincu du meurtre de C. D.* »

N'est-ce pas remplacer une peine barbare par une peine plus inhumaine encore ?

de la réclusion est réparable lorsque des jurés et des juges, trompés par les apparences, trompés par les présomptions, trompés par les dépositions, l'ont infligée à un innocent? Est-ce qu'on peut lui rendre les années qu'il a passées enfermé au bagne ou dans une maison centrale? Est-ce qu'on peut effacer de sa personne les souillures qu'il y a contractées? Si le sentiment de l'iniquité commise, faisant parler la vengeance et taire la conscience, y a étouffé le sentiment de l'honneur, est-ce qu'on pourra le ranimer? S'il y a perdu la raison ou la santé par le chagrin, est-ce qu'on pourra la lui faire retrouver (1)?

Mais, objecte-t-on, qu'est-ce que la raison ou la santé perdue, qu'est-ce que l'honneur étouffé, en comparaison de la vie conservée? Ah! si la vie d'un innocent vaut un si grand prix, si elle pèse un si grand poids, d'où vient donc qu'elle compte pour si peu dès qu'il s'agit, entre deux États, de la plus petite

(1) Un homme est condamné à mort pour incendie; sa peine est commuée en celle des travaux forcés; la femme et la fille du forçat viennent à Paris implorer le secours de M. Ortolan. De longues années, d'héroïques recherches, permettent au jeune avocat d'alors de découvrir que les vrais coupables sont à l'étranger. Un ou deux étaient morts. Après mille labeurs il obtient l'extradition des autres. Leur crime est reconnu, et, après la longue procédure édictée par le Code, l'innocence du forçat est proclamée... Mais, hélas! l'ancien forçat était devenu idiot de douleur, sa femme. était morte et sa fille était folle!

E. Delattre,

Avocat à la cour impériale de Paris.

question de territoire, d'indépendance ou de susceptibilité? Je n'ai pas deux tarifs, deux balances, deux logiques : si vous exigez que mes paupières se mouillent à la pensée d'un innocent condamné à mort par des juges à qui l'inamovibilité n'a pas suffi pour conférer l'infaillibilité, souffrez d'abord que mes yeux aient versé toutes leurs larmes, moins une, à la pensée de tous ces braves et vigoureux fils de famille que le recrutement obligatoire enlève chaque année à leurs parents, à leur commune, à leur profession, pour être moissonnés par la nostalgie à défaut de la guerre, et par la dyssenterie à défaut de la mitraille.

Si la vie humaine est inviolable, qu'elle ne soit violée sous aucune forme, sous aucun prétexte, sous aucun motif, sous aucun nom! A moins que l'arithmétique ne soit fausse, un comptera toujours moins que cent mille. Qu'en France l'on additionne comparativement, depuis le commencement de ce siècle, d'une part le nombre des innocents qui ont été condamnés, d'autre part celui des soldats qui ont été tués, et qu'on dise si, d'une part, le nombre des innocents qui ont été condamnés a atteint le chiffre de dix, et si, d'autre part, le nombre des soldats qui ont péri n'a pas dépassé un million d'hommes immolés à la barbarie osant s'appeler la gloire! Parce qu'il est mort bravement sur un champ de bataille ou qu'il s'est éteint loin de sa famille sur le lit d'un hôpital militaire, la mère en a-t-elle moins perdu son fils, la sœur son frère, la fiancée son futur époux?

Il ne faut pas s'abuser! La pénalité corporelle est une échelle dont il est moins facile qu'on ne pense de retrancher un échelon. La suppression de la peine de mort n'est pas chose aussi simple qu'on est disposé à le croire communément quand on n'a pas fait de l'échelle pénale une étude approfondie. S'il ne s'agissait que de supprimer la peine de mort, ce serait facile; mais, la pénalité corporelle étant admise, la pénalité corporelle étant maintenue, il faut remplacer cette peine, il faut remplacer cet échelon. Si on le retranche, comment et par quoi combler l'intervalle? Ici commencera la difficulté, pour ne pas faire de l'humanité à contre-sens.

Cette objection a été prévue en ces termes par un éloquent avocat, un maître du barreau, ancien député, ancien ministre de la justice, ancien membre du gouvernement provisoire de 1848 :

On nous dit : Quand la peine de mort sera abolie, vous nous demanderez l'abolition des peines perpétuelles. Certainement, c'est la loi du progrès. *Mettez le repentir dans vos lois,* et soyez certains que nous verrons finir les peines perpétuelles (1).

(1) Crémieux, *Cour d'assises de la Seine,* 11 juin 1851. Défense de Charles Hugo, accusé d'avoir attaqué la peine de mort et condamné, le 11 juin 1851, à six mois de prison et à 500 fr. d'amende pour l'avoir combattue.

Mettez le repentir dans vos lois! est une phrase sonore, mais creuse. Ce repentir, comment l'y mettre? C'est ce que M. Crémieux serait bien embarrassé de faire s'il était pris au mot. L'expérience de tous les pays, de tous les régimes, est là pour l'attester: ce sur quoi il faut le moins compter, c'est sur le repentir de ceux qui sont tombés sous la flétrissure de la servitude pénale. Ce qu'il y a de plus rare, c'est un criminel qui se repent; mais ce fait, devînt-il aussi général qu'il est exceptionnel, à quels signes distinguera-t-on le repentir sincère du repentir simulé? Quelles garanties lui demandera-t-on? A quelles épreuves le soumettra-t-on? Dans quel ordre le libéré, sous le coup de la récidive, s'il ne trouve pas de travail, viendra-t-il en concurrence du travailleur qui n'aura pas de crime à se faire pardonner, mais qui aura besoin pour vivre de gagner le pain de sa journée et souvent de sa famille? Viendra-t-il avant? Viendra-t-il après? S'il vient après, viendra-t-il à temps?

Un enfant peut écraser sous son pied l'aigle ou le vautour encore en germe dans son œuf; mais si le vautour, mais si l'aigle a appris à planer dans les airs, le danger ne sera plus pour l'aigle, il sera pour l'enfant. Il en est ainsi du crime: l'empêcher de naître est plus facile que de l'empêcher de prendre son essor. Telle est la conviction qui, une fois acquise par l'observation approfondie, ne tarde pas, par l'étude et la controverse, à se changer en certitude.

En 1789, la peine de mort s'appliquait en France dans 115 cas différents, et souvent d'une manière atroce; malgré les réductions opérées en 1810 et en 1832, elle s'applique encore à 30 cas (1), mais les commutations de peine en réduisent considérablement l'exécution.

La loi de 1824 a autorisé les cours d'assises à commuer la peine de mort en celle des travaux forcés pour la mère coupable d'infanticide. Elle a été abolie, lors de la révision pénale de 1832, dans les neuf cas suivants; 1° complots non suivis d'attentats; 2° fabrication ou émission de fausse monnaie d'or ou d'argent; 3° contrefaçon ou usage des sceaux de l'État, d'effets du Trésor public ou de billets de banque; 4° cas déterminés d'incendie; 5° meurtre joint à un délit, quand la relation de cause à effet n'existe pas entre les deux faits, 6° vol avec les cinq circonstances aggravantes; 7° recel d'objets volés quand le vol est puni de mort; 8° arrestation exécutée avec faux costume, sous un faux nom ou sous un faux ordre de l'autorité publique; 9° arrestation illégale avec menace de mort. La constitution de 1848, art. 5, a aboli la peine de mort en matière politique.

(1) Art. 56, 75, 76, 77, 79, 80, 81, 83, 86, 87, 91 à 97, 125, 233, 302, 303, 304, 316, 344, 365, 434, 435, 437 du Code pénal; loi du 3 mars 1822, relative à la police sanitaire; loi du 15 juillet 1845, sur la police des chemins de fer.

En Italie, sous le code de Charles-Albert, le nombre des cas dans lesquels s'applique la peine de mort est de 31; il est de 32 en Espagne; il n'est plus que de 8 en Angleterre.

Ont supprimé la peine de mort les États suivants:

1826 Grand-duché de Finlande.
1830 La Louisiane.
1831 Ile de Taïti.
1846 État de Michigan.
1849 Duché de Nassau.
» Grand-duché d'Oldenbourg.
» Duché de Brunswick.
» Duché de Cobourg.
1852 État de Rhode-Island.
1859 République de San-Marino.
» La Toscane (1).
1860 La Roumanie.
1862 Grand-duché de Weimar.
» Duché de Saxe-Meningen.
1863 Canton de Neufchâtel.
» Canton de Zurich.

(1) L'abolition de la peine de mort pour les crimes de droit commun a été votée par la Chambre des députés italienne, à la majorité de 150 voix contre 91. La question s'est présentée à propos de l'application du Code pénal sarde à la Toscane. La peine de mort ne se trouvait pas inscrite dans le code toscan. Elle en avait été bannie pour la première fois en 1782. Rétablie et supprimée plusieurs fois depuis lors, elle avait été rayée de nouveau, en 1859, du nombre des lois pénales. La législation criminelle sarde, au contraire, l'avait conservée, et il s'agissait de décider lequel des deux systèmes devait prévaloir.

1863 Grand-duché de Bade.
1864 État de Colombie.
1866 Wurtemberg.
1867 Suède.
» Portugal.
1868 Saxe.

L'application en France de la peine de mort tend à y devenir de moins en moins fréquente, ainsi que le constatent les chiffres suivants :

ANNÉES	CONDAMNÉS				
	A MORT		PERPÉTUITÉ.	A TEMPS.	RÉCLUSION.
	EXÉCUTÉS.	COMMUÉS.			
1854	37	42	227	1,337	1,126
1855	28	33	228	1,130	1,040
1856	17	29	248	1,051	971
1857	32	26	205	993	970
1858	23	15	209	978	941
1859	21	15	152	856	811
1860	27	12	143	856	758
1861	12	14	146	792	791
1862	25	14	150	837	840
1863	11	9	145	745	766
1864	5	4	150	734	692
1865	10	4	139	720	697

De 1825 à 1840 les condamnations à mort ont été en moyenne : — de 110 de 1825 à 1831 ; — de 55 de 1831 à 1835 ; — de 39 de 1836 à 1840.

De 1850 à 1860 il a été prononcé 499 condamnations à mort. C'est en moyenne 50 par année.

Pendant cette période décennale près de la moitié des condamnés à mort, 46 sur 100, étaient illettrés ; 49 sur 100 étaient repris de justice.

De 1850 à 1860 les condamnations à mort ont été exécutées à l'égard de 278 condamnés (56 sur 100) ; 4 se sont suicidés et un cinquième est décédé avant l'exécution de l'arrêt ; les 216 autres (43 sur 100) ont obtenu la commutation de leur peine : 209 en celle des travaux forcés à perpétuité, 1 en 20 ans de travaux forcés, 6 en réclusion perpétuelle.

De 1826 à 1850, la proportion des condamnations à mort exécutées avait été de 64 sur 100.

De 1856 à 1865, le nombre des condamnations à mort a été de 325, donnant les trois moyennes suivantes par année :

Condamnations à mort, 32.

Exécutions, 18.

Commutations, 14.

En 1864, sur 9 condamnations à mort, il n'y a eu que 5 exécutions.

En Angleterre, maintenant, la peine de mort est restreinte aux crimes suivants : 1° haute trahison ; 2° assassinat ; 3° tentative de meurtre ayant produit des blessures ; 4° incendie de bâtiments ou de navires avec danger pour la vie des personnes; 5° piraterie avec blessures ou actes mettant la vie des personnes en danger; 6° vol avec effraction aggravé par des violences contre des personnes demeurant dans l'habitation; 7° viol avec violence; 8° rapt et viol sur un enfant du sexe féminin au-dessous de dix ans. L'Angleterre est donc le pays qui légalement s'approche le plus de la suppression de la peine de mort après les États où l'abolition de cette peine a eu lieu, soit en droit, soit en fait, en en laissant tomber en désuétude l'exécution.

1831. Condamnations à mort, 1,601.
1851. Condamnations à mort, 70.
1861. Condamnations à mort, 48.

Sur *sept* condamnés, il n'y en a plus qu'*un* qui soit privé de la vie.

En Belgique, quoique les chambres aient repoussé, en 1868, le projet de loi signé par le Roi et présenté par M. Jules Bara, portant abolition de la peine de mort, elle est supprimée en fait.

En Bavière, il n'y a pas eu une seule exécution pendant les années 1863 et 1864.

Dans le royaume de Hollande, aucune exécution n'a eu lieu depuis 1862.

Raccourcissement par en haut de l'échelle pénale, c'est-à-dire remplacement de la peine de mort par la peine des travaux forcés à perpétuité, voilà ce qui est généralement considéré comme un adoucissement de la pénalité et comme un progrès social. C'est là une opinion, c'est là une illusion que je ne saurais partager. Je repousse et je condamne la peine des travaux forcés par les mêmes motifs que Lamartine, dans la séance de la Chambre des députés du 7 mai 1844, déduisait en ces termes :

De deux choses l'une : ou le forçat s'accoutumera à la honte, ou il ne s'y accoutumera pas. S'il ne s'y accoutume pas, si chaque rayon de lumière qui tombe du ciel sur son visage le couvre de la même confusion, du même opprobre que le premier jour, que le jour de son exposition, par exemple, alors, c'est un supplice tel, c'est une telle torture de l'âme, que votre loi dépasse en cruauté les inventions les plus barbares de la vengeance humaine ; c'est une loi de sauvages et non de chrétiens ; passez-moi le seul mot qui la définisse, c'est une exposition à vie, c'est le pilori à perpétuité !

Ou le criminel s'y habitue, et c'est ce qui arrive, et alors qu'avez-vous fait ? Vous avez maintenu une pénalité de honte qui ne l'humilie plus, qui détruit la honte dans le criminel, et qui, en y habituant le forçat, habitue aussi le peuple, ce qui est mille fois plus funeste encore, à voir sans terreur et sans horreur les scélérats à l'égard desquels vous devez conserver l'animadversion et le dégoût des populations. Le peuple est plus sensible que juste ; il finit par s'apitoyer sur leur sort ; et, au lieu de cette sainte horreur que vous devriez maintenir au sein des populations, il s'établit une pitié mêlée d'intérêt qui fait oublier au criminel lui-même son crime, parce que son crime est oublié par la société.

Au fond de ces lignes est implicitement la condamnation de toute pénalité légale autre que celle que j'ai appelée la publicité pénale; pénalité inattaquable celle-ci, car elle découle de la nature des choses, puisqu'elle se borne à la stricte constatation du fait commis sans qu'il soit même nécessaire de le qualifier pour le flétrir.

Jusqu'à ce que toutes les autres peines aient été successivement éliminées et définitivement supprimées, je suis donc, j'oserai le déclarer hautement, pour le maintien, à titre transitoire, de la peine de mort.

Adversaires sentimentalistes et irréfléchis de la peine de mort, qui proposez de lui substituer la peine de la déportation à perpétuité, vous êtes-vous jamais demandé à combien de braves et d'honnêtes soldats, enrégimentés malgré eux, la garde des assassins déportés coûtait annuellement la vie? Ces jeunes soldats, nos fils, les frères, les maris de nos filles, vous êtes-vous jamais demandé à quels risques de dépravation les exposait cette garde, ce dangereux contact, en les tenant éloignés, à si grande distance, pendant plusieurs années, de toutes les affections de la famille? Ces jeunes soldats, arrachés par la loi de recrutement aux travaux des champs, aux travaux de l'atelier, aux travaux de la fabrique, vous êtes-vous jamais demandé de quel travail ils vivraient, si, de retour dans leur pays, cette sorte de déportation, moins l'infamie, ce rôle temporaire de gardiens armés leur avaient coûté la perte de leur santé et de leurs forces?

CHAPITRE VI.

DE LA PRIVATION DE LA LIBERTÉ.

> Dans l'état actuel des choses, on peut dire que coupables ou innocents, le jour où ils passent le seuil d'une maison d'arrêt ou de justice, ils sont perdus pour la société, que leur avenir est détruit, et que le crime s'empare d'eux comme d'une proie qui lui est destinée. BÉRENGER, président à la cour de cassation.
>
> De ce que j'ai le droit, dans ma défense légitime, de tuer un homme, ai-je celui de l'obliger au travail, c'est-à-dire de le réduire à la condition d'esclave? L'homme ne peut aliéner sa personne et ses facultés que pour un temps limité et par un acte de sa propre volonté. BENJAMIN CONSTANT.
>
> L'oppression matérielle produit à la longue la dégradation morale de l'homme. Le flambeau de la raison finit par s'éteindre lorsqu'il est renfermé dans une atmosphère étouffée qu'on empoisonne au lieu de la renouveler. ROSSI.
>
> Il ne faut pas plus détruire la liberté que l'existence dans l'homme, parce que la liberté est également sacrée dans son origine et toujours digne dans sa nature. CHARLES LUCAS, inspecteur général des prisons.

La privation de la liberté est la peine qui se compose de ces six degrés :

I. Travaux forcés à perpétuité.
II. Déportation;
III. Travaux forcés à temps,
IV. Détention;
V. Réclusion;
VI. Emprisonnement.

Les détenus se divisent en deux grandes classes, déterminées par leur position légale :

1° Les inculpés, prévenus et accusés;
2° Les condamnés.

Toutes les fois qu'un individu est en état d'arrestation, pour quelque cause que ce soit, tant qu'il n'a pas été placé sous mandat de dépôt par un juge d'instruction, il est inculpé.

Il passe à l'état de prévenu si le fait qui lui est reproché constitue un délit ou un crime. En cas de délit, la dénomination de prévenu subsiste jusqu'au moment où le tribunal correctionnel a statué.

En cas de crime, le détenu passe à l'état d'accusé lorsque la chambre des mises en accusation a rendu l'arrêt qui le renvoie devant la cour d'assises.

Pour les contraventions justiciables des tribunaux de simple police, le délinquant est inculpé. Après jugement des tribunaux de simple police correctionnelle, et après arrêt des cours d'assises, l'inculpé, le prévenu ou l'accusé passe à l'état de condamné et se trouve compris dans les catégories suivantes réglées par la nature des peines prononcées contre lui :

Condamnés 1° à l'amende ou à l'emprisonnement de un à trois jours (peines de simple police);

2° A l'emprisonnement à temps et à l'interdiction à temps de certains droits civiques ou de famille (peines correctionnelles);

3° A la réclusion, à la détention, aux travaux forcés à temps, à la déportation, aux travaux forcés à perpétuité et à mort (peines réservées au crime).

Quelle que soit la peine prononcée contre eux, les condamnés se divisent en deux grandes classes :

1° Les enfants ou mineurs âgés de moins de seize ans;

2° Les adultes.

§ 1er. *Des travaux forcés à perpétuité.*

Le Code pénal, articles 15 et 16, définit ainsi les travaux forcés à perpétuité et à temps :

Art. 15. — Les hommes condamnés aux travaux forcés seront employés aux travaux les plus pénibles; ils traîneront à leurs pieds un boulet ou seront attachés deux à deux avec une chaîne, lorsque la nature du travail auquel ils seront employés le permettra.

Art. 16. — Les femmes et les filles condamnées aux travaux forcés n'y seront employées que dans l'intérieur d'une maison de force.

Le décret des 27 mars-16 avril 1852 a supprimé implicitement en ces termes les deux articles ci-dessus du Code pénal :

Considérant que, sans attendre LA LOI QUI DOIT MODIFIER LE CODE PÉNAL quant au mode d'application des travaux forcés pour l'avenir, le gouvernement est dès à présent en mesure de faire passer à la Guyane française, pour y subir leur peine, un certain nombre de condamnés détenus dans les bagnes, décrète :

Art. 1er. — Les condamnés aux travaux forcés actuellement détenus dans les bagnes, et qui seront envoyés à la Guyane française pour y subir leur peine, y seront employés aux travaux de la colonisation, de la culture, de l'exploitation des forêts et à tous autres travaux d'utilité publique.

Art. 2. — Ils ne pourront être enchaînés deux à deux ou assujettis à traîner le boulet qu'à titre de punition disciplinaire ou par mesure de sûreté.

Art. 3. — Les femmes condamnées aux travaux forcés pourront être conduites à la Guyane française et placées sur un établissement créé dans la colonie. Elles seront employées à des travaux en rapport avec leur âge et leur sexe.

Art. 4. — Les condamnés des deux sexes qui auront subi deux années au moins de leur peine tant en France que dans la colonie, et qui se seront rendus dignes d'indulgence par leur bonne conduite et leur repentir, pourront obtenir : 1° l'autorisation de travailler aux conditions déterminées par l'administration, soit pour les habitants de la colonie, soit pour les administrations locales ; 2° l'autorisation de contracter mariage ; 3° la concession d'un terrain et la faculté de le cultiver pour leur propre compte. Cette concession ne pourra devenir définitive qu'après dix années de possession.

Art. 10. — Tout condamné à temps qui se sera rendu coupable d'évasion sera puni de deux à cinq ans de travaux forcés. Cette peine ne se confondra pas avec celle antérieurement prononcée. La peine pour le condamné à perpétuité sera l'application à la double chaîne pendant deux ans au moins et cinq ans au plus.

Je comprends la peine de mort, je l'ai dit, mais

je ne comprends pas la peine des travaux forcés à perpétuité; je ne la comprends ni telle que l'avait établie le Code pénal, — articles 15, 16 et 18, — ni telle que l'a réformée le décret des 27 mars-16 avril 1852.

C'est de la cruauté inutile. Encore si elle n'était qu'inutile! mais elle est pernicieuse. Oui, elle est pernicieuse, car elle accoutume insensiblement à l'arbitraire, à la tyrannie, à l'insensibilité, à l'inhumanité (1), tous les préposés à la garde des condamnés. N'est-ce donc pas assez de cette lie sociale, sans qu'il soit encore besoin de l'augmenter de toute celle que dépose le nombreux personnel des geôliers et garde-chiourme?

Et qu'est-ce que les travaux forcés à perpétuité, sinon le rétablissement sous un autre nom, et par

(1) Il existe dans quelques maisons centrales une peine appelée *la cellule*, et qui est ainsi appliquée :

La cellule est un endroit de la grandeur d'une armoire, où le condamné qui subit cette peine disciplinaire reste debout.

Il existe une sorte de trou servant de lieux d'aisances.

A la porte est pratiqué un guichet garni d'une tablette sur laquelle on pose le pain coupé par morceaux destiné au détenu, qui, pendant le temps de sa punition, ne mange que du pain sec

Le détenu, les mains liées derrière le dos, doit prendre ce pain avec la bouche, comme les bêtes, sur la tablette.

Il est vêtu d'un pantalon décousu entre les jambes, de sorte que le détenu doit satisfaire à ses besoins sans le secours de ses mains, qui restent liées constamment.

Cette punition est quelquefois infligée pour quinze jours, pour trois semaines, pour un mois.

d'autres motifs, de l'esclavage, avec l'aggravation de la séparation contre nature des deux sexes? Et qu'est-ce que la séparation pénale des sexes, sinon la dégradation radicale des condamnés?

Si les gouvernements ont le droit de punir, qu'ils punissent, mais qu'ils ne pervertissent pas! Qu'ils soient logiques! Qu'ils osent aller jusqu'au bout de leur droit! Pas de fausse humanité! Pas de pitié hypocrite et cruelle! Qu'ils ne frappent pas à demi! Qu'ils retranchent résolûment de la société l'individu qui est un danger pour elle! Qu'ils ne le fassent pas souffrir perpétuellement! Qu'ils lui ôtent la vie! Pas de lente agonie! Si, en moyenne, chaque condamné aux travaux forcés coûte finalement à l'État 10,000 francs, que les gouvernements fassent un meilleur usage de cet argent, qu'épargnerait la peine de mort à l'état de peine corporelle unique! Qu'ils emploient cet argent à tirer le pauvre et surtout l'enfant du pauvre de ces bouges infects sans air et sans clarté où pullulent héréditairement la misère, l'ignorance et l'ivrognerie, ces trois sources alimentaires du crime, fleuve dévastateur qui a pour embouchure la pénalité!

Les travaux forcés à perpétuité ne sont pas seulement l'esclavage, ils sont la mort (1). Qu'est-ce que

(1) Sur une période de vingt ans, de 1826 à 1845, le nombre des condamnés aux travaux forcés à perpétuité a été annuellement en moyenne de 207.

Dr Lelut, *membre de l'Institut.*

la mort, quelle qu'en soit la cause, sinon l'abréviation de la vie? Si toute privation de la liberté aboutit inévitablement à l'abréviation de la vie, où le Code pénal inscrit : *Travaux forcés à perpétuité,* lisez donc : *Peine de mort indirecte, précédée de l'esclavage déguisé.*

Montesquieu condamne en ces termes l'esclavage légal :

> L'esclavage n'est pas bon par sa nature ; il n'est utile ni au maître ni à l'esclave ; à celui-ci parce qu'il ne peut rien faire par vertu ; à celui-là parce qu'il contracte avec ses esclaves toutes sortes de mauvaises habitudes, qu'il s'accoutume insensiblement à manquer à toutes les vertus morales (1).

Ce que dit Montesquieu de l'esclavage légal, je le dis de l'esclavage pénal ; il a le même double effet : il pervertit le geôlier en même temps que le détenu.

§ II. — *De la déportation.*

Telle qu'elle résulte de l'article 17 du Code pénal, la peine de la déportation consiste à être transporté et à demeurer à perpétuité dans un lieu déterminé par la loi, hors du territoire continental de l'empire. Si le déporté rentre sur le territoire de l'empire, il sera, sur la seule preuve de son identité, condamné aux travaux forcés à perpétuité. Le déporté qui ne sera pas rentré sur le territoire de

(1) Montesquieu, *Esprit des lois*, liv. XV, ch. i.

l'empire, mais qui sera saisi dans les pays occupés par les armées françaises, sera conduit dans le lieu de sa déportation. Tant qu'il n'aura pas été établi un lieu de déportation, le condamné subira à perpétuité la peine de la détention, soit dans une prison de l'empire, soit dans une prison située hors du territoire continental, dans l'une des possessions françaises qui sera déterminée par la loi, selon que les juges l'auront expressément décidé par l'arrêt de condamnation.

Telle qu'elle est régie par la loi des 8-16 juin 1850, la déportation est la peine qui remplace la peine de mort dans les cas où elle a été abolie par l'article 5 de la Constitution du 4 novembre 1848. La déportation a lieu dans une enceinte fortifiée hors du territoire continental. Les lieux de déportation désignés sont : la vallée de Vaithau, aux îles Marquises, pour les cas où la peine de mort est abolie par l'article 5 de la Constitution de 1848 et où cette peine a été remplacée par celle de la déportation ; et l'île de Noukahiva, l'une des Marquises, pour l'exécution de l'article 17 du Code pénal (1).

(1) Une nouvelle colonie pénitentiaire se forme à la Nouvelle-Calédonie, grande île de quatre-vingt-dix lieues de long sur dix-huit de largeur, dans l'océan Pacifique, à l'est de la Nouvelle-Hollande, à l'ouest des Nouvelles-Hébrides. Trois cents condamnés aux travaux forcés y ont été envoyés pour préparer la fondation de l'établissement pénal.

En 1860, le gouvernement français avait même pensé à changer les bases de la peine de la réclusion et à appliquer la transportation

La déportation est la première peine qui s'offre à la pensée de ceux des réformateurs qui réprouvent à la fois la peine de mort et le régime des bagnes (1).

Il semble qu'elle soit ce qu'il y a de plus simple, sinon de moins coûteux; mais il n'en est point ainsi dans l'exécution dès que le nombre des déportés a dépassé un certain chiffre. L'expérience de l'Angleterre est là pour l'attester. Les Anglais ont dû y renoncer le jour où leurs colonies se sont refusées à recevoir les *convicts* qui leur étaient envoyés.

Un digne magistrat, qu'on ne saurait citer trop souvent, M. le président Bérenger, s'exprimait ainsi sur la déportation dans son rapport du 24 avril 1847 à la Chambre des pairs :

Au premier aspect la déportation présente un avantage considérable, celui d'exonérer le pays des individus qui y ont jeté le trouble, et dont la libération est la source d'un

aux condamnés de cette catégorie. Il avait préparé un projet conçu à peu près dans lés données de la loi sur la transportation à Cayenne. Les condamnés à la réclusion auraient subi leur peine dans des établissements créés soit en Algérie, soit dans les possessions coloniales autres que la Guyane française. Les condamnés y auraient été employés, soit dans des maisons de force, soit à l'air libre, à des travaux dont la nature aurait été déterminée par l'administration.

Le gouvernement français ne donna pas suite à ce projet, et il a continué de faire subir la peine de la réclusion dans les maisons centrales comme par le passé.

LÉON VIDAL, *inspecteur général des prisons.*

(1) LAMARTINE, Chambre des députés, séance du 7 mai 1844.

nouveau danger. Un tel avantage a dû concilier à cette mesure pénale de nombreux partisans ; mais, en approfondissant la question, on reconnaît qu'il est illusoire, et que le remède apporté au mal ne ferait que l'aggraver.

A l'époque où le peuple anglais se montrait le plus favorable à la déportation, l'un de ses plus savants publicistes, Bentham, l'avertissait de se tenir en garde contre cette impression.

Le but principal des peines est *l'exemple;* or la déportation n'a rien d'exemplaire. Voilà, disait-il, son vice radical ; elle ne montre pas le châtiment, elle le cache, elle le soustrait à la vue de ceux auxquels il devrait servir de leçon. Une scène pénale qui se passe dans un monde si éloigné de nous, ne peut exercer sur l'esprit qu'une action faible et fugitive. Et Bentham s'autorisait de l'opinion de celui de nos grands poëtes qui, ayant le mieux étudié les effets de l'imagination, remarquait que le peuple ne mettait aucune différence entre ce qui est à mille ans de lui et ce qui en est à mille lieues.

Si, en effet, la déportation, envisagée attentivement et de près, est une peine affreuse qui va fort au delà de l'intention du législateur, pour le public, pour le commun des hommes, pour cette classe qui lit peu et ne réfléchit pas, il n'y a pas la millième partie des souffrances à endurer, dont la pensée se préoccupe et s'effraye. Un voyage aventureux et lointain, un pays nouveau, des compagnons nombreux, la perspective d'un établissement où, avec le temps, on pourra acquérir quelque fortune, sont des images qui, loin d'intimider, se présentent aux yeux de la multitude avec un certain charme ; et cette peine, qui n'a rien d'exemplaire, de combien toutefois ne dépasse-t-elle pas le genre d'infliction qu'elle comporte, et quelle n'est pas en outre l'inégalité de son application entre tous ceux qui, à un égal titre, sont appelés à la subir?

La peine que le législateur a voulu infliger au déporté, ce n'est assurément ni la mort, ni les souffrances dont elle est précédée et qui l'occasionnent. Et toutefois de quel nom appeler le supplice de ces malheureux, à partir du moment où commence l'exécution de leur sentence? Qu'on les suive pendant une navigation de cinq ou six mois, entassés dans des pontons, privés d'air et de lumière, sous le poids d'une discipline brutalement inexorable, que justifie la nécessité de prévenir les révoltes, en proie à des maladies contagieuses qu'aggravent encore les accidents de mer.

Voilà le pélude!

Qu'on les voie ensuite jetés sur une plage presque toujours sauvage, loin de toute ressource, demandant une nourriture insuffisante à un sol brûlant et aride.

N'est-on pas fondé à répéter, après Bentham, que le législateur, en édictant une pareille peine, ignore ce qu'il fait; qu'elle change de nature aussitôt qu'elle est prononcée, et devient dans la réalité tout autre qu'elle n'était dans ses prévisions?

Les fortes organisations résistent, les faibles succombent, et c'est ainsi qu'est appliqué le principe de l'égalité des peines, cette première règle de toute bonne législation!

Un autre but que doit se proposer le législateur, est d'ôter aux délinquants le pouvoir de commettre de nouveaux crimes. A la vérité, la déportation remplit ce but à l'égard de la mère patrie; mais si les condamnés n'y sont plus à craindre, en sera-t-il de même dans le lieu lointain où ils seront transportés? Si ce lieu renferme une population libre, elle y sera continuellement menacée par eux; les crimes nouveaux ne feront donc que changer de théâtre; si le lieu est désert, les déportés, à moins d'être contenus par une force suffisante, ce qui sera difficile à une si grande distance, se déchireront entre eux, et la colonie périra par les excès auxquels elle sera livrée !

La déportation, enfin, est une peine qui augmente considérablement les charges d'un État ; car, outre les frais de transport des condamnés, elle exige dans la colonie un grand établissement civil et militaire.

Voilà les idées principales qui portent les publicistes à considérer la déportation comme une peine dangereuse, et à la repousser.

Si parmi eux nous avons cité Bentham, c'est parce qu'il est Anglais, et qu'avec la sagacité qui distingue ce publiciste célèbre, il avait prévu tous les inconvénients, je dirai même tous les maux qui résulteraient pour l'Angleterre de l'établissement de ses colonies pénales.

Ainsi, il avait dit que la déportation n'est pas exemplaire, et que cette peine ne produisant aucune intimidation, les malfaiteurs en recevraient une sorte d'encouragement, et il est avéré que les crimes se sont multipliés dans la Grande-Bretagne, au point que leur proportion, relativement à la population de ce pays, est quadruple de ce qu'elle est en France.

Il avait dit que cette peine excédait l'intention du législateur, en ce qu'elle était meurtrière ; et l'on sait que, dans les premiers temps surtout, un quart des convicts périssait dans la traversée ; un seul vaisseau qui, en 1799, transportait 300 condamnés, en perdit 101 ; il est constaté aussi que de 1793 à 1836, la mortalité parmi les déportés avait été de 40 pour 100, tandis qu'elle n'était que de 5 pour 100 parmi la population libre de la colonie.

Bentham accusait d'inégalité ce mode de répression, et, indépendamment de la diversité des constitutions aux prises avec les mêmes fatigues et les mêmes dangers, il est de fait que le sort des condamnés différait suivant le caractère des colons auxquels on les assignait : doux pour les uns, intolérable pour les autres.

Le savant auteur repoussait cette peine, comme infligeant à d'autres contrées le fléau dont était délivrée la mère patrie ; et les crimes des déportés se sont tellement multipliés à la Nouvelle-Galles, qu'ils y sont devenus huit fois plus nombreux qu'en Angleterre ; qu'on a dû renoncer à y envoyer de nouveaux convicts, qu'il a fallu les transférer à Van-Diémen, et concentrer les plus audacieux à Norfolk, où, éloignés de toute population libre, ils se sont livrés entre eux à des excès si révoltants, malgré les forces qui les gardaient, qu'on s'est vu contraint de dissoudre l'établissement.

Enfin Bentham signalait la déportation comme la plus lourde charge pour un État ; et il est constaté que l'établissement pénal de la Nouvelle-Galles a coûté à la Grande-Bretagne au delà de 200 millions de francs ; et les débats du Parlement anglais ont révélé dernièrement que l'entretien, la garde de cet établissement, le transport des convicts, les dépenses de toute nature qu'ils occasionnent, imposent à l'État une dépense annuelle de 15 millions de francs, somme bien supérieure à ce que coûte à la France l'ensemble de son système répressif pour une population de 35 millions d'habitants.

Un coup d'œil bien rapide sur les diverses phases par lesquelles ont passé les colonies pénales de nos voisins, achèvera de justifier les théories des publicistes relativement à ce mode de répression.

Avant l'émancipation de l'Amérique anglaise, la déportation, on le sait, avait lieu dans la province du Maryland ; cette peine était appliquée depuis cinquante-six ans, lorsque la guerre maritime et l'insurrection des colonies forcèrent le gouvernement à suspendre l'envoi des convicts.

Le 6 décembre 1786, un ordre du conseil désigna la côte orientale de l'Australie pour y fonder l'établissement pénal, et les premiers condamnés y arrivèrent au mois de janvier 1788.

Depuis cette époque jusqu'à l'année 1820, ils furent les seuls colons; cette première période de l'histoire de la colonie fut déplorable : indiscipline, révolte continuelle, bandes de maraudeurs organisées qui se réfugiaient dans les bois pour tomber ensuite sur les habitations et les piller ; manque de vivres, et par suite famine, vie licencieuse à laquelle participaient les soldats chargés de la garde de l'établissement et même leurs officiers, châtiments multipliés, gibets en permanence, déposition d'un gouverneur : — telle fut, pendant cette période, l'état misérable de la colonie, qui reçut ainsi de la mère patrie 25,878 déportés, parmi lesquels on ne comptait que 3,661 femmes; cette disproportion entre les deux sexes ajoutait aux causes de désordre, les deux tiers des naissances étaient illégitimes; elles n'excédèrent pas 1,500 dans le cours de ces trente-deux années. Une succursale de la colonie fut établie à Van-Diémen, située à soixante-quinze lieues au sud de la Nouvelle-Hollande, et une autre à l'île de Norfolk.

Dès 1820, des émigrants venus de la Grande-Bretagne, et favorisés par le gouvernement, s'établirent au milieu des convicts; des terres leur furent concédées, en même temps que des condamnés étaient mis à leur disposition pour les aider dans leurs travaux. La seule obligation imposée aux colons fut de leur fournir le vêtement et la nourriture; c'était pour le condamné un état analogue à l'esclavage; seulement le maître ne pouvait pas le châtier lui-même, il devait s'adresser au magistrat, qui ordonnait la punition sur son simple témoignage.

Ce fut de ce moment que la colonie changea de face.

Dès 1835, elle comptait déjà 100,000 colons appartenant à la classe des hommes libres; mais le nombre des convicts, malgré l'accroissement qu'il recevait chaque année, demeurait à peu près toujours le même : il était d'environ 30,000, sur lesquels on comptait 17,000 émancipés.

Parmi ceux-ci il s'en trouvait quelques-uns qui avaient acquis de grandes richesses par des moyens la plupart honteux; or, les récits qui parvenaient dans la mère patrie, de ces fortunes prodigieuses, n'étaient pas de nature à faire redouter beaucoup la peine de la déportation.

A mesure que la colonie faisait des progrès, la population libre, qui, par l'effet de son augmentation, trouvait moins d'utilité dans le travail des condamnés, supportait impatiemment le trouble qu'ils lui apportaient; les crimes, comme nous l'avons dit, augmentaient en effet dans une proportion plus grande que la population; ils étaient en 1829 de 1 sur 157 habitants; en 1836, le rapport était de 1 sur 104, tandis qu'il n'est dans la Grande-Bretagne que de 1 sur 850; et cependant, par l'effet du vice inhérent à la déportation, la criminalité dans la mère patrie ne cessait également de s'accroître.

Les esprits s'émurent de cette situation : plusieurs comités reçurent successivement mission de rechercher les causes et d'en indiquer le remède. Celui qui fut nommé en 1837 se prononça formellement pour l'abolition de la déportation; celui de 1838 proposa de renoncer immédiatement au système d'assignation, c'est-à-dire de placement des convicts auprès des colons. Le Parlement ne se borna pas à approuver cette mesure; par un acte de la même année, il admit, comme système légal d'emprisonnement, la séparation de tous les prisonniers, prévenus ou condamnés, pendant toute la durée de leur peine.

Aussi, dès 1840, la transportation a-t-elle cessé à la

Nouvelle-Galles : elle a été provisoirement bornée à la terre de Van-Diémen et à l'île de Norfolk.

Les condamnés arrivés à la terre de Van-Diémen furent soumis à diverses périodes d'épreuves; on y eut recours aussi à divers moyens de punition, dont le plus élevé était l'envoi à l'île de Norfolk; mais il se passait dans cette petite île, qui n'a que cinq lieues de circonférence, et dans laquelle il ne se trouvait d'autre population que les condamnés et leurs gardiens, des désordres d'une telle nature que, le 30 septembre 1846, le gouvernement anglais expédia l'ordre de dissoudre cette colonie.

L'insubordination et la corruption dans la terre de Van-Diémen, quoique moins menaçantes, parce que les condamnés se trouvaient disséminés sur un plus grand espace, étaient cependant telles, qu'à la séance de la Chambre des lords, elles ont pu arracher à la conscience du noble lord Grey cette exclamation, que « c'était une honte pour le nom anglais qu'un tel système pût être protégé par le pavillon de la Grande-Bretagne. »

Indépendamment de tous les vices inhérents à cette peine, ce qui doit surtout la faire repousser par nous, c'est l'impossibilité de son exécution.

Ou le lieu destiné à l'établissement de la colonie pénale sera habité, ou il sera désert. Dans le premier cas, la population repoussera une telle importation, et il serait contre toutes les lois sociales de la lui imposer; dans le second, la nouvelle colonie ne tarderait pas à avoir le même sort que celle de Norfolk. Se figure-t-on, en effet, ce que ferait dans un lieu si éloigné, placé hors de la surveillance du gouvernement, une réunion d'hommes qui, bien qu'ayant été cellulés pendant dix ans, verraient bientôt leurs mauvais instincts se réveiller avec une énergie nouvelle, par suite de leur rapprochement? Croit-on qu'on pourrait mieux qu'à Norfolk les soumettre au travail et réprimer leurs désordres? Trouverait-on mieux que dans la petite colonie anglaise des gardiens dévoués, qui consentiraient à abandonner leurs foyers pour aller vivre au loin au milieu d'une société composée tout entière de malfaiteurs, vis-à-vis desquels ils n'auraient que le choix ou d'une connivence criminelle ou d'un état permanent de lutte et d'hostilités ouvertes?

Si, en admettant, ce qui est hors de toute probabilité, qu'un certain ordre pût régner dans cette colonie pénale, on était fondé du moins à espérer qu'après une période plus ou moins longue il sortît de son sein une population nouvelle, qui offrît des ressources et des moyens de régénération aux nouveaux arrivants!

Mais pour que cette population se créât, il faudrait que des mariages fussent possibles; or, les femmes condamnées qui y seraient conduites, après dix années de réclusion cellulaire, auraient en général passé l'âge où l'union conjugale porte ses fruits; l'inégalité qui existerait d'ailleurs dans le nombre comparé des individus des deux sexes serait une source effrayante de désordres sans cesse renaissants. Sur *cinq* condamnations en France, il n'en est guère qu'une qui atteigne *une* femme : disproportion qu'augmenterait encore dans la colonie le plus ou moins de résistance qu'opposent des organisations diverses aux fatigues d'une longue et rude traversée, et à l'épreuve d'un nouveau climat. Cette disproportion est, en effet, d'une femme pour sept hommes parmi les convicts de la Nouvelle-Galles.

On a parlé d'émancipation après un certain temps, et de distribution de terres aux émancipés; mais on ne forme des colons cultivateurs qu'avec la famille; à l'homme qui exploite un champ, qui élève des bestiaux, il faut l'aide d'une femme, les ressources d'un ménage; c'est la condition indispensable de toute culture.

La colonie serait donc destinée à un dépérissement graduel.

La plupart des condamnés qu'on y transporterait à grands frais, n'ayant devant eux d'autres perspectives que la souffrance, arriveraient bientôt au terme d'une vie sans ressort et sans espoir.

Quant à ceux qui échapperaient à cette destinée, si, n'ayant pas encouru une condamnation à perpétuité, ils réclamaient leur liberté après l'expiration de leur peine, pourrait-on refuser de les ramener dans la mère patrie? Assurément non. L'heure de la libération venue, ils feraient valoir un droit auquel satisfaction devrait être donnée; et la distribution des terres étant, comme nous l'avons dit, une mesure illusoire, on n'aurait, pour racheter ce droit, aucune compensation à leur offrir. Il faudrait donc forcément les ramener en France. N'est-on pas effrayé du danger que ferait courir à nos populations le retour d'hommes endurcis au mal, accoutumés à toutes les vicissitudes, et dans les veines desquels aurait fermenté pendant leur séjour sur cette terre réprouvée toute la séve du crime?

M. le docteur Lelut, membre de l'Institut, se prononce en ces termes contre la peine de la déportation, dans son *Mémoire sur la peine de la déportation appliquée aux crimes et aux délits de droit commun*, lu à l'Académie des sciences morales et politiques :

Chaque année, en moyenne, la France avait à déporter, rien que des condamnés aux travaux forcés ou d'autres récidivistes très-dangereux et très-coupables, 10,000 individus au moins, chiffre énorme s'augmentant, tous les ans, d'un chiffre égal, et nécessitant pour la garde, la direction, l'administration d'un pareil personnel colonial, *un chiffre également considérable et croissant de soldats, d'administrateurs et d'employés.*

L'Angleterre, dans ses établissements de l'Australie, n'a pas fondé une colonie de malfaiteurs. Elle a fondé une colonie à l'occasion et au moyen de ses malfaiteurs. Elle l'a fondée et affermie comme on fonde et affermit toutes les colonies, avec d'honnêtes gens, des gens que n'a pas flétris la justice. Et toute nation, la France y compris, qui voudra se donner des colonies dites pénales, du nom de leur première destination, ne s'y prendra pas autrement.

Or, je suppose que la France, pour les colonies pénales qu'elle se propose d'établir, ait fait tout ce qu'a fait la Grande-Bretagne et tout ainsi qu'elle l'a fait. Je suppose qu'elle ait atteint son but avec autant d'intelligence, de fermeté, de promptitude que la Grande-Bretagne a atteint le sien.

Je suppose qu'elle soit aussi capable que l'est la Grande-Bretagne de défendre, contre les chances d'une guerre maritime, sa colonie pénale, devenue colonie mixte, puis colonie ordinaire, ou qu'elle ait trouvé le moyen de faire admettre dans le code international cet article, qu'une colonie pénale ne sera jamais attaquée et enlevée par une puissance ennemie.

Qu'arrivera-t-il, par la force des choses, au bout de cinquante, de soixante, de quatre-vingts ans si l'on veut, qu'arrivera-t-il à la France pour cette colonie pénale ?

Il lui arrivera ce qui est arrivé à l'Angleterre pour ses colonies pénales d'Amérique et en particulier pour celle du Maryland ; ce qui lui arrive déjà en partie et ce qui est sur le point de lui arriver tout à fait pour ses colonies australiennes. C'est que la colonie pénale de la France voudra cesser d'être colonie pénale ; qu'elle demandera qu'on ne lui envoie plus de condamnés ; que les fils ou petits-fils des anciens déportés, premiers hôtes de la colonie, appliquant le mot de Franklin aux nouveaux arrivants, successeurs naturels de leurs pères, engageront la métropole à garder ses « serpents à sonnettes ».

Alors que fera la France?

Elle fera ce qu'a fait il y a longtemps l'Angleterre pour sa colonie pénale d'Amérique, ce qu'elle est déjà en partie forcée de faire pour celles de l'Australie.

Elle cherchera un nouveau lieu de déportation et y établira une nouvelle colonie pénale.

Tel est fatalement le terme auquel aboutit tout système de déportation pour les crimes et les délits de droit commun. Tel est par conséquent celui auquel conduirait en définitive l'introduction plus ou moins large de ce système dans le Code pénal de la France : la fondation d'une nouvelle colonie pénale tous les cinquante ou soixante ans.

Est-ce là ce que la France peut vouloir et faire ?

Veut-on savoir combien, en nombres ronds, en France, on emprisonne annuellement d'individus, prévenus, accusés, condamnés ? Quelque chose comme cent mille. Que serait-ce, en comparaison de ce chiffre énorme, que quelques centaines ou même deux ou trois milliers de *déportés*, de *transportés*, d'*exilés*, d'*expatriés* ; car tous ces noms, ces mots dont on se paye, ces mots ne changent rien à la réalité des choses. Et puis dans la déportation elle-même, il faut des prisons ; il en faut beaucoup et de bonnes. Un des premiers édifices publics qu'eurent à élever les premiers gouverneurs de la Nouvelle-Galles du Sud, ce fut une prison, et ils employèrent à sa construction les convicts eux-mêmes, qui devaient, le cas échéant, y être renfermés.

C'est donc, et jusqu'à ce qu'elle ait été législativement résolue, c'est une question d'une incontestable importance que la question de l'emprisonnement, la question du mode de construction des prisons et du régime qui doit y être appliqué.

Voici maintenant l'opinion de M. Charles Lucas :

En admettant que toutes les difficultés puissent être aplanies chez une ou deux grandes puissances maritimes, toujours est-il que le système de la transportation pénale ne serait qu'une exception, et ne saurait entrer dans la pratique générale des codes pénaux des peuples modernes : qu'ainsi au point de vue de la civilisation, la transportation pénale ne saurait avoir la valeur d'une solution définitive de ce grand problème qui pèse aujourd'hui sur toutes les nations civilisées, depuis que, par l'effet de la suppression progressive des peines capitales et perpétuelles, elles ont charge d'âmes, et d'âmes criminelles, dans tout le domaine des peines temporaires.

Je n'entrevois pas la solution des difficultés et des complications qu'entraînerait l'établissement permanent de la déportation.

L'essai de colonisation pénale en Australie a surabondamment démontré l'impossibilité de coloniser des condamnés sans l'intervention de l'émigration volontaire, et l'Angleterre, suffisamment éclairée par tant de dépenses, d'embarras et de désordres qui suivirent son entreprise de 1787, n'est plus tentée de renouveler, sur quelques côtes *désertes* de l'Australie, l'essai isolé d'une colonisation pénale de condamnés.

Le second mode de déportation, qui consiste, pour un pays, à se débarrasser de ses malfaiteurs, au moyen de leur transportation dans des lieux éloignés et habités, blesse d'abord profondément ce principe d'éternelle morale, qui ne permet pas plus, de peuple à peuple que d'individu à individu, de faire à autrui le mal qu'on veut détourner de soi-même. Ce mode blesse ensuite toutes les notions fondamentales sur lesquelles repose l'exercice de la justice sociale, qui semble abdiquer tous ses devoirs et compromettre ses droits au respect des peuples, du moment où ils n'aperçoivent plus la balance dans laquelle elle pèse les actions criminelles, pour répondre à ce double et inséparable besoin d'expiation, aussi bien que de sécurité, qu'éprouve la conscience publique, et proportionner ainsi les degrés de la punition à ceux de la criminalité.

Suivons maintenant la déportation sur la terre où elle débarque ses condamnés, et voyons comment elle pourra y reconstituer à son arrivée la famille qu'elle a détruite à son départ.

A l'égard des condamnés mariés, va-t-elle prêcher et encourager la bigamie?

Et quant aux célibataires, comment créer la famille au milieu d'une disproportion de sexes qui semble engendrer la prostitution? Et comment, d'ailleurs, le condamné qui conserve encore quelques bons sentiments, peut-il s'abandonner avec bonheur et sécurité à l'idée de devenir père de famille, alors que transporté avec la qualité de convict, et signalé désormais à tous par le nom qu'il porte et la condamnation qui l'a flétri, il ne saurait désormais transmettre à ses enfants que la honte héréditaire d'un nom déshonoré!

Toutes ces difficultés qui naissent de l'état civil des condamnés, le système anglais de transportation n'a su ni les prévoir, ni les résoudre, il n'a fait que les compliquer. C'est que l'Angleterre n'a procédé que par expédients successifs de *transportation*, selon les exigences de la situation, et n'a jamais poursuivi le développement progressif d'un plan de déportation et de colonisation de ses condamnés, mûrement délibéré et arrêté dans la pensée de son gouvernement. Il faut bien le dire, il n'y a qu'un gouvernement en Europe qui se soit sérieusement posé le problème de la déportation et de la colonisation de ses condamnés, et qui ait à cet égard un plan complet, coordonné dans toutes ses parties, c'est le gouvernement russe. Je ne conseillerai certes jamais à la France d'imiter le système de déportation et de colonisation en Sibérie, et je crois que de ce côté il n'y a à craindre aucun engouement d'imitation française. Mais ce système mérite d'être étudié par les publicistes et les hommes d'État, parce que ce système inexorable, mais *logique et savamment combiné, ne laisse aucune difficulté sans la prévoir et sans la résoudre.* C'est ainsi, par exemple, que, sous le rapport de la famille, il donne aux femmes et enfants des condamnés la liberté de les suivre sur la terre d'exil, en mettant les frais d'entretien à la charge de l'État pendant tout le voyage. Mais si la femme du condamné ne veut pas quitter son pays natal, *elle reste maîtresse de s'y remarier.*

La déportation sans femmes est un système impossible. Lorsque l'Angleterre a si cruellement échoué, malgré tous ses sacrifices et ses efforts, devant les désordres résultant de la disproportion des femmes, on n'imagine pas vraisemblablement rendre le problème moins insoluble par leur suppression.

Cette opinion de M. Charles Lucas est aussi celle de M. le docteur Ferrus :

A part même la question d'avenir matériel pour les colonies lointaines, et la nécessité de les peupler, il importe de considérer le découragement et l'inévitable dépravation des déportés, s'ils étaient placés ainsi à des milliers de lieues, sans liens de famille, d'affection, et dans un isolement contre nature (1).

M. Léon Faucher n'admettait pas la déportation comme peine principale :

Le gouvernement anglais s'est trompé quand il a voulu faire de la déportation une peine principale. Envisagée à ce point de vue, la déportation, en effet, manque des caractères essentiels à tout régime pénal ; elle ne suffit ni pour intimider, ni pour réprimer, ni pour corriger. Mais les objections tombent, lorsque la transportation, au lieu d'être réduite à un simple exil en pays lointain, ne joue plus dans le châtiment qu'un rôle accessoire ; lorsque la peine nouvelle, infligée aux hommes que la loi veut frapper, comprend trois degrés ; 1° l'emprisonnement séparé ; 2° l'emploi des condamnés à des travaux pénibles ; 3° la déportation ou l'exil avec certaines restrictions imposées à la liberté.

Il y a des objections qui tombent, il en est d'autres qui restent, et sur lesquelles M. Léon Faucher a passé légèrement :

Plus de la moitié des condamnés, surtout parmi ceux qui ont encouru des condamnations à long terme, se trouvent engagés dans les liens du mariage, et il n'y a rien de plus naturel que de les réunir à leur famille sur la terre coloniale, au moment de *leur libération,* quand ils ont donné des gages de repentir et de bonne conduite. De pa-

(1) Dr Ferrus, *De l'expatriation pénitentiaire.*

reilles réunions n'ont pas tout le danger qu'y ont vu quelques esprits. Je ne saurais, quant à moi, désespérer de la nature humaine, et je ne crois à *l'hérédité du crime* qu'autant que l'on refuse aux criminels les moyens d'amendement.

Jusqu'à la *libération* du déporté, comment la femme aura-t-elle vécu? Quelle raison a-t-on de croire qu'elle ira le rejoindre?

Rapporteur du projet de loi qui est devenu la loi du 30 mai 1853, M. Du Miral trace en ces termes l'historique de la déportation :

Avant 1718, l'emprisonnement avait lieu sur les pontons.

C'est dans le cours de cette année qu'un bill du Parlement anglais adopta, pour la première fois, le principe de la transportation ; tous les condamnés à plus de trois ans de détention furent soumis à cette mesure. Elle n'avait alors rien de bien rigoureux : les *convicts* (c'est le nom qu'en Angleterre on donne aux transportés) étaient habituellement dirigés en Amérique sur la province du Maryland ; ceux qui pouvaient payer leur passage se trouvaient libres en mettant le pied sur le sol américain ; les autres étaient loués à des planteurs par les capitaines de navires, qui se couvraient ainsi des frais de la traversée. On ne se préoccupait alors ni de l'amélioration, ni de la répression des condamnés ; la transportation était, pour l'Angleterre, un moyen commode et économique de ne pas avoir de prisons et de se débarrasser de ses criminels. *Pendant près d'un siècle l'Amérique les reçut avec moins de dégoût que de profit* ; mais lorsque les colonies américaines eurent atteint le degré de prospérité qui leur permit un peu plus tard de se séparer de la mère patrie, elles se plaignirent d'être le réceptacle des condamnés de la métropole. *Les convicts, à mesure qu'ils devinrent moins utiles, étaient trouvés plus dangereux.*

Dès 1775, la guerre de l'indépendance força le gouvernement anglais à suspendre l'envoi des condamnés ; on reprit l'ancien système de l'emprisonnement sur des pontons.

En 1787, après une interruption de douze années, la découverte de la Nouvelle-Hollande permit de revenir à la transportation. Botany-Bay, Norfolk reçurent les premiers convois de convicts.

Un peu plus tard, d'autres expéditions de condamnés furent faites à Van-Diémen.

Vers 1808, des désordres graves s'étaient introduits dans la marche de ces colonies nouvelles; l'indiscipline avait gagné jusqu'aux soldats, l'autorité d'un gouverneur fut méconnue: il fut embarqué et ramené de vive force en Angleterre.

Ces désordres avaient pour cause principale la *trop grande proportion des condamnés dans la population de ces îles;* le progrès de l'émigration venue de la mère patrie ne tarda pas à faire disparaître cette cause, et, depuis 1820 jusqu'en 1834, les colonies de la Nouvelle-Hollande furent le théâtre d'une remarquable prospérité et d'un progrès soutenu.

Le système qui fut pratiqué envers les convicts, pendant cette période, mérite d'être signalé: il est connu, de l'autre côté du détroit, sous le nom d'*assignation*. C'était, dans la réalité, pour les condamnés, une espèce de *domesticité obligatoire* ou d'esclavage mitigé ; *on les plaçait chez des particuliers, qui profitaient sans rétribution de leur travail, et ne leur donnaient en échange que la nour-*

riture et le vêtement. Le colon qui les recevait ainsi avait sur eux l'autorité d'un maître; le châtiment ne pouvait cependant leur être infligé qu'en vertu de l'ordre du magistrat. Ce système, défectueux au point de vue de l'insuffisance de l'intimidation, ne méritait peut-être pas toutes les critiques qui lui ont été adressées. On l'a beaucoup accusé d'inégalité et d'injustice, en prétendant que le sort du condamné dépendait du caractère du maître auquel il était livré. Il eût été plus juste de reconnaître qu'il dépendait surtout de sa propre conduite et de l'utilité des services qu'il rendait.

Quoi qu'il en soit, à partir de 1834, une vive attaque se produisit dans le Parlement contre le système d'assignation et contre la transportation elle-même. Des comités furent institués pour l'étude de la question. Rien ne saurait mieux prouver ses difficultés sérieuses que la contradiction et la variation des mesures qui furent alors successivement proposées, prises, abandonnées.

En 1837, un premier comité se prononça pour l'abolition de la transportation.

En 1838, un second comité conclut à son maintien, mais en condamnant l'assignation.

Bientôt après, il est décidé que les transportés, au lieu d'être placés, comme par le passé, chez des particuliers, demeureront sous la main du gouvernement; que la transportation sera restreinte à un nombre limité de convicts; qu'ils ne seront plus envoyés qu'à Van-Diémen et à Norfolk.

Des ordres furent même donnés dans ce sens, au commencement de 1840, pour défendre la transportation à la Nouvelle-Galles ; mais, à la suite d'un changement de ministère, ces ordres furent rapportés.

En 1812 on commença l'expérience d'un nouveau système, qui reçut le nom de *probation*.

Voici en quoi il consistait :

Le transporté, à son arrivée dans la colonie, était renfermé dans des stations pénales où il était occupé à des travaux pour le compte du gouvernement. Le temps de cette première période, considérée à la fois comme une punition et une épreuve, n'était pas limité.

En quittant la station pénale (1), le condamné recevait un laissez-passer pour entrer au service d'un colon. Un traité, fait sous l'autorité du gouverneur, réglait les conditions de ce service, qui comportait un salaire et ne pouvait durer plus d'une année. Ce délai expiré, le transporté n'était plus tenu qu'à la résidence dans la colonie jusqu'à l'expiration de la peine.

Cette expérience fut peu satisfaisante : elle donna lieu à des dépenses fort considérables et échoua surtout par l'effet de l'inexpérience et de l'inaptitude des fonctionnaires chargés de l'exécution.

Pendant qu'on se livrait à cette expérience assez mal conduite, l'idée de l'emprisonnement solitaire, fécondée par les exemples des États-Unis et de la Suisse, avait fait en Angleterre, comme en France à la même époque, un rapide chemin.

Dès 1838, le Parlement avait adopté comme règle absolue en matière d'emprisonnement la séparation de tous les prisonniers, prévenus ou condamnés.

En 1840, on commençait la construction du célèbre

(1) Indépendamment des stations pénales dans lesquelles on essayait de classer les condamnés par ordre de moralité, il y avait des stations de punition pour ceux qui manquaient à la discipline dans les stations pénales, et des stations de dépôt pour ceux qui, après avoir obtenu un laissez-passer, ne trouvaient pas place chez les colons.

établissement de Pentonville, et, vers la fin de 1842, ses cellules étaient en partie habitées.

D'illustres hommes d'État, au premier rang desquels il faut citer lord Grey, ne dissimulaient plus la préférence qu'ils donnaient sur la transportation à la réclusion cellulaire.

On fut naturellement amené à la pensée d'associer ensemble les deux systèmes.

Une première combinaison fut tentée en 1847. Les condamnés à la transportation étaient divisés en deux catégories, basées sur la différence et la durée de la peine. Lorsqu'elle ne dépassait pas sept années, les condamnés restaient pendant dix-huit mois soumis au régime cellulaire. Après cette préparation, suivant que leur conduite avait été bonne ou médiocre, ils étaient transportés à Van-Diémen, avec un billet de permis ou avec un certificat de probation; si elle avait été mauvaise, on les envoyait à la péninsule de Tasman : ils étaient privés de leur liberté et astreints aux travaux publics.

Quant aux condamnés à un plus long terme, ils ne subissaient pas la préparation de l'emprisonnement solitaire; ils étaient immédiatement dirigés sur Norfolk ou sur Van-Diémen, pour y traverser différents degrés d'épreuves, et passer successivement par les travaux publics, *le certificat de probation* et *le billet de permis*.

Cette combinaison compliquée fut à peine expérimentée; elle était subordonnée à la volonté des colons d'employer des convicts en *permis* ou en *probation*. Les demandes de ce genre diminuèrent inopinément dans une proportion sensible. Ce motif, joint au doute qu'on conservait encore sur le mérite de la combinaison nouvelle, détermina à suspendre la transportation pendant deux années.

C'est après ces essais divers que le gouvernement anglais

est enfin arrivé au système actuellement en vigueur. Il croyait avoir reconnu que l'organisation des travaux publics aux colonies présentait les difficultés les plus graves, et, depuis 1843, il s'était préoccupé de la possibilité de faire subir sur le territoire métropolitain la détention avec le travail en commun. Sous cette inspiration, un établissement avait été créé sur la presqu'île de *Portland*, dans des conditions exceptionnellement favorables, et les premières expériences avaient donné les résultats les plus satisfaisants. C'est de l'achèvement des constructions de Portland, en 1849, que date le dernier système. Il se résume dans une idée très-simple : l'association, dans un ordre successif, de l'emprisonnement séparé, du travail en commun, et de la transportation. La peine se trouve ainsi divisée en trois périodes, dont les deux premières sont destinées à servir de préparation à la troisième.

Le condamné subit d'abord à Pentonville l'épreuve du régime cellulaire; il est ensuite soumis à Portland à la discipline sévère du travail en commun; puis, cette double *probation* terminée dans la mère patrie, il est conduit dans une colonie avec un permis de séjour, et y demeure jusqu'à l'expiration de sa peine. La durée des premières épreuves varie suivant la gravité de la condamnation encourue, et surtout suivant le caractère et la conduite du condamné.

Les résultats obtenus de ce mode nouveau jusqu'à ce jour sont excellents. Ils sont dus à une ingénieuse et habile combinaison des divers éléments dont l'humanité peut disposer avec le plus de succès pour l'amélioration des coupables: l'isolement, le travail, la discipline, l'éducation professionnelle et morale, et par-dessus tout l'enseignement religieux.

Ce succès incontestable aurait jugé d'une manière définitive pour l'Angleterre la question de la déportation, si, indépendamment des difficultés pénales qui ont été heureusement résolues, elle ne soulevait aussi des difficultés économiques qui, dans une certaine mesure, subsistent encore.

Jusqu'à présent, *toute colonie pour laquelle le travail des convicts n'est pas nécessaire* les a repoussés avec dégoût ; le besoin seul les a fait admettre. On se rappelle l'énergie des protestations de l'Amérique ; la Nouvelle-Galles a suivi cet exemple, et elle est déjà exceptée des lieux de transportation. Aujourd'hui c'est le tour de Van-Diémen : ses habitants insistent avec la plus vive énergie pour arriver au résultat obtenu par la Nouvelle-Galles, et leur insistance augmente à mesure que se développe leur prospérité. Mais tandis que le Parlement retentit des pétitions de Van-Diémen, *les colonies naissantes de l'Australie occidentale demandent des convicts*, les reçoivent avec satisfaction, et, dans une dernière dépêche au comte Grey, le gouverneur de cette possession lointaine pouvait dire avec vérité : *Tout marche de la manière la plus satisfaisante ; il n'est aucun détenteur de billet de permis qui ne soit placé ; la conduite de tous les prisonniers est si* RÉGULIÈRE, *que la prison est close, et que les anciennes appréhensions disparaissent.*

Il est probable qu'une amélioration si sensible dans la moralité des convicts aura pour résultat de dominer, sinon de faire disparaître, la répulsion que leur témoignent les colonies prospères. Mais fût-il vrai que le maintien de la transportation anglaise ne fût possible qu'avec des colonies naissantes, qu'il y eût périodiquement nécessité d'en changer les lieux et le théâtre, qui pourrait prévoir l'époque à laquelle, l'œuvre de la civilisation étant consommée, s'élèverait au-devant de la colonisation une barrière infranchissable ?

Tels sont les faits que nous révèle l'histoire de la transportation en Angleterre.

Nous pouvons maintenant, sans plus de préambule, arriver à vous rendre compte des travaux de votre commission.

La peine actuelle (les travaux forcés), de l'aveu de tous, est devenue inefficace ; elle a perdu son caractère d'intimidation, en conservant son caractère de flétrissure. Il est donc urgent de la remplacer. Il l'est plus encore peut-être de préserver la société contre le contact des libérés. Ce contact impur, contagieux, est gros de périls ; la proportion des crimes commis par les récidivistes le prouve jusqu'à l'évidence.

La loi nouvelle remédie à ce dernier danger, en ce qui concerne les forçats libérés, par un moyen radical que rien ne peut ni suppléer ni égaler. *La perpétuité d'expatriation* qu'elle prononce n'est pas seulement pour la société une préservation sans égale, elle est aussi un puissant moyen d'intimidation.

Tels qu'ils sont réglés par la nouvelle loi, les travaux forcés prennent un caractère plus exemplaire ; ils constituent une répression plus énergique, parce qu'ils sont subis au delà des mers, parce que, le plus souvent, ils le sont sans possibilité de retour.

Si l'expiation du crime, si la protection de la société sont mieux garanties par la loi nouvelle, elle permet aussi d'espérer un amendement plus facile et plus probable des condamnés. Ainsi que nous avons eu déjà l'occasion de le dire, sur le sol métropolitain, et dans les conditions actuelles, le condamné, même après qu'il a subi sa peine, est presque forcément replongé dans le crime par le mépris, par la répulsion des honnêtes gens, par l'impossibilité de se procurer par le travail d'honnêtes moyens d'existence.

En France, il était fatalement voué au désespoir et au crime; *aux colonies*, au contraire, *l'espérance lui est rendue, il y trouve l'intérêt à bien faire, les facilités du travail, les encouragements et les récompenses pour le bien. Dans cette société nouvelle, loin des lieux où sa faute fut commise, il devient un homme nouveau : propriété, famille, rapports sociaux, estime de lui-même, tout lui redevient possible. Dangereux dans la métropole, dans la colonie il est utile.* Pour lui, à l'excitation irrésistible du mal succède l'excitation puissante du bien. La nouvelle peine est donc incontestablement plus moralisatrice.

Si l'œuvre est bien conduite, l'excédant de dépenses qu'elle entraînera se renfermera dans un chiffre modéré, et, dans tous les cas, cette surcharge sera bien inférieure à celle qu'aurait causée toute autre réforme de nos bagnes (1).

Dix-neuf années avant le vote de la loi du 30 mai 1853, une voix éloquente, celle de Lamartine, avait pris en ces termes la défense de la déportation :

Toutes les nations du monde ont senti la nécessité de rejeter, passez-moi le terme, leur écume sur des rivages éloignés, et de constituer, pour ainsi parler, le juste ostracisme des scélérats pour assurer la sécurité des bons citoyens.

(1) On prévoit que cette dépense sera de 600 fr. environ par forçat et par an.

Dans les bagnes elle n'était que de 312 fr. 93 c.; mais le produit du travail du forçat dans les bagnes était de 234 fr. Il est difficile de calculer à quel chiffre ce produit s'élèvera aux colonies.

C'est plus nécessaire encore sous les constitutions libres, où les lois protégent plus la liberté individuelle, car il ne faut pas que la liberté politique soit le jubilé du crime. La constitution n'appartient qu'aux honnêtes gens.

Vous avez vu l'Angleterre entrer la première dans cette voie, et coloniser la Nouvelle-Galles du Sud, la Nouvelle-Hollande.

Mais, dit-on, ces colonies sont la honte de la civilisation européenne! C'est un lieu de désordre et d'abomination. Il n'y a à cela qu'une réponse: c'est que ce sont les plus grossières ou les plus ignorantes calomnies contre ces établissements, que tous nos navigateurs connaissent; c'est que ces États, car ils méritent aujourd'hui ce nom, prospèrent; c'est qu'un ordre légal y règne aussi bien qu'en Europe, sauf les restrictions auxquelles sont nécessairement soumis ces criminels dont la peine n'est pas accomplie; c'est que ces condamnés travaillent, les uns aux travaux forcés, les autres dans les fermes et chez les patrons qui les reçoivent sous caution, c'est que leurs enfants libres s'y multiplient; c'est que leurs mœurs ne se ressentent en rien de la corruption de leur origine, que des territoires immenses sont cultivés, et que là où un vaisseau anglais, en 1788, jeta pour la première fois 592 condamnés avec un gouverneur, un an de vivres, et quelques soldats pour force armée, il y a aujourd'hui 30,000 condamnés subissant annuellement leur peine, dans différentes conditions de pénalités, les uns enchaînés et travaillant pour l'État, quelques-uns en prison, d'autres demi-libres et travaillant chez les colons ; c'est qu'il y a, de plus, 250,000 âmes libres, formant une des colonies les plus riches et les mieux réglées de la domination britannique, payant à la mère patrie un tribut de 1,500,000 fr. par an par les douanes, exerçant une marine considérable, et promettant à l'Angleterre, dans les cas où des circonstances imprévues la priveraient des Indes, une colonie, une « prodigieuse machine coloniale » qui, en cas de disparition de l'Inde, indemniserait la Grande-Bretagne de cette perte, et lui créerait un nouveau siége de puissance et d'influence en Asie.

Mais ce système, nous disent certains hommes séduits par des préjugés d'opposition britannique, ne vaut rien parce qu'il est trop beau, parce qu'il finit par créer un peuple, et quand ce peuple est créé et prospère, il se refuse à recevoir plus longtemps votre écume, et il se détache de la mère patrie.

Peut-on, je vous le demande, faire dans l'accusation même un plus magnifique éloge du système des déportations pénales? Sans doute il n'appartient pas aux hommes de constituer des choses éternelles; mais parce que tout finit, s'ensuit-il qu'il ne faille rien commencer? Quoi! une colonie pénale qui commença il y a cinquante-six ans par cinq cents bandits jetés sur une terre étrangère et déserte finit par rêver l'affranchissement et par mériter l'indépendance! Ce serait là un malheur pour la mère patrie! Ah! puissions-nous, puissent toutes les nations échouer ainsi dans leurs entreprises! Le monde est assez large pour qu'on y sème des peuples, et si cette semence du crime, jetée ainsi sur des rivages éloignés, et purifiée par des lois sévères, par le travail, par le temps, par la religion, peut faire germer des nations comme l'Amérique, comme l'Australie, comme autrefois les Phocéens ou Carthage, acceptons ce blâme comme la plus magnifique justification de la déportation des condamnés (1).

Si ces paroles de Lamartine en faveur de la dé-

(1) Lamartine, Chambre des députés, séance du 7 mai 1844.

portation sont vraies, loin d'en être la justification, elles en sont la condamnation; car si « la semence du crime peut faire germer une nation », cela prouve évidemment que la société au milieu de laquelle naissent ces criminels ne fait pas tout ce qu'elle devrait faire pour en diminuer la quantité et la perversité; et si ces paroles de Lamartine sont fausses, si la déportation est un mode pénal que repoussent avec effroi toutes les colonies, à quel titre continuerait-il de subsister? A quel titre la mère patrie imposerait-elle à ces colonies des criminels qu'elle trouve trop dangereux pour oser les garder? Quels qu'ils soient, qu'ils se nomment colonies ou qu'ils se nomment métropoles, est-ce que tous les pays ne sont pas égaux devant leur sûreté? Est-ce que la personne d'un colon est moins précieuse que la personne d'un métropolitain? Est-ce que sa vie et sa propriété sont moins sacrées? Ni l'humanité ni la logique n'admettent ces distinctions.

S'il est impuissant à les guérir, chaque État, comme chaque individu, doit vivre avec ses plaies.

Que gagne l'humanité au remplacement de la peine de mort par la déportation?

A cette question, M. le docteur Lelut, membre de l'Institut, répond par les faits qui suivent, empruntés à l'expérience de l'Angleterre :

Sous le bâton et le fusil on fait travailler ces convicts à tout ce qu'exige la création d'un établissement colonial.

On se sert d'eux comme on eût pu faire d'esclaves noirs ou blancs et même quelquefois de bêtes de somme... A Port-Arthur, dans la terre de Van-Diémen, sur un chemin de fer construit en bois, on voyait les condamnés faisant l'office de chevaux de vapeur ou plutôt de véritables chevaux, pousser sous le fouet des files de wagons.

L'Angleterre elle-même répond par cet extrait de son enquête de 1837 :

Le régime des colonies pénales a produit des conséquences plus funestes encore pour ces colonies que pour la métropole. Cette société de criminels s'est abandonnée à tous les désordres. Il a fallu établir des prisons, des bagnes, des lieux d'exil, une déportation dans la déportation. Dans les établissements de Norfolk et de Port-Arthur, les criminels parqués ensemble sont employés aux plus rudes travaux. Pour garder ces hommes désespérés, les soldats se font assister d'une meute de chiens féroces. La moindre faute est punie du fouet, la peine de toute faute grave est la mort. Les condamnés préfèrent généralement la mort à la détention dans l'île de Norfolk. Les insurrections y sont fréquentes, et on les étouffe dans des torrents de sang.

Une dernière objection contre la déportation ; cette objection appartient à M. Léon Faucher, qui cependant y était favorable :

Avant d'échanger l'emprisonnement actuel contre la déportation, il faut préparer les condamnés à cette nouvelle existence. *L'emprisonnement cellulaire en devient le vestibule obligé.*

En effet, la déportation, en Angleterre, depuis la loi de 1864, est la combinaison de ces trois peines :

L'emprisonnement solitaire;
Les travaux forcés;
L'exil.

Le but que se proposent, surtout en Angleterre, les partisans du système de la transportation, adversaires du système de la servitude pénale et de la libération conditionnelle et révocable, c'est de supprimer la récidive.

Mais les *récidivistes*, c'est le petit côté de la question; le grand côté, ce sont les *libérés*, problème aussi insoluble dans la société actuelle que celui des enfants nés selon la nature, mais non selon la loi.

Des communes pénales, des îles pénitentiaires où le châtiment des malfaiteurs soit d'être gouvernés et administrés par eux-mêmes, c'est certainement là une idée séduisante; mais qu'importe qu'elle soit séduisante, si l'impossibilité de l'appliquer découle de sa nature même!

§ III. — *Des travaux forcés à temps.*

Je ne comprends pas la peine des travaux forcés à perpétuité, mais il y a une peine que je comprends encore moins : c'est celle des travaux forcés à temps, ce temps variant de cinq ans au moins à vingt ans au plus.

S'il est vrai que le bagne soit à la maison centrale ce que le lycée est à l'école primaire; s'il est vrai, ainsi qu'il y a unanimité à le reconnaître, que le bagne constitue l'enseignement supérieur du crime, comment est-il possible que la société soit assez imprévoyante, assez inconséquente, disons le mot, assez absurde, pour maintenir au rang d'échelon de son échelle pénale la peine des travaux forcés à temps, lorsqu'il est avéré que cette peine encourage plus qu'elle n'effraye?

Je m'efface pour laisser parler l'auteur du projet de loi sur les prisons, présenté le 25 janvier 1847, M. le comte Duchâtel, s'exprimant ainsi :

Les forçats composent la partie la plus perverse des criminels. C'est dans les bagnes que se trouvent les caractères durs et violents dont la plus rigoureuse discipline ne peut soumettre la férocité. C'est dans les bagnes que se forment principalement, et c'est là surtout qu'aboutissent, par mille liens, les associations dangereuses qui, malgré la vigilance de la police, vivent et se meuvent au sein de la société. Aujourd'hui celui qui sort du bagne, après y avoir subi sa peine, emporte presque toujours dans sa pensée de nouveaux projets de vol ou de meurtre, préparés, concertés avec les compagnons de son infamie. Il marche sous l'impulsion d'une complicité promise. Il est connu d'un grand nombre de ces hommes flétris, il les connaît et les retrouve plus tard sur son chemin. Voué au mal par la corruption d'autrui comme par la sienne propre, on le voit bientôt retomber dans quelque récidive audacieuse et souvent sanglante.

Même langage tenu le 4 mai 1853, dans son rapport, par le rapporteur de la commission chargée d'examiner le projet de loi relatif à l'exécution de la peine des travaux forcés, M. du Miral :

La peine actuelle (les travaux forcés), de l'aveu de tous, est devenue inefficace; elle a perdu son caractère d'intimidation, en conservant son caractère de flétrissure. Il est donc urgent de la remplacer. Il l'est plus encore peut-être de préserver la société contre le contact des libérés. Ce contact impur, contagieux, est gros de périls; la proportion des crimes commis par les récidivistes le prouve jusqu'à l'évidence.

J'abrége les citations, elles formeraient un volume; cependant celle-ci, d'un homme spécial, M. le docteur A. Fourcault, de l'Académie de médecine, mérite de trouver place après les deux citations qui précèdent :

En jetant un coup d'œil rapide sur les conditions morales des détenus dans les bagnes et dans les maisons centrales, on reconnaît bientôt l'impuissance radicale et les vices de notre système pénitentiaire. Les bagnes, comme on sait, sont les écoles mutuelles du crime. Les forçats finissent par y acquérir le dernier degré de dépravation, et malheur à celui qui serait tenté de se soustraire à cette contagion morale, en exprimant des regrets et un sincère repentir !... Une sanglante ironie, une cruelle persécution le forceraient bientôt d'abandonner un semblable projet, s'il ne voulait en devenir la victime. On n'ignore point que les voleurs les plus habiles et les scélérats les plus audacieux sortent chaque année de ces écoles. La peine des travaux à temps constitue l'imperfection la plus révoltante, la disposition la plus barbare de notre législation ; car elle est la source d'une foule de malheurs et de crimes.

Les hommes qui languissent dans les maisons centrales et dans les autres prisons, considérés sous le rapport moral, en sortent comme ils y sont entrés ; la loi du silence, mal observée d'ailleurs, ne s'oppose pas toujours aux progrès de la contagion des maladies de l'âme ; leur indiscipline, leurs honteuses habitudes, les crimes qu'ils cherchent à commettre, témoignent de l'impuissance du système exclusif de l'intimidation, ou de l'emploi de la torture morale. Dans ces foyers d'infection, l'homme devient indifférent, insensible, et rarement la tristesse habituelle qu'il éprouve détermine des affections mentales : les maladies sont presque toutes physiques ; il considère sa condition comme un métier qui a ses dangers et ses avantages ; il cède hypocritement à la force coercitive qui le comprime, pour reprendre ses premières habitudes lorsqu'il est devenu libre (1).

§ IV. — *De la détention.*

La détention est la peine qui consiste à être renfermé dans l'une des forteresses situées sur le territoire continental de l'empire. La détention ne peut être prononcée pour moins de cinq ans ni pour plus de vingt ans.

Cette peine peut être considérée comme excep-

(1) *Influence du régime pénitentiaire sur le physique et le moral de l'homme*, mémoire présenté, le 16 avril 1846, à l'Institut, par M. A. Fourcault, de l'Académie royale de médecine.

tionnelle en ce qu'elle ne s'applique qu'à des faits rares et exclusivement politiques, tels que : *Correspondance nuisible à la sûreté de l'État; plans livrés aux agents d'une puissance étrangère neutre ou alliée; complot aux termes du paragraphe* 2 *de l'article* 89 *du Code pénal.*

§ V. — *De la réclusion.*

La réclusion est la peine qui consiste à être renfermé dans une maison de force et employé à des travaux dont le produit est réglé par le gouvernement. La durée de cette peine, appliquée à une multitude innombrable de cas, est de cinq ans au moins et de dix ans au plus.

La maison de force est l'école préparatoire du bagne comme la maison de correction est l'école préparatoire de la maison de force, comme trop souvent la maison d'arrêt et de justice est l'école préparatoire de la maison de correction.

C'est ce qu'en janvier 1847 constatait et proclamait déjà en ces termes M. le comte Duchâtel, ministre de l'intérieur, dans l'exposé des motifs du projet de loi présenté à la Chambre des pairs :

Les prisons, quels que soient les efforts de l'administration et de ses agents, peuvent être considérées comme des écoles de perversité; on y apprend à parcourir tous les degrés de la corruption et du crime. Les bagnes sont les foyers d'une dépravation encore plus profonde. C'est dans nos prisons et dans nos bagnes que se forment presque toujours ces associations de malfaiteurs dont les ramifications ténébreuses menacent la sécurité générale. Il importe de remédier à un état de choses si fâcheux et si contraire, par ses effets, à l'esprit et au but de toute législation pénale. Les réformes partielles essayées depuis quelque temps n'ont que faiblement atténué le mal : on ne peut espérer de le détruire que par un changement complet dans le régime. C'est l'emprisonnement en commun qui est la source des graves abus dont on se plaint, des dangers qu'on signale ; c'est par le régime plus répressif, plus intimidant de l'emprisonnement séparé, qu'on peut, en rendant à la peine le caractère qui lui appartient, donner satisfaction aux besoins de la société et aux réclamations de la conscience publique.

Même témoignage ainsi rendu à la même époque par M. le conseiller Demetz :

Tout le monde reconnaît que ce qui est ne saurait plus longtemps subsister; que nos prisons, loin d'être une garantie pour l'ordre social, sont une plaie dévorante, un foyer de crime et de contagion ; que le nombre des attentats et celui des malfaiteurs s'accroît dans une alarmante proportion. C'est dans les prisons, c'est dans les bagnes que se forment les grands criminels et que se préparent les grands crimes ; c'est entre les libérés, qui se retrouvent à leur sortie, que se nouent ces horribles et mystérieuses associations dont la ruse et l'habileté mettent en défaut toute la surveillance de l'autorité.

Cent mille individus font ainsi profession d'attenter à la sûreté et à la propriété publiques, et se recrutent incessamment de la population qui sort chaque jour de nos bagnes et de nos prisons.

Nos maisons de dépôt sont pires que nos maisons de justice, celles-ci que nos maisons centrales, et ces dernières que les bagnes : en sorte que le prévenu est traité plus sévèrement que le condamné ; enfin le simple correctionnel subit un emprisonnement plus dur que le réclusionnaire, et le réclusionnaire à son tour envie la condition du forçat (1).

Même aveu de la part de M. du Miral, consigné dans son rapport du 4 mai 1853 au Corps législatif sur le projet de loi relatif à l'exécution de la peine des travaux forcés :

L'augmentation croissante du nombre des récidives, les crimes graves et répétés commis par des bandes dirigées par des repris de justice, sont venus prouver d'une manière éclatante que nos prisons, nos maisons centrales, nos bagnes, étaient des foyers de corruption dans lesquels s'organisaient pour le mal les associations les plus dangereuses. Devant ce spectacle, notre société a été prise d'effroi ; elle a repoussé avec horreur les condamnés libérés, moins à cause des faits qui avaient motivé leur condamnation, de la flétrissure qui leur était imprimée, qu'à cause de leur corruption notoire.

Quelle a été, devant cette répulsion énergique, unanime, la situation des libérés ? Placés par les précautions de la surveillance dans l'impossibilité de dissimuler leur infamie, ils ont traîné partout avec eux le poids humiliant de leur passé ; le travail honnête leur a été refusé ; lorsqu'ils ont cherché à éviter le mal, ils y ont été presque fatalement replongés ; sans espoir de reconquérir jamais l'estime et la confiance de leurs semblables, ils ont fini

(1) DEMETZ, *Résumé du système pénitentiaire.*

par n'avoir plus conscience que de leur propre dégradation. Avilis, désespérés, ils ont juré une guerre à mort à cette société dans laquelle on semblait ne leur avoir laissé reprendre place que pour le crime et pour la honte; et pendant que ces dangers s'accumulaient, les mœurs, plus fortes que les lois, faisaient successivement disparaître les sévérités ou les flétrissures inscrites au Code de 1810.

On abolissait le carcan et la marque, l'exposition devenait facultative. Dans les bagnes, le boulet et l'accouplement tombaient en désuétude, les travaux n'avaient plus de forcé et de pénible que le nom; la tâche facile du forçat s'acquittait en plein air, au milieu des ouvriers des ports, dans une espèce de quasi-liberté; le bagne perdait à ce point son intimidation, qu'on en était venu à commettre des crimes dans les maisons centrales pour être condamné à la douceur relative des travaux forcés.

Les maisons de force sont les casernes de l'armée du crime, dont les maisons de correction, de justice et d'arrêt sont les dépôts de recrutement.

§ XI. *De l'emprisonnement.*

L'emprisonnement est la peine qui consiste à être renfermé dans une maison de correction et à y être employé à un des travaux établis dans cette maison, selon son choix. La durée de cette peine sera au moins de six jours et de cinq années au plus.

Le nombre des maisons d'arrêt, de justice et de correction est de 404; le nombre des dépôts et chambres de sûreté est de 2,242. Ensemble : 2,646.

Depuis le 1er janvier 1856, aux termes de la loi

de finances du 5 mai 1855, la dépense des prisons a été mise à la charge de l'État (1).

L'institution des prisons pour peines et l'organisation de leur régime remonte à l'Assemblée constituante.

Avant 1790, l'emprisonnement était moins une peine qu'une mesure préventive ; la prison était un lieu de sûreté où l'accusé attendait son jugement et le condamné son supplice (2). L'accusé qui était condamné à la privation de la liberté et non à la privation de la vie était envoyé aux galères.

En 1790, le problème de la pénalité se posa devant l'Assemblée nationale. Le rapporteur de son comité, Lepelletier Saint-Fargeau, lui proposa de remplacer toutes les peines existantes par une peine unique, la privation de la liberté ainsi graduée : le cachot, la gêne, la prison. L'Assemblée nationale n'adopta pas cette proposition, mais elle établit ces

(1) La loi de finances du 5 mai 1855 dispose, article 13 :

« Les dépenses ordinaires des prisons départementales sont mises à la charge de l'État. »

En mettant à la charge de l'État, depuis le 1er janvier 1856, les dépenses des prisons, qui naguère incombaient aux départements, cette mesure financière a produit dans la gestion de ces lieux et dans l'ensemble du service des améliorations notables.

Dupuy, *directeur de l'administration des prisons*, CXLV.

(2) Une ordonnance de 1560 porte :

« Enjoignons à tous hauts justiciers d'avoir prisons seures, lesquelles, *d'autant qu'elles ne doivent servir que pour la garde des prisonniers*, nous défendons d'être plus basses que le rez-de-chaussée. »

cinq degrés : la gêne, la détention, l'emprisonnement, la réclusion, les fers. La gêne, c'était la cellule forcée, de jour et de nuit, avec solitude absolue et travail individuel; c'était, en 1790, ce qui fut établi en 1829 à Philadelphie.

Le décret du 6 octobre 1791 contient ces deux dispositions :

Art. 4. — Tout condamné à la peine de la gêne sera enfermé seul, dans un lieu éclairé, sans fers ni liens; il ne pourra avoir, pendant la durée de sa peine, aucune communication avec les autres condamnés ni avec des personnes du dehors.

Art. 18. — Il sera statué par un décret particulier dans quel nombre et dans quels lieux seront formés les établissements destinés à recevoir les condamnés à la peine de la gêne.

Les vices et les dangers de tout régime pénal qui épargne d'autant moins la liberté des condamnés qu'il épargne davantage leur vie étaient trop nombreux, trop manifestes, trop criants, trop graves, pour ne pas vaincre la dédaigneuse immobilité des gouvernements et ne pas appeler la profonde attention des esprits sérieux et vigilants; aussi de toutes parts et dans les deux mondes a-t-on essayé des modes d'emprisonnement les plus divers et les plus opposés, mais sans succès décisif, car depuis vingt-cinq ans que la question pénitentiaire est agitée, elle n'a avancé que pour reculer, ainsi que l'attestent la circulaire du 17 août 1853, signée Persigny, et les rapports administratifs qui l'ont suivie.

C'est dans cette circulaire que se trouve cette déclaration solennelle :

Le gouvernement renonce à l'application du régime cellulaire pour s'en tenir au régime de la séparation par quartiers.

A cette époque, voici quel était l'état des prisons départementales constaté par M. Bérenger, membre de l'Institut, dans son rapport intitulé : *De la répression pénale, de ses formes et de ses effets :*

La plupart de nos prisons départementales sont dans l'état le plus déplorable. Le travail n'étant organisé presque nulle part, l'oisiveté engendre tous les vices et produit les désordres les plus déplorables. Une circulaire du ministre de l'intérieur en date du 17 août 1853 apprend que, sur 396 maisons d'arrêt, de justice et de correction, il en est seulement 60, outre les maisons cellulaires, qui réalisent à cet égard le vœu de la loi ; dans 166, la séparation par quartiers est incomplète, et dans 74 elle n'existe même pas.

Comment dès lors serait-on fondé à s'étonner de l'immoralité croissante des détenus et des condamnés, immoralité qui se manifeste par l'augmentation vraiment effrayante des récidives? Pourrait-il en être autrement lorsque se trouvent forcément réunis dans les mêmes lieux les condamnés, les prévenus, les jeunes gens au-dessous de seize ans, quelquefois même les femmes, mettant leurs vices en commun, s'excitant mutuellement au mal, se livrant avec une contagieuse impudeur aux actes les plus hautement réprouvés par la morale?

Tel qu'il a été posé, tel qu'il a été expérimenté, tel qu'il se débat encore convulsivement, prêt à expirer, le problème de l'emprisonnement se compose de ces quatre termes :

I. Isolement nuit et jour, sans travail et sans visites;

II. Isolement nuit et jour, avec travail et visites;

III. Isolement pendant la nuit et travail en commun pendant le jour;

IV. Emprisonnement en commun de jour et de nuit.

Le premier de ces quatre termes est représenté par le pénitencier de Pittsburg, à son origine établi en Pensylvanie, il y a quarante-quatre ans, c'était en 1827; il y a été abandonné.

Le second est représenté par le pénitencier de Cherry-Hill, établi deux ans après, en 1829, à Philadelphie; il continue d'y être en vigueur.

Le troisième est représenté par le pénitencier d'Auburn.

Le quatrième est représenté par le régime qui était en vigueur dans nos maisons centrales.

Étant admise la peine de l'emprisonnement, que je repousse sous toutes ses formes et sous tous ses noms, je reste fidèle au régime que je me souviens d'avoir soutenu en 1844 de ma plume et de mon vote, alors que je siégeais sur les mêmes bancs que MM. Alexis de Tocqueville, Gustave de Beaumont, Duchâtel et de Rémusat; je suis pour l'isolement nuit et jour, avec travail et visites.

Je déteste, je flétris, j'écarte toutes les rigueurs inutiles; c'est pourquoi je repousse l'isolement nuit et jour, sans le travail et sans visites, régime que l'expérience et l'humanité ont d'ailleurs souverainement condamné.

Ce qu'on appelle le régime mixte, c'est-à-dire l'isolement pendant la nuit et le travail en commun pendant le jour, ne me paraît pas mériter le nom de système; s'il met obstacle à un vice, c'est pour en favoriser un autre. C'est en réalité l'emprisonnement en commun, car il en a toutes les conséquences fatales.

M. le comte Duchâtel, ministre de l'intérieur, se prononce en ces termes contre ce régime bâtard, qui n'est ni l'emprisonnement en commun ni l'emprisonnement cellulaire :

Le système qui n'admet l'isolement que pendant la nuit ne suffit qu'à peine à prévenir les désordres les plus grossiers, à réprimer les vices les plus infâmes. La règle du silence, sur laquelle il repose, est d'une observation impossible. Les rapports officiels, en Angleterre et aux États-Unis, font connaître qu'on la maintient très-imparfaitement dans les prisons où ce système est pratiqué, malgré le fréquent emploi de peines disciplinaires très-rigoureuses, et qui comprennent celle du fouet, châtiment que nos mœurs repoussent. Le grand nombre et le zèle des surveillants, la sévérité des directeurs, ne peuvent empêcher de dangereuses communications entre les détenus, soit pendant les promenades, soit à table, soit enfin au milieu des travaux, qui facilitent si souvent l'infraction de la règle. Et d'ailleurs, alors même qu'on parviendrait à maintenir toujours le silence, alors même qu'aucune négligence de la part des surveillants, aucun affaiblissement de la discipline ne paraîtraient à craindre, le but qu'on doit se proposer serait-il réellement atteint ? Il ne suffit pas d'arrêter les progrès de la corruption et de maintenir l'ordre dans les lieux de captivité ; ce qui importe surtout, c'est de rompre, de dissoudre ces associations dangereuses qui menacent la sécurité publique, la fortune des familles, la vie des citoyens. En travaillant tous les jours ensemble, les détenus se voient, ils se connaissent ; ils se rechercheront et se retrouveront plus tard, après leur libération. Alors se noueront aisément entre eux des liaisons plus étroites, des intimités plus criminelles : alors celui qui a conçu quelques sentiments de repentir, formé quelque bonne résolution, sera poursuivi par ses anciens compagnons de captivité ; il se verra exposé à leurs séductions, à leurs railleries, à leurs menaces ; le caractère même le plus énergique succombera souvent dans cette lutte.

M. le conseiller Demetz est d'accord avec M. le comte Duchâtel :

L'emprisonnement solitaire dans les cellules pendant la nuit seulement est sans doute un progrès, une heureuse amélioration de l'ancien état de choses, puisqu'il prévient la plupart des abus monstrueux auxquels la nuit servait de voile. Mais est-ce assez pour assurer le succès et la réforme des prisonniers? Est-ce assez, surtout, pour empêcher ces associations que l'on rencontre dans la perpétration de tous les grands crimes, et sans lesquelles peut-être ils ne se seraient pas commis ?

Faut-il, suivant le système d'Auburn, laisser pendant le jour aux prisonniers la faculté de se voir, la possibilité de se parler? N'est-ce pas donner à l'immoralité une latitude encore trop grande, et rendre illusoire le régime cellulaire de nuit?

On répond que, dans ce régime, le silence est de règle, et qu'il est maintenu par la crainte du châtiment terrible toujours suspendu sur la tête du prisonnier. Mais ce châtiment lui-même n'est-il pas un moyen affreux, une horrible nécessité? Est-ce en soumettant des hommes à un traitement abrutissant, odieux, dégradant à la fois pour celui qui frappe et pour celui qui est frappé, qu'on peut espérer de les moraliser, de leur rendre l'estime d'eux-mêmes et celle de leurs semblables? Est-ce surtout en France qu'un pareil régime serait admissible? Non, sans doute ; on sent assez combien il répugne au caractère national, et il n'y aurait qu'une voix pour le réprouver et le proscrire.

Remplacer le fouet par une autre peine, ce serait donner lieu à une succession perpétuelle, incessante, d'infractions et de châtiments qui dégénéreraient promptement en abus, et dont le moindre inconvénient serait de laisser entre les mains d'agents subalternes l'arme toujours si dangereuse de l'arbitraire.

On avait cessé dans une seule prison, à Wethersfield, de se servir du fouet pendant un temps; mais bientôt on fut forcé d'y revenir et d'avouer que le système ne pouvait se passer de ce moyen puissant. En Angleterre, où l'on a substitué au fouet la privation des aliments, et d'autres mesures disciplinaires, elles sont devenues, par leur fréquence et leur complication, une source d'embarras désespérants pour les directeurs.

Le plus grand mal, c'est que ces châtiments, tout cruels et multipliés qu'ils sont, et en raison même de leur multiplicité, ne servent ni à réprimer les infractions ni à les prévenir. Qui ne sait quel est chez l'homme ce penchant irrésistible à communiquer sa pensée à son semblable, *besoin qu'aucune répression ne saurait vaincre, et que les obstacles ne font qu'irriter davantage?* Il n'y a pas de menaces, de crainte, de mesures de surveillance qui puissent empêcher des hommes journellement enfermés ensemble, travaillant côte à côte et au même ouvrage, de communiquer entre eux, de s'entendre, d'échanger un mot à voix basse, un signe, un geste, un regard, et l'expérience a prouvé avec quelle rapidité se propageait la moindre nouvelle dans l'intérieur des pénitenciers.

Et si la répression est impossible et l'infraction inévitable, n'y a-t-il pas une sorte de cruauté à mettre des hommes dans la nécessité de succomber, pour avoir le droit et l'occasion de les en punir sans miséricorde?

L'auteur d'un livre intitulé : *De l'abolition de l'emprisonnement,* M. Édouard Desprez, docteur en droit, s'exprime ainsi :

La prison à laquelle on attribuait le pouvoir de réformer les criminels, les rend invariablement pires; l'opinion sur ce point est depuis longtemps unanime; et tout le monde convient qu'il y aurait un grand avantage à ce qu'un tel régime fût profondément modifié.

Malheureusement, jusqu'à ces derniers temps, c'est sans sortir de l'emprisonnement qu'on a cherché un système meilleur : on est parvenu à établir dans les prisons une discipline régulière ; on a détruit un certain nombre d'abus qui tenaient à la mauvaise administration, et on a obtenu à peu près tout ce qu'il était possible d'obtenir en fait d'ordre extérieur et de régularité apparente.

Mais toutes les tentatives d'amélioration n'ont fait que mieux ressortir les vices inhérents au principe même de l'emprisonnement : tandis qu'on réussissait à rendre moins mauvais l'état matériel, la corruption morale se développait quand même et le nombre des récidives ne cessait d'augmenter.

On a cru trouver un remède à la contagion en essayant de diviser les criminels par catégories, suivant le degré présumé de leur immoralité ; — ensuite on les a isolés complétement les uns des autres au moyen du régime cellulaire, auquel il a fallu renoncer, pour s'en tenir au travail en commun avec la règle du silence.

Après avoir épuisé, sans autre résultat que d'aggraver le mal, toutes les formes possibles de l'emprisonnement, on s'est mis enfin à chercher la réforme en dehors de la prison.

... On ne voit plus où l'on va ni où l'on veut aller. Dans les lois comme dans les actes administratifs on ne peut démêler aucune idée suivie. On fuit précipitamment et au hasard devant la peste engendrée par les bagnes et les prisons ; c'est comme une déroute de la pénalité.

J'ai lu à peu près tout ce qui a été imprimé pour et contre le régime cellulaire, et, je dois le dire, contraint d'opter entre les deux systèmes opposés : l'isolement de jour et de nuit et l'emprisonnement en commun de jour et de nuit ou de jour seulement, j'hésiterais moins encore aujourd'hui qu'en 1844. Je reste avec MM. Duchâtel, de Rémusat, Alexis de

Tocqueville, Gustave de Beaumont, Demetz, Moreau Christophe, Lelut, contre MM. de Persigny, Pietra-Santa et Léon Vidal.

Quelles sont les principales objections derrière lesquelles se retranchent les adversaires de l'adoption, en France, du régime cellulaire?

La plus importante, c'est qu'il coûterait très-cher à établir. M. Léon Vidal, inspecteur général des prisons, en évalue en ces termes la dépense à plus de 200 millions :

Dans une prison construite d'après le système de l'emprisonnement individuel, chaque cellule coûte en moyenne 2,000 francs...

La construction des 450 prisons, maisons d'arrêt, maisons de justice et de correction dans toute la France peut être évaluée sans exagération à plus de 125 millions sans compter la valeur des terrains. Ajoutez à cette dépense celle de plus de 50 millions, pour approprier les maisons centrales actuelles, avec leurs 22,000 condamnés, au régime cellulaire, et vous aurez plus de 200 millions à jeter en proie à la ruineuse théorie cellulaire sur toute la surface de la France, pour arriver à une application incomplète et inexacte de cette théorie. Notez bien qu'il resterait toujours au régime commun les prisons municipales, les dépôts de sûreté, les prisons militaires, maritimes, etc.

Joignez à ces dépenses celles qui résulteraient de la nécessité de remplacer les détenus employés aux travaux intérieurs des prisons par des employés libres et par conséquent payés, et vous arriverez aux considérables augmentations de sommes énormes !

C'est aussi l'avis d'un autre inspecteur général des prisons, M. Charles Lucas :

Le système cellulaire emporte nécessairement avec lui des modifications essentielles au régime de nos lois pénales; il renverse le Code comme les prisons; il brise l'organisation du travail au lieu de le perfectionner, et il ne se trouverait aucune assemblée législative pour voter les sommes énormes qu'exige la construction des pénitenciers cellulaires d'après ce système.

Si je n'avais contre l'établissement du régime cellulaire que cette objection de la dépense, je l'avoue, ce ne serait pas le chiffre, si élevé qu'il fût, dépassât-il 200 millions, qui m'arrêterait. D'abord j'aurais un moyen certain de réduire considérablement ce chiffre : ce serait d'être infiniment moins prodigue de la peine de l'emprisonnement, peine aussi onéreuse qu'elle est funeste. L'ayant restreinte au plus petit nombre possible de cas, le nombre des détenus se réduirait en conséquence, et s'il était nécessaire que chaque tribunal d'arrondissement eût sa prison cellulaire, il suffirait que cette prison eût quelques cellules. C'est avec raison qu'un savant professeur, membre de l'Institut, M. Laboulaye, a écrit cette ligne, sur laquelle j'appelle l'attention de nos gouvernants :

Les grandes prisons, comme les grands hôpitaux, ont fait leur temps (1).

(1) Laboulaye, *Études sur le système pénitentiaire irlandais* (*Journal des Débats*, 15 et 20 août 1865.)

Une autre objection est celle-ci :

L'emprisonnement individuel avec son immobilité forcée, son peu d'air respirable, le froid ou le chaud dans sa cage, les tortures du corps combinées avec les peines de l'âme, est l'agent le plus puissant pour détériorer la plus robuste santé de détenu. Soutenir que la santé ne s'altère point par l'encellulement, c'est soutenir l'impossible.

Parmi les maladies qu'engendre la cellule, surtout quand la peine est longue, — et que serait-ce si elle était perpétuelle ! — la plus terrible et la plus congéniale, c'est la folie.

L'expérience a prouvé que dans les prisons cellulaires il y a plus de suicides que dans les prisons en commun.

Cette objection de M. Léon Vidal et du docteur Pietra-Santa est contredite par M. Demetz et par le docteur Lelut ; mais fût-elle fondée, qu'elle ne m'empêcherait pas encore de préférer le régime de l'emprisonnement individuel au régime de l'emprisonnement communiste. Il est vrai, dans cette ébauche d'une pensée dont je cherche à me rendre exactement compte, je me place moins au point de vue du détenu frappé par la justice que de la société aux prises avec le libéré. Un escroc est condamné à être enfermé pendant cinq ans dans une maison de correction ; l'expérience a appris et reconnaît (1) que, loin de s'y amender, il s'y pervertit ; à l'expiration de sa peine, le rejeter dans la so-

(1) « L'amendement du coupable est l'exception ; l'impénitence finale est la règle. ». A. Marquet, *Trente années d'expérience*.

ciété n'est-ce pas un acte aussi insensé que de décanter la lie d'une bouteille de vin, de jeter cette lie dans la fange d'un ruisseau pour l'y reprendre, et finalement de remettre dans cette même bouteille non vidée la lie du vin augmentée de la fange du ruisseau? Du moins, si le régime cellulaire ne rend pas le détenu meilleur, il est à présumer qu'il ne le rendrait pas pire.

Tel n'est pas l'avis de M. Léon Vidal, qui adresse au régime cellulaire les reproches qu'on va lire :

On disait que le système de l'emprisonnement individuel agissait tellement sur les condamnés qu'ils sortaient nécessairement meilleurs de la prison après l'expiation de leur peine. Qu'avons-nous vu malgré l'établissement de ce régime en Angleterre, en Amérique et en France, où déjà il fonctionne dans quarante-six prisons construites cellulairement? La criminalité a augmenté chaque année; les récidives ont suivi un mouvement ascendant....

On est fondé à dire, en voyant la situation actuelle de nos prisons, que le régime cellulaire, mis à exécution depuis quinze ans dans trente-cinq départements, n'a pas produit, même dans ces départements, l'effet principal qu'on devait en attendre : la moralisation des détenus, ni par conséquent la diminution des crimes et des condamnations.

C'est une erreur de croire que la solitude rend meilleurs les caractères mauvais et corrige les instincts vicieux ou criminels. L'homme méchant livré à ses pensées, isolé de tout, devient plus méchant encore par l'irritation ou par la réflexion. Un homme condamné à être continuellement seul en prison, dans une cellule de trois mètres de longueur sur deux mètres de largeur, véritable cachot perfectionné pour la science, devient enragé, fou, stupide, ou il se tue.

L'expérience du système cellulaire n'a produit aucun des résultats qu'on en attendait.

Si ces reproches de M. Léon Vidal sont fondés, cela prouverait que le meilleur régime pénitentiaire ne vaut rien, et que j'ai encore plus raison que je ne le crois, en appelant la discussion sur la haute et profonde question de savoir s'il n'y a pas lieu de supprimer toute autre pénalité que celle se réduisant à la publicité pénale?

Puisque je viens de parler d'une question sur laquelle il serait utile d'appeler la discussion, c'est le cas de recueillir ici en passant cet aveu de M. Léon Vidal, un haut fonctionnaire :

Comme à toutes les époques où l'administration supérieure, le gouvernement, paraissent adopter une idée, toutes les réponses étaient conformes à la pensée qu'on voyait dominer dans les régions élevées du pouvoir.

Ah! si le gouvernement pouvait donc avoir l'idée de supprimer toute pénalité corporelle, nul doute aussi que toutes les réponses qu'il recevrait à ses questions ne fussent conformes à la pensée qui les aurait provoquées et que ne s'évanouissent toutes les objections passant aujourd'hui pour les plus sérieuses.

Selon M. Léon Vidal, le régime cellulaire se prête

difficilement au travail des détenus; j'ai sous les yeux ce qu'il dit à cet égard :

Malgré tout ce que disent les théoriciens du système cellulaire, le travail est impossible et illusoire dans la cellule. Pour être véritable et profitable, il faut que le travail ait lieu en commun dans les ateliers, comme cela se fait dans la vie ordinaire. Nous avons vu dans quelques prisons cellulaires ce prétendu travail dont on voulait nous prouver la possibilité : c'est une véritable nullité, c'est à peine une faible occupation, sans importance, sans résultat ultérieur pour le condamné.

D'ailleurs, pour enseigner un état, un métier, un travail utile aux détenus qui arrivent en prison avec l'ignorance de la paresse, il faut leur faire faire un apprentissage; il faut qu'il y ait des apprentis comme il y en a, comme on en fait dans les maisons centrales, où le travail est sérieusement organisé. Or, avec la cellule, il n'y a pas d'apprentissage, pas d'apprentis possibles, ou bien ce n'est plus la cellule.

L'opinion contraire est soutenue en ces termes par M. Demetz :

A Philadelphie, la facilité d'apprendre chez les détenus, la rapidité de leurs progrès dépassent tout ce qu'on peut imaginer.

Le travail en cellule est beaucoup plus considérable, plus soigné, et dès lors d'un débit plus avantageux et plus facile.

Lequel a raison, lequel a tort, de M. Vidal, inspecteur général des prisons, ou de M. le conseiller Demetz, chargé en 1836 par le gouvernement français de visiter tous les établissements pénitentiaires des États-Unis, et, à son retour, fondateur de la colonie pénitentiaire de Mettray?

Dans le doute, que faire (1)?

Encore un autre reproche adressé au régime cellulaire : c'est celui de rendre plus difficile l'instruction élémentaire à donner aux détenus :

Le gouvernement a placé un instituteur dans tous ses établissements pénitenciers ; c'est un des fonctionnaires des maisons centrales. Or quel problème difficile, presque impossible à résoudre, serait l'enseignement salutaire avec le régime de l'emprisonnement individuel? Comment apprendre à lire à un détenu qui ne le sait pas?

L'instruction n'est réellement possible que dans le régime en commun, avec l'école telle qu'elle est organisée dans nos grands établissements pour peines (2).

(1) C'est la Suisse qui, en 1826, a établi le premier pénitencier qu'il y ait eu sur le continent. Eh bien, en Suisse, l'opinion générale est contre le système philadelphien. Ce dernier n'a pour lui, outre quelques personnes isolées, que ceux qu'on sait notoirement appartenir à la secte des méthodistes, secte qui n'existe guère, et cela en faible minorité, que dans les cantons de Genève et de Vaud. Les majorités des grands conseils se sont généralement déclarées contre le système de l'isolement de jour et de nuit, et l'on peut, en Suisse, regarder ces grands conseils comme représentant bien l'opinion publique, puisqu'ils sont presque partout le produit du suffrage universel. Tous les directeurs anciens ou actuels des pénitenciers suisses, MM. *Aubanel*, *Grellet-IVammy* et *Privat* à Genève, M. *Denis* à Lausanne, M. *Ernst* à Berne, et M. *Mooser* à Saint-Gall, sont opposés au système de Philadelphie, et le plus grand nombre des médecins qui l'ont étudié en sont également les adversaires. *Études sur les divers systèmes pénitentiaires et projet d'un congrès international en Suisse dans le but de traiter cette question,* par M. H. Nakwaski, ancien nonce à la Diète, membre de l'Institut genevois, etc. — (2) Léon Vidal.

Sur ces deux points : travail et instruction, voici en quels termes se prononce M. A. Marquet, directeur de la maison centrale de Loos, dans son ouvrage intitulé : *Trente années d'expérience :*

Tout le secret d'un bon système pénitentiaire gît dans l'obtention pour tous du droit au travail et à l'éducation. Que cela soit, et nos philanthropes n'auront plus à se fourvoyer dans l'inextricable dédale de leurs systèmes de réforme pénitentiaire, tous plus incohérents les uns que les autres ! Car alors le petit nombre des coupables n'imposera plus à la justice humaine l'obligation d'enfouir des centaines de millions dans les soubassements de nos pénitenciers à cellules !

Les reproches que les défenseurs de l'emprisonnement cellulaire adressent à l'emprisonnement en commun sont les suivants :

Corrupteur dans le présent, l'emprisonnement collectif a pour résultat inévitable de consolider dans l'avenir le mal qu'il a fait, d'achever le mal qu'il n'a pu faire !

Les plans que ces hommes ont formés en commun dans la captivité, ils les réalisent en commun lors de leur libération. Après avoir correspondu avec les malfaiteurs du dehors par l'intermédiaire de ceux d'entre eux qui ont été successivement rendus à la vie libre, ils se cherchent, se retrouvent, s'affilient ; recrues assurées de ces redoutables associations où leur place était marquée à l'avance, et dont ils ont appris à connaître la langue à part, les signes de ralliement, les lieux de retraite. Si dans le nombre il en est qui soient tentés de s'isoler des autres, aspirant à racheter par une conduite toute nouvelle l'opprobre de leur passé, obsessions ou menaces, tout est mis en œuvre pour les en détourner. Ramenés de force dans les voies où ils auraient voulu ne jamais rentrer, il faut qu'ils s'y enfoncent plus profondément, et qu'ils s'y enfoncent sans retour ! L'un d'eux a-t-il échappé à cette tyrannique influence; dans une résidence éloignée où ses antécédents sont ignorés, a-t-il après de longs et honorables efforts conquis le suffrage public, s'est-il créé par son travail un patrimoine, une famille : il vient un moment où, découvert par l'un de ses codétenus, il voit celui-ci s'attacher à lui comme à une proie, et pour se nourrir de sa substance, tenant suspendu sur sa tête le secret dont il est armé, lui enlever par une sourde et incessante persécution le repos de ses jours et de ses nuits, tarir dans son cœur la source des joies honnêtes et des satisfactions du foyer, ramener dans sa conscience le remords par l'effroi, et lui faire douter de la vertu, sous laquelle il n'a pu abriter sa vie.

Ainsi s'exprime dans son rapport du 24 avril 1847, à la Chambre des pairs, M. Bérenger (de la Drôme), pair de France, membre de l'Institut, président de la cour de cassation.

M. le conseiller Demetz n'est pas moins catégorique :

La réunion des condamnés, outre qu'elle amortit l'effet répressif de la peine, alimente leur amour-propre par l'idée de n'être pas seuls à expier les excès d'une vie déshonorée; la solidarité de la honte en efface presque l'empreinte; et les récidivistes qui rentrent au pénitencier après une absence plus ou moins longue y produisent encore un plus triste effet, en rapportant à leurs anciens compagnons cette conviction fatale que la société les repousse et que tout retour au bien leur est désormais fermé.

Toute peine subie en commun est une peine essentiellement injuste, car elle ne saurait être égale pour tous ceux qui y sont soumis, ni les affecter tous de la même manière. Deux criminels punis pour un fait semblable peuvent être cependant d'une moralité bien différente, et celui qu'un instant d'égarement a entraîné dans le crime éprouve un supplice, inconnu au scélérat éhonté, à se trouver en présence de ses compagnons d'infortune. Cette réunion produira cette double injustice, que ce qui pour l'un sera un plaisir et une occasion de triomphe, sera pour l'autre une aggravation de peine, en ravivant chaque jour dans son âme le sentiment de sa honte ; et ce sera le moins coupable qui sera ainsi le plus puni.

Pour rétablir une apparence d'égalité dans la peine de l'emprisonnement et éviter d'ailleurs l'encombrement d'ateliers trop nombreux, il deviendrait indispensable de diviser les condamnés en classes ou catégories distinctes; mais là se trouve la plus grande des difficultés à résoudre. Sur quelles bases et d'après quelles données établir ces catégories ? Quels condamnés pourront de préférence être placés ensemble? La nature du délit ne peut servir de règle. Prendra-t-on l'âge? Il y a des immoralités précoces. La nature de la condamnation? Mais tel individu a pu échapper aux poursuites de la justice pour un grand crime et être condamné pour un léger délit. De là impossibilité de classer les moralités et de placer ensemble celles qui sont de même nature, pour prévenir l'influence dangereuse des unes sur les autres. Enfin, un dernier motif rend tout à fait impossible toute espèce de classification dans des ateliers, c'est qu'indépendamment du degré de criminalité, il faut encore tenir compte du genre d'aptitude de chacun et placer ensemble tous ceux qui exercent le même état, qu'ils soient d'ailleurs plus ou moins pervertis.

Mais l'inconvénient le plus sérieux et le plus grave, celui qui, dans notre système actuel de prisons, a été signalé comme la cause la plus féconde de démoralisation et de récidives, et qui n'est point évité par le régime en commun, c'est la faculté qu'il laisse aux condamnés de se reconnaître dans le monde après leur libération ; faculté funeste, dont tant de fois des criminels endurcis ont abusé pour entraîner dans la complicité de nouveaux forfaits des libérés qui, sans cette pernicieuse influence, seraient restés peut-être dans les bornes d'une existence régulière.

L'emprisonnement en commun implique le silence.

Or voici ce que pense de la prescription du silence M. le conseiller Demetz :

Qui ne sait quel est chez l'homme ce penchant irrésistible à communiquer sa pensée à son semblable, besoin qu'aucune répression ne saurait vaincre et que les obstacles ne font qu'irriter davantage? Il n'y a pas de menaces, de crainte, de mesures de surveillance qui puissent empêcher des hommes journellement enfermés ensemble, travaillant côte à côte et au même ouvrage, de communiquer entre eux, de s'entendre, d'échanger un mot à voix basse, un signe, un geste, un regard, et l'expérience a prouvé avec quelle rapidité se propageait la moindre nouvelle dans l'intérieur des pénitenciers.

Et si la répression est impossible et l'infraction inévitable, n'y a-t-il pas une sorte de cruauté à mettre des hommes dans la nécessité de succomber, pour avoir le droit et l'occasion de les en punir sans miséricorde?

Les plus chauds avocats du système du silence admettent qu'ils ne peuvent le mettre en œuvre sans l'emploi constant de moyens qui sont notoirement contraires aux premiers principes d'une saine justice (1).

Cette opinion de M. le conseiller Demetz est également celle de M. le président Bérenger (de la Drôme) :

La loi du silence, non moins fâcheuse dans ses effets que vaine dans ses exigences, irrite, par le stimulant d'une difficulté à vaincre, ce désir si naturel à des hommes réunis dans le même lieu, soumis à la même discipline, frappés de la même réprobation, d'échanger entre eux leurs sentiments et leurs pensées, désir tôt ou tard satisfait à l'aide des moyens ingénieux que crée la nécessité, et dont l'emploi ajoute à cette mystérieuse intelligence une force qui en resserre le lien, un prix qui en augmente le danger.

C'est également l'opinion de M. Poutignac de Villars, directeur de la maison centrale des femmes de Montpellier. Le 25 janvier 1847, il écrivait au docteur Varrentrapp :

..... J'ai appliqué le régime de la communauté sans la règle du silence... Aujourd'hui, je dirige une maison d'après le régime de la vie en commun avec la règle du silence.

(1) Demetz, *Résumé sur le système pénitentiaire.*

Le visiteur bénévole reste frappé d'étonnement, je dirai presque d'admiration, à l'aspect d'un millier de femmes réunies, soit dans les ateliers, soit au réfectoire, soit en récréation, travaillant, mangeant et se promenant sans tourner la tête, sans faire entendre un son... Cela veut-il dire qu'elles ne communiquent pas entre elles? — Non! — Cela veut-il dire qu'il n'y a plus de corruption? — Non! mille fois non! Cela veut dire seulement que, SANS LA PLUS LÉGÈRE AMÉLIORATION, ON ARRIVE A L'ABRUTISSEMENT. Mais le visiteur, qui ne peut voir le fond des choses, sort en prônant un système avec lequel on obtient tant d'ordre, de tenue, de discipline. Il ne fait pas attention que c'est un monstre que l'on a couvert d'un beau voile, mais qui devient bientôt transparent pour tout esprit attentif. Et alors que découvre-t-on? Tout ce que le premier système laisse à découvert, plus l'hypocrisie...

Dans son écrit intitulé: *De la réforme pénitentiaire*, M. Gustave Vapereau s'exprime ainsi:

Tous les hommes pratiques conviennent que, dans l'emprisonnement en commun, le silence absolu est une chimère. Les détenus concentrent toute l'activité de leur intelligence à inventer des signes nouveaux de communication, et ils y réussissent. Un geste, un mouvement presque imperceptible, un regard, le jeu même de la physionomie, tout devient langage. Le gardien ne peut avoir impunément un instant de distraction. Ce qu'il y a de certain, c'est que les nouvelles du dedans et du dehors circulent dans tous leurs rangs avec une incroyable rapidité. On a bien vu, dans les pénitenciers cellulaires d'Amérique, les prisonniers communiquer entre eux par les tuyaux des calorifères, par les canaux de ventilation, et jusque par les conduits des fosses d'aisance. Les murs suffisent à peine à assurer le silence : par la simple surveillance, comment espérer l'obtenir?

Le 11 juillet 1837, M. Crawford, commissaire envoyé aux États-Unis par le gouvernement anglais, inspecteur général des prisons d'Angleterre, écrivait ce qui suit à M. Demetz :

Ce que j'ai observé m'a prouvé que le système du silence a beaucoup d'inconvénients graves, inhérents à sa nature, et que vous trouverez décrits avec détail dans mes rapports officiels. Cette discipline ne peut être renforcée qu'au moyen d'inflictions continuelles de châtiments sévères. Si l'on n'a pas recours au fouet, le prisonnier est réduit à la soumission par la diminution de la nourriture qui avait été jugée nécessaire à la conservation de sa santé, et par d'autres châtiments qui, si, au premier abord, ils ne paraissent pas aussi révoltants que le châtiment corporel, sont, dans mon opinion, tout aussi contraires à la justice et à l'humanité ; et je n'hésite pas à dire que si, lors de la rédaction de mon rapport, j'avais connu tous les inconvénients du plan du silence, comme j'ai été à même de le faire depuis, et particulièrement la nécessité continuelle de recourir à l'espionnage et aux châtiments à l'aide desquels seuls il peut être maintenu, aucune considération n'aurait pu m'empêcher de protester avec force contre son application, sous quelque forme et avec quelques modifications que ce soit.

Et voici des chiffres plus concluants encore que tout ce qui précède; ils sont empruntés à la statistique centrale des prisons pour 1863 :

« Le relevé suivant fait connaître le nombre de chaque nature d'infractions, qui s'élèvent à 70,455 pendant l'année :

« *Infractions au silence :* 36,800. »

Plus de moitié !

L'emprisonnement tend à devenir de plus en plus le fondement presque unique de notre édifice pénal, puisque la peine de mort tend à être de moins en moins prononcée et appliquée.

Je suis publiciste, je ne suis pas criminaliste, et encore le point de vue auquel je me place dans cette étude que j'ai eu l'audace, que j'ai eu la témérité d'entreprendre, est-il moins celui du présent que celui de l'avenir; mais si j'étais criminaliste ou homme d'État, c'est-à-dire si j'étais plus préoccupé de la transition à trouver que de la solution à chercher, je proposerais juste d'aller dans le sens contraire de celui où l'on va et où, selon moi, l'on s'égare; la peine qu'avant toute autre je m'efforcerais d'abolir, ce serait celle de l'emprisonnement à tous ses degrés et sous toutes ses formes. Je commencerais sans hésiter par sa suppression dans le plus grand nombre des cas, jusqu'à ce que je finisse par la supprimer entièrement. Au lieu de raccourcir l'échelle pénale par en haut, ce serait par en bas que je la raccourcirais. Je deviendrais aussi avare de la détention préventive qu'on en a été prodigue, et je m'ingénierais à substituer aussi complétement que possible la pénalité pécuniaire à la pénalité corporelle. L'impôt transformé me servirait de base d'appréciation judiciaire, et j'appellerais plus souvent en garantie la famille d'abord et la commune ensuite, dussé-je étendre dans son application le principe qui a dicté l'article 1384 du Code civil, l'article 73 du Code pénal et la loi du 10 vendémiaire an IV. Ce dont je m'abstiendrais surtout, ce serait de donner jamais à la prison des hôtes qui en soient l'honneur au lieu d'en être la honte. Or, n'est-ce pas là ce qu'on fait inconsidérément lorsqu'on condamne l'écrivain consciencieux à la même peine que le voleur impudent? Quelle intimidation salutaire veut-on que conserve la peine de l'emprisonnement, lorsqu'il suffit pour l'encourir, électeur, d'avoir fait partie d'une réunion de plus de vingt personnes; écrivain, d'avoir exprimé dans un journal, dans une brochure ou dans un livre, une opinion qui blesse celle d'un tribunal; commerçant, de n'avoir pu faire exactement honneur à sa signature; garde national, d'avoir manqué sa faction, etc.; lorsqu'il suffit enfin d'avoir commis, souvent à son insu, la plus légère contravention?

Pour prévenir le vagabondage et éteindre la mendicité que fait-on? Rien. Des vagabonds et des mendiants qu'on arrête que fait-on? On les conduit en prison, où l'État, qui n'avait pas d'argent la veille pour prévenir le vagabondage et la mendicité, en a le lendemain pour loger et nourrir le vagabond et le mendiant. C'est là ce que nous appelons la société, c'est là ce que nous appelons le gouvernement, c'est là ce que nous appelons la loi, c'est là enfin ce que nous appelons la justice. Qu'on ne m'accuse pas de leur manquer de respect; car en m'exprimant ainsi je ne suis que l'écho affaibli de ces paroles d'un honorable magistrat, M. Demetz, conseiller honoraire à la cour impériale de Paris :

> Le vagabond n'est accusé d'aucun fait caractérisé; vous n'avez contre lui qu'une présomption; c'est un procès de tendance dans lequel l'individu est sacrifié à l'intérêt de tous. Que faites-vous cependant? Cet homme qui vous est seulement suspect, vous le jetez parmi tout ce qu'il y a de plus contagieux dans le crime, au milieu de la peste morale la plus caractérisée et la plus menaçante. Ne voyez-vous pas qu'il y doit infailliblement succomber?

Les vagabonds sont ceux qui n'ont ni domicile certain ni moyen de subsistance, et qui n'exercent habituellement ni métier ni profession.

Un séjour de six mois dans une prison leur donnera-t-il ce qui leur manquait : une profession, un métier, un domicile et de quoi manger? Les condamner la première fois, c'est les vouer presque inévitablement à la récidive. Même observation pour les mendiants.

Je consulte le rapport de M. Dupuy, directeur des prisons, et j'y lis ce qui suit :

> En 1863, sur 7,551 condamnés comme récidivistes, 5,804, plus de 76 p. 100, n'avaient encouru tout d'abord qu'un simple emprisonnement.

Lorsqu'une peine est ainsi viciée, la prodiguer, n'est-ce pas démoraliser comme à plaisir une société et chauffer aveuglément le four d'une révolution nouvelle? — Telle est la question qu'il est impossible de ne pas s'adresser aussi souvent qu'on déploie et qu'on lit la *Gazette des tribunaux* et le *Droit*, dont on ne trouverait pas un seul numéro qui ne soit émaillé de plusieurs condamnations à la privation de la liberté sous ses divers noms : emprisonnement, réclusion, détention, travaux forcés à temps, déportation, travaux forcés à perpétuité.

Les considérations suivantes méritent de trouver place ici ; je les emprunte à un avocat à la Cour impériale de Paris, M. Frédéric Thomas :

La prison ne punit pas seulement le coupable, ce qui est juste ; mais elle punit aussi tous les innocents qui vivent de lui et par lui, ce qui est injuste.

Enlever un père de famille, c'est enlever la clef de voûte d'un édifice : tout le reste va crouler. Condamner à l'inactivité la main qui nourrissait une famille, qu'est-ce autre chose sinon condamner cette famille à mourir de faim ? Le pain de toute une maison n'est-il pas souvent attaché à la liberté de son chef ?

Mais enfin, si cette peine est si défectueuse à l'endroit de la société, est-elle du moins efficace à l'endroit de l'individu ?

J'ai visité beaucoup de prisons ; j'ai interrogé un grand nombre de directeurs. J'ai demandé à tous si la prison corrigeait, et tous m'ont répondu : Elle calme, elle apaise quand elle n'endurcit pas ; mais elle ne corrige presque jamais.

La prison, qui n'est pas exemplaire pour la société, est en outre inefficace pour l'individu.

Je me résume :

En réalité, et lorsqu'on y regarde attentivement de près, l'on reconnaît que toutes les peines afflictives : travaux forcés à perpétuité, déportation, travaux forcés à temps, détention, réclusion, et même emprisonnement correctionnel, qu'il soit cellulaire ou en commun, ne sont que des déguisements de la peine de mort.

C'est la conséquence que je tire des observations suivantes de M. le docteur A. Fourcault, de l'Académie de médecine :

1° La réclusion prolongée est la cause d'une foule de maladies chroniques au nombre desquelles on compte, au premier rang, les scrofules et la phthisie pulmonaire.

2° La fréquence de ces maladies et le chiffre de la mortalité sont en raison de l'encombrement dans les maisons de détention, et de l'étroitesse des cellules dans les pénitenciers.

3° Dans ces conditions, la mortalité peut atteindre le chiffre de 12 pour 100, et parfois elle est encore plus considérable.

La durée moyenne de la vie du tigre, du lion, de la panthère, ne dépasse pas six ou sept ans dans les loges où on les renferme ; cependant une lionne a vécu vingt-neuf ans, et un lion vingt-sept. Il est remarquable que les lions transportés sur les routes, et montrés à la curiosité publique, vivent généralement dix-sept à vingt ans. Pour les transporter ainsi, ils sont placés dans des loges spacieuses et plus élevées que celles du Jardin des Plantes. Dans la même condition, la vie moyenne des singes acrobates est augmentée, ainsi que celle des autres animaux intertropicaux.

L'ours de Sibérie ne vit guère que quatre années dans la ménagerie, l'ours noir s'y conserve sept ou huit ans ; mais celui qui peut se promener dans une fosse spacieuse, respirant un air libre, grimpant sur un arbre élevé au milieu de cette fosse, vit souvent dix-sept à vingt ans ; les espèces offrant l'organisation la plus puissante, le dromadaire, le chameau, sont soumis aux mêmes lois. Ces faits indiquent que le changement de climat n'est pas la seule cause de la brièveté de l'existence de ces animaux, et que la captivité exerce aussi une fâcheuse influence sur leur constitution physique comme sur celle de l'homme. Mais cette double influence paraît leur être également fatale : les nègres détenus dans la maison de Poissy y ont toujours trouvé leur tombeau. La captivité, et notamment la vie cellulaire, abrégent donc l'existence.

Les calculs suivants ont été faits par M. le docteur Lelut, membre de l'Institut :

Dans la vie libre, chez les classes pauvres et à un âge moyen de trente à quarante ans, il meurt annuellement un peu plus de 2 individus sur 100. C'est là, et sans attacher à ce chiffre l'idée d'une exactitude mathématique que la statistique ne comporte pas, c'est là ce qui résulte des recherches qu'on doit sur ces matières aux hommes qui s'en sont le plus et le mieux occupés, et par exemple à MM. de Montferrand, Quetelet, Ch. Dupin, Villermé, Benoiston de Châteauneuf.

Dans les prisons de l'ancien mode, dans les maisons de correction, dans les maisons centrales, dans les bagnes, la mortalité est double au moins de ce qu'elle est dans la vie libre du pauvre, c'est-à-dire qu'elle va annuellement à 4, 5, 6 sur 100. Ce fait a été établi par les études du docteur Chassinat, *sur la mortalité dans les bagnes et dans les maisons centrales de force et de correction.* Il découle encore de mes propres observations dans la prison du dépôt des condamnés et dans les diverses maisons centrales.

Abréger l'existence n'est-ce donc pas donner la mort, avec la différence qu'il y a entre la mort lente et la mort instantanée ? La mort lente, c'est la souffrance prolongée, tandis que la mort instantanée, c'est la souffrance abrégée. De ces deux supplices, lequel est le moins cruel, lequel est le moins barbare?

A la mort instantanée comparez cette mort lente décrite par le docteur Vingtrinier, médecin en chef des prisons de Rouen :

Vous êtes-vous rendu compte à vous-même, dans le silence de la méditation, du lourd fardeau imposé aux prisonniers ? Jetez un coup d'œil sur la rapide esquisse que nous allons tracer, et gardez en mémoire qu'il ne va s'agir que des prisons ordinaires.

1° Privation de la liberté :

2° Répétition monotone et inévitable des mêmes actions, des mêmes devoirs tous les jours ;

3° Coucher presque partout sur de la paille, ou du moins sur des paillasses ;

4° Nourriture végétale, qui affaiblit et tue à la longue ;

Usage de légumes vieux ou avariés, qui engendrent souvent des maladies (la preuve en est dans les tables de la mortalité, qui, dans les maisons centrales, dénoncent partout la mort du douzième par chaque année) ;

5° Un travail obligé, et quel travail pour certaine classe d'hommes !

Observance d'une discipline sévère, obéissance passive due à tous les agents du service, depuis le directeur jusqu'au dernier des gardiens, et quelquefois même des surveillants choisis parmi les prisonniers eux-mêmes ;

6° Abnégation complète de toute volonté et privation de toute jouissance physique et morale ;

7° Éloignement de sa femme, de ses enfants, de ses parents, de ses amis ;

8° Et l'avenir en perspective ! Quel avenir, le plus souvent ! De toutes parts la répulsion.

9° Obligation d'un silence absolu et perpétuel ;

10° Privation du tabac ;

11° Impossibilité d'acheter, avec le produit de son travail, autre chose que du beurre et du fromage ;

12° Uniforme de la maison à porter ;

13° Suppression de toute espèce de communication.

La peine de l'emprisonnement est condamnée par l'expérience ; elle n'amende pas et elle n'intimide point.

L'abus que l'on fait de l'emprisonnement, en le prodiguant ainsi qu'on le prodigue pour des contraventions insignifiantes et des délits imaginaires, n'est pas une des moindres causes qui concourent au relâchement des liens sociaux. C'est avec raison que Montesquieu a dit :

Souvent un législateur qui veut corriger un mal ne songe qu'à cette correction ; ses yeux sont ouverts sur cet objet et fermés sur les inconvénients.

La pire de toutes les corruptions est celle qui vient de la loi : mal profond et incurable, parce qu'il est dans le remède même.

Cet abus de l'emprisonnement a été constaté en ces termes par un éminent et savant magistrat, dont l'autorité était irrécusable, M. Bérenger (de la Drôme), président à la cour de cassation, membre de l'Institut :

Si, prenant une période de dix ans, on additionnait le nombre des détenus qui se succèdent chaque année dans nos prisons, on trouverait que plus d'un million d'habitants sont venus s'y plonger plus avant dans le crime, et que leur seul entretien a coûté à l'État au delà de cent trente millions.

Une autre autorité non moins irrécusable est celle de M. le conseiller Demetz, l'un des deux fondateurs de la colonie de Mettray; il s'exprime ainsi :

En consultant le relevé du nombre des crimes, on peut se convaincre que les condamnations pour coups et blessures y figurent dans une forte proportion. Qui ne sait dans quelles circonstances ces crimes se commettent? Un ouvrier va le dimanche au cabaret ; il se prend de querelle avec son camarade, le frappe, et il résulte des coups portés une incapacité de travail de plus de vingt jours. L'auteur de ce crime, on pourrait dire de cet accident, est condamné à un emprisonnement qui peut être de dix années, et pourtant cet homme n'est point un scélérat ; il a été emporté par la colère, peut-être aussi par les fumées du vin, et souvent il n'en est pas moins un homme laborieux, intelligent, et souvent l'unique soutien d'une nombreuse famille.

L'aveu suivant, tombé des lèvres du premier avocat général de la Cour impériale de Paris, M. de Gaujal, dans son discours de rentrée du 3 novembre 1859, discours imprimé sous ce titre : *Étude sur l'état actuel de la répression pénale en France*, n'est pas moins concluant :

Dans le temps où nous sommes, *ce sont les prévenus correctionnels qui, par leur nombre toujours croissant, constituent la véritable plaie sociale.* Au grand jour des civilisations modernes, sous l'action des causes diverses qui amoindrissent et abaissent les caractères, qui transforment les passions et substituent les ressources et les combinaisons de la fraude aux ardeurs et aux excès de la violence, qui adoucissent les mœurs en les dépravant, *les grandes audaces et les grands crimes deviennent plus rares. Mais les délits inspirés par la ruse, l'astuce, la corruption, la bassesse et les vices sans énergie se multiplient.*

Ces aveux de trois magistrats empruntent surtout de la gravité quand on les rapproche des déclarations ci-après de trois inspecteurs généraux des prisons de France.

L'inspecteur général des prisons, M. Charles Lucas, déclare ce qui suit :

Si les bagnes achèvent la corruption des détenus, n'oublions pas que les prisons départementales la commencent.

Chargé de la division des prisons au ministère de l'intérieur, l'inspecteur général, M. Perrot, complète ainsi cette déclaration :

Plus des deux tiers des condamnés qui peuplent les maisons centrales subissent des peines correctionnelles, et près d'un quart des peines de moins de deux ans de prison. Quelle action la discipline peut-elle exercer sur la plupart de ces natures pendant un laps de temps aussi court? Quel enseignement moral, religieux, élémentaire, professionnel, peuvent-ils recevoir dans les établissements? Ils sortent sans avoir senti les effets de la peine et de l'intimidation qu'elle doit exercer.

La même déclaration, presque dans les mêmes termes, se trouve dans la *Statistique centrale des prisons pour l'année* 1865, précédée d'un rapport au ministre de l'intérieur, par M. Dupuy, directeur de l'administration des prisons et établissements pénitentiaires :

Les correctionnels figurent dans la masse de la population des maisons centrales pour plus des deux tiers (65 pour 100), et dans ce dernier nombre 40 pour 100 sont condamnés d'un an à deux. Quelle action la discipline peut-elle exercer sur la plupart de ces natures pendant un laps de temps si court? Ils sortent donc des établissements sans avoir senti les effets de la peine et l'intimidation qu'elle doit exercer, avant d'avoir reçu les notions essentielles, appris un métier qui les fasse vivre, et acquis un pécule qui leur assure des ressources pour reprendre une vie laborieuse et honnête.

Ces considérations sembleraient de nature à expliquer le nombre, relativement considérable, de récidivistes existants dans les maisons centrales qui n'ont subi précédemment que des condamnations correctionnelles. En 1863, sur 7,551 condamnés comme récidivistes, 5,804, plus de 76 pour 100, n'avaient encouru d'abord qu'un simple emprisonnement.

La statistique constate, en outre, qu'il se trouve parmi les réclusionnaires un moins grand nombre de malfaiteurs qui tombent en récidive que parmi les condamnés correctionnels. La proportion des premiers est de 30 pour 100, et celle des seconds de 45 pour 100.

Un autre inspecteur général des prisons, M. Moreau Christophe, déroulait, en 1844, ce tableau, qui était de nature à faire réfléchir profondément et qui paraît n'avoir laissé cependant aucune impression salutaire :

Là où il y a une prison, là il y a une association : de telle sorte que la main de la justice couvrant pour ainsi dire et enveloppant tout le pays d'un immense réseau dont chaque maille est une prison, il s'ensuit que nos 3 bagnes, nos 20 maisons centrales, nos 362 maisons d'arrêt, jointes aux prisons municipales de nos 2,800 cantons et aux chambres de sûreté de nos 2,238 casernes de gendarmerie, sont autant de clubs antisociaux, autant de repaires de malfaiteurs, autant de maisons publiques de condamnés, de prévenus, d'accusés, de mendiants vagabonds, d'assassins, de voleurs, de prostituées, qui s'associent de toutes parts entre eux par les liens de la solidarité du crime.

Maintenant, demanderez-vous combien sont-ils? Ils ne sont pas moins de 108,000 conspirant en permanence; et savez-vous combien de ces associés sont mis dehors tous les ans, ainsi dressés à l'école mutuelle du vice? Plus de 50,000. Oui, plus de 50,000 individus, sortis ou libérés de nos bagnes ou de nos prisons, sont rejetés chaque année de ces foyers de corruption dans nos campagnes, dans nos villes, dans nos centres de population industrielle, avec toutes les habitudes de dépravation et de perversité qu'ils y ont contractées ou entretenues... Étonnez-vous donc, après cela, de l'accroissement progressif des crimes!

Ce chiffre de 108,000 détenus appelés à devenir 108,000 libérés a peu varié depuis 1844, puisqu'en 1866 il était de 101,767.

Je l'avoue, dans mes balances, 100,000 libérés qui rentreront dans la société par l'expiration de leur peine pèsent plus que 10 condamnés qui en seront retranchés par la main de l'exécuteur.

Les libérés! c'est la grande question, la très-grande question que soulèvent tous les régimes de pénalité légale, sans la résoudre aucun.

En avril 1853, M. Léon Faucher, qui avait été ministre de l'intérieur, et qui, en cette qualité, avait eu dans ses attributions l'administration des prisons, s'exprimait ainsi dans une séance de l'Académie des sciences morales et politiques :

Le système d'emprisonnement pratiqué chez nous n'est que l'absence de tout système. *Les conséquences déplorables de ce régime ont frappé tous les esprits.* Quelque opinion que l'on ait en matière de pénalité, *on s'accorde sur la nécessité d'y mettre* PROMPTEMENT FIN.

Cette impérieuse nécessité de mettre promptement fin à un régime dont les conséquences et les périls éclatent à tous les regards étant unanimement admise et ainsi proclamée, qu'a-t-on fait?

Il y avait une ornière de boue et de sang; on a continué de la creuser, au lieu de s'efforcer de la combler.

CHAPITRE VII.

DE LA PRIVATION DE LA PATRIE.

> Les peines n'ont de pouvoir pour propager les idées qu'autant qu'elles les trouvent déjà dans les esprits; qu'on ne se flatte pas qu'elles les feront naître là où d'autres causes ne les auront pas déjà semées; qu'on ne leur attribue point une vertu qui ne saurait leur appartenir; elles ne font point détester comme criminel ce qu'on regardait comme méritoire; elles ne démontrent point la légitimité morale du pouvoir; elles n'ont d'effet sur les croyances des peuples qu'autant qu'elles en découlent et quand ces croyances sont hostiles à l'autorité; c'est par d'autres moyens que les supplices que l'autorité peut réussir à les changer, et tant qu'elles ne seront point changées, les supplices, au lieu de les réformer, affirmeront leur empire. Quand on mêle la politique à la justice, tout arrêt des juges, tout verdict des jurés a pour effet de glorifier la peine, d'en détourner ou d'en affaiblir l'infamie.
>
> GUIZOT.

Un moment, trompé par le mot, j'ai été incertain, et je me suis posé cette question : Où dois-je ranger la peine de la déportation? Est-ce sous ce titre : *De la privation de la patrie?* ou est-ce sous celui-ci : *De la privation de la liberté?* Mais en relisant l'article 17 du Code pénal et la loi des 8 et 16 juin 1850, le doute s'est dissipé.

L'article 17 du Code pénal est conçu en ces termes :

La peine de la déportation consiste à être transporté et

à demeurer à perpétuité dans un lieu déterminé par la loi hors du territoire *continental* de l'empire.

Hors du territoire continental de l'empire français ne veut pas dire hors de France.

La loi des 8-16 juin 1850 s'exprime ainsi :

Art. 1er. — Dans tous les cas où la peine de mort est abolie par l'article 5 de la Constitution, cette peine est remplacée par celle de la déportation dans *une enceinte fortifiée*, désignée par la loi, hors du territoire *continental* de la république.

Qu'est-ce qu'une enceinte fortifiée, sinon une prison où la clef du geôlier est remplacée par le fusil du soldat?

La privation de la patrie se compose donc d'une peine unique, celle inscrite au Code pénal sous ce titre : bannissement.

Le bannissement est la peine qui consiste à être transporté par ordre du gouvernement hors du territoire de l'empire. La durée du bannissement est au moins de cinq années et de deux ans au plus. Si le banni, avant l'expiration de sa peine, rentre sur le territoire de l'empire, il est, sur la seule preuve de son identité, condamné à la détention pour un temps au moins égal à celui qui restait à courir jusqu'à l'expiration du bannissement et qui ne peut excéder le double de ce temps.

Quoique placé en tête des peines infamantes, le bannissement est une peine qui n'est applicable qu'à la condition d'être restreinte à des actes n'impliquant pas l'infamie; car s'il était possible à la France de bannir ses malfaiteurs, il lui faudrait au même titre recevoir chez elle ceux des autres pays.

Le bannissement est une rigueur politique; c'est l'émigration forcée au lieu d'être l'émigration volontaire; mais, n'étant ni la privation de la vie, ni la privation de la liberté, ni la privation de l'honneur, ni la privation de la fortune, en réalité ce n'est pas une peine. Quelle qu'elle soit, elle tombera d'elle-même partout le jour où les États ne seront plus, relativement à l'individu, que ce qu'ils devraient être : une assurance nationale contre les risques prévus, au moyen d'une prime qui sera la conversion de l'impôt forcé en impôt volontaire.

CHAPITRE VIII.

DE LA PRIVATION DES DROITS CIVIQUES, CIVILS ET DE FAMILLE.

> Il ne faut pas dégrader ni avilir le coupable à ses propres yeux.
>
> LOI DU 28 AOUT 1832. *Exposé des motifs.*
>
> Il convient d'effacer de la législation tout ce qui blesse la dignité humaine. C'est un bel exemple à donner au monde. DÉCRET DU 13 MARS 1848.
>
> La dégradation civique est infectée d'un des vices les plus graves, celui de l'inefficacité.
>
> BONNEVILLE DE MARSANGY.

La privation des droits civiques, civils et de famille est la peine qui se compose de ces deux degrés :

Premièrement : en matière criminelle, la dégradation civique.

Deuxièmement : en matière correctionnelle, l'interdiction à temps de certains droits civiques, civils ou de famille.

§ I. *De la dégradation civique.*

La dégradation civique est la peine qui consiste :

1° Dans la destitution et l'exclusion des condamnés de toutes fonctions, emplois ou offices publics ;

2° Dans la privation du droit de vote, d'élection, d'éligibilité, et en général de tous les droits civils et politiques, et du droit de porter aucune décoration ;

3° Dans l'incapacité d'être juré expert, d'être employé comme témoin dans des actes et de déposer en justice autrement que pour y donner de simples renseignements ;

4° Dans l'incapacité de faire partie d'aucun conseil de famille et d'être tuteur, curateur, subrogé tuteur ou conseil judiciaire, si ce n'est de ses propres enfants et sur l'avis conforme de la famille ;

5° Dans la privation du droit de port d'armes, du droit de faire partie de la garde nationale, de servir dans les armées françaises, de tenir école ou d'enseigner, et d'être employé dans aucun établissement d'instruction à titre de professeur, maître ou surveillant.

Le décret des 12-14 avril 1848 ayant aboli la peine de l'exposition publique, la dégradation civique est un mot qui n'a plus de sens, car elle n'est plus maintenant qu'une peine nominale résidant uniquement dans les termes du jugement qui la prononce.

Avant que l'abolition de cette peine infamante eût lieu, le condamné était conduit au milieu de la place publique, et là le greffier lui adressait à haute voix ces paroles : « *Votre pays vous a trouvé convaincu d'une action infâme; la loi et le Tribunal vous dégradent de la qualité de citoyen français.* » Puis, ainsi dégradé, et afin que le public pût jouir de son humiliation, le condamné restait exposé durant deux heures au carcan.

Maintenant, la dégradation civique ne se manifeste plus aux yeux de la multitude par aucun acte matériel. Elle a perdu sa raison de subsister en perdant le caractère de spectacle exemplaire qui lui avait été attribué. Elle résulte du seul prononcé de l'arrêt. Quant à ses résultats afflictifs, ils se réduisent à un emprisonnement facultatif qui peut s'élever jusqu'à cinq années, et à la simple privation des droits civiques, ainsi que de certains droits civils et de famille.

§ II. *De l'interdiction des droits civiques, civils et de famille.*

L'interdiction à temps et en tout ou en partie de l'exercice des droits civiques, civils et de famille, est la peine qui consiste dans la suspension des droits suivants :

1° De vote et d'élection ;

2° D'éligibilité ;

3° D'être appelé ou nommé aux fonctions de juré ou autres fonctions publiques, ou aux emplois de l'administration, ou d'exercer ces fonctions ou emplois ;

4° De port d'armes ;

5° De vote et de suffrage dans les délibérations de famille ;

6° D'être tuteur, curateur, si ce n'est de ses enfants, et sur l'avis seulement de la famille ;

7° D'être expert ou employé comme témoin dans les actes ;

8° De témoignage en justice autrement que pour y faire de simples déclarations.

Entre la dégradation et l'interdiction, — si ce n'est que l'interdit n'est pas dispensé du service dans la garde nationale et dans l'armée, — la différence consiste en ce point, que l'interdiction peut n'être que partielle et temporaire, tandis que la dégradation est générale et perpétuelle.

Telle que je la comprends, la publicité pénale rendrait superflue la conservation de ces deux peines, qui, en réalité, n'en font qu'une seule sous deux noms différents, comme les travaux forcés à perpétuité, la déportation, les travaux forcés à temps, la détention, la réclusion et l'emprisonnement, sous six noms différents n'en font aussi qu'une seule.

CHAPITRE IX.

DE LA PRIVATION D'UNE SOMME D'ARGENT.

> Dans les premiers temps de la Grèce et de Rome, les peines furent douces en général et consistèrent, dans la plupart des cas, en de simples amendes. Cicéron affirme que Romulus n'avait point établi d'autres peines. FAUSTIN HÉLIE.
>
> Les compositions pécuniaires (dommages-intérêts) sont la pénalité des antiquités grecque et romaine comme de la barbarie germaine; dans celle-ci l'usage s'établit de donner au pouvoir le *fred* en payement de sa bienfaisante intervention. ORTOLAN.

La privation d'une somme d'argent est la peine qui se compose de ces deux degrés :

I. L'amende;

II. Les dommages et intérêts.

L'amende est la peine qui consiste dans le payement d'une somme d'argent au profit de l'État, avec la prise de corps pour sanction.

Les dommages et intérêts sont la peine qui consiste dans le payement d'une somme d'argent au profit de la partie lésée, avec la prise de corps généralement pour sanction.

Étant admise une réforme pénale qui serait une transition entre la pénalité existante et la pénalité abolie, et qui se lierait étroitement à une grande réforme fiscale, la peine qui consiste dans le payement d'une amende au profit de l'État et dans le payement de dommages et intérêts au profit de la partie lésée, loin d'être supprimée, devrait, au contraire, être étendue à un grand nombre de cas où la peine de l'emprisonnement est maintenant prononcée, avec remplacement de la sanction pénale de la prise de corps par la sanction pénale de la solidarité pécuniaire, reliant étroitement l'individu condamné à la famille responsable, et, à défaut de la famille responsable, à la *commune mère*, responsable en certains cas dont plusieurs sont déjà prévus et ont donné lieu à de nombreux jugements et arrêts [1].

(1) TRIBUNAL CORRECTIONNEL DE TOULON.

ANNÉE 1852.

Faisant application de la loi du 10 vendémiaire an X, les habitants de la commune de Cuers sont déclarés civilement responsables des attentats commis à force ouverte le 5 décembre 1851 ; et la commune de Cuers est condamnée à payer à sept de ses habitants la somme de 16,445 fr., plus tous les frais et dépens du procès.

TRIBUNAL CORRECTIONNEL DE TROYES.

AUDIENCE DU 22 AOUT 1857.

(*Journal des Débats* du 29 août 1857.)

Condamne Guérin fils et Lecorché fils solidairement en 6,000 fr. de dommages-intérêts envers la partie civile.

Condamne solidairement Guérin PÈRE et Lecorché PÈRE avec leurs fils auxdits 6,000 fr. de dommages-intérêts ainsi qu'aux amendes prononcées envers le Trésor et aux dépens.

Cette solidarité pécuniaire exercerait une action plus faible mais analogue à celle de l'abolition de toute pénalité autre que la publicité pénale; elle hâterait le jour où tous les efforts sociaux convergeraient vers ce but social : la destruction à tout prix de l'ignorance populaire, de la misère héréditaire et de l'ivrognerie contagieuse.

La solidarité de la famille, sa responsabilité civile et pécuniaire est inscrite en ces termes dans le Code civil :

Art. 1384. On est responsable non-seulement du dommage que l'on cause par son propre fait, mais encore de celui qui est causé par *le fait des personnes dont on doit répondre* ou des choses que l'on a sous sa garde.

Le père, et la mère après le décès du mari, sont responsables du dommage causé par leurs enfants mineurs habitant avec eux;

Les maîtres et les commettants, du dommage causé par leurs domestiques et préposés dans les fonctions auxquelles ils les ont employés ;

Les instituteurs et les artisans du dommage causé par leurs élèves et apprentis pendant le temps qu'ils sont sous leur surveillance.

La responsabilité ci-dessus a lieu, à moins que les pères et mères, instituteurs ou artisans, ne prouvent qu'ils n'ont pu empêcher le fait qui donne lieu à cette responsabilité.

Le Code pénal va plus loin :

Art. 73. Les aubergistes et hôteliers convaincus d'avoir logé pendant plus de vingt-quatre heures quelqu'un qui, pendant son séjour, aurait commis un crime ou délit, sont civilement responsables des restitutions, des indemnités et des frais adjugés à ceux à qui ce crime ou ce délit aurait causé quelque dommage, faute par eux d'avoir inscrit sur leur registre le nom, la profession et le domicile du coupable.

La solidarité de la commune mère, sa responsabilité civile et pécuniaire ne sont pas des idées nouvelles.

Il existe un décret de Childebert qui rend la centurie ou centène responsable du montant de tout vol commis dans son ressort (1).

Il existe pareillement un acte du 1er novembre 1628, par lequel le vice-sénéchal de Limousin avertit les population et *communauté* d'Argentat qu'il a dans ses prisons un de leurs compatriotes contumace, déjà condamné par la juridiction ordinaire de ladite communauté. Il les requiert de contribuer aux frais pour obtenir la condamnation, devant le sénéchal, de ce criminel, et pour arriver à l'exécution de la sentence. Cette sentence, c'est d'être battu de verges sur la place publique d'Argentat. Le sénéchal n'entend leur envoyer ce criminel pour en faire exemple chez eux qu'autant que lesdits frais seront payés.

« Les habitants ou la plus sayne partie de ladite communauté sont d'advis qu'il est nécessaire que les voleries et

(1) Baluze, *Decret*. Childebert, reg., § 2, t. I, p. 19.

crimes dudit N... ne demeurent plus impunis. Assemblés au son de la grande cloche, le 2 novembre 1628, ils décident qu'il sera pris des revenus de la ville une somme pour employer à la poursuite desdits crimes. Et comme il n'y a pas de *deniers clairs* pour le moment, ils sont d'advis que leurs consuls, Meilhac et Borlhos, emprunteront cette somme pour trois mois, et pourront lesdits consuls obliger pour ce les biens de la ville. »

M. Édouard Thisel, l'auteur de la *Constitution d'Angleterre,* traduite par M. Ch. Vogel, donne les détails suivants sur la solidarité de la commune en Angleterre :

La division des comtés en *hundreds* (centuries ou cantons), subdivisés eux-mêmes en *tythings* (décuries ou cantons), concourait à fonder un système de garantie ou de caution mutuelle entre les communes sur l'obligation réciproque de maintenir l'ordre et la sécurité dans chaque district et de poursuivre les criminels. Tel était le principe de la fameuse loi de la franche caution (*frank pledge*), qui tendait à renforcer les garanties de la responsabilité mutuelle déjà existante de la famille, de la commune et de la ville. Chaque père de famille répondait antérieurement déjà de la conduite des membres de sa famille, de ses esclaves et de ses hôtes. Il y avait deux espèces de *frank pledge,* l'une domaniale (*manorial*), l'autre collective. Dans le *frank pledge manorial,* le seigneur du domaine était caution permanente de la comparution de ses vassaux ou des gens domiciliés dans ses terres en justice dès que leur présence y était réclamée. La caution collective (*freoborg*) résultait d'une association de paysans libres qui ne pouvait comprendre moins de dix personnes. Les prêtres ne faisaient point partie de ces associations ; mais tout laïque, à moins d'être possesseur d'un *freehold* d'une certaine étendue, était tenu de se placer sous le régime tutélaire de la caution de son seigneur, ou de s'engager avec d'autres petits propriétaires dans les rapports de solidarité d'un cautionnement mutuel et collectif. Quiconque n'était ni *grand thane,* et comme tel exempté du *frank pledge,* ni membre d'un *tything,* se trouvait hors la loi... Le *freoborg* répondait du payement de toute composition due par un membre de l'association. De son côté, il était aussi fondé à réclamer concurremment avec le roi la composition encourue pour le meurtre d'un de ses membres, lorsque celui-ci était sans famille.

Ce cautionnement collectif formait la règle en Angleterre. Il existait pareillement, sous une forme tant soit peu différente, dans le Shropshire, le Northumberland, et quelques bourgs de la province de Mercie, où la commune (prise ici dans le sens de la communauté économique et sociale) et le bourg marquaient seuls le ressort dans lequel un cautionnement mutuel et général répondait de la conduite des habitants. Là, *toute commune qui donnait asile à un homme non inscrit sur la liste des garants ni autrement exempté du cautionnement encourait une pénalité.* — Une loi de Canut enjoignait à tout homme de s'affilier, dès l'âge de douze ans, à un dizain, un canton ou un comté (1).

Le *frank pledge* ne dura pas; au temps des Plantagenets, il était en pleine décadence. Mais les obligations des communes relativement à la garantie solidaire du maintien de l'ordre public furent main-

(1) Édouard Tishel, *la Constitution d'Angleterre,* traduite par Ch. Vogel, t. II, liv. VI, sect. I, ch. I.

tenues, ainsi que le constate en ces termes M. L. J. Falerie :

Le principe fondamental des lois anglaises est d'établir la solidarité entre tous les habitants d'une même commune pour les délits qui s'y commettent. C'est à cela que tient l'absence du ministère public, et c'est ce qui fait pour chaque citoyen un devoir et un droit d'arrêter les délinquants, même pour des contraventions de police, même sur un simple soupçon : « All personn... whom he shall have good cause to suspect of having committed, or being about to commit any felony, misdemeanor, or breach of the peace. » C'est pourquoi le droit d'arrestation sans mandat est moins étendu et donne lieu à moins d'abus en France qu'en Angleterre.

L'article 15 des lois d'Édouard le Confesseur constate que si le *friborgus* ou la *décanie* à laquelle appartenait le coupable n'était pas en état de payer, le *hundredum* devait suppléer ce qui manquait (1).

En Allemagne, tous les habitants d'un même village, tous les *marktgenossen* (*markt* communs, *genossen* associés) étaient responsables du dommage causé par l'un de ces associés. C'est aussi ce que les lois saxonnes ont décidé en introduisant le *plegium* ou la garantie de la commune et du *hundredum*. Cette disposition n'est que la régularisation d'un usage de l'ancienne Germanie. Encore aujourd'hui les *marktgenossen* sont solidairement tenus à certai-

(1) J. D. Meyer.

nes prestations. Cette institution était générale chez les peuples d'origine germanique.

La loi du 10 vendémiaire an IV établit ainsi qu'il suit la solidarité de la commune :

Art. 1er. Tous citoyens habitant la même commune seront garants civilement des attentats commis sur le territoire de la commune, soit envers les personnes, soit contre les propriétés.

Art. 4. En cas d'attroupements séditieux, les habitants de la commune qui prétendraient n'avoir pris aucune part aux délits, et contre lesquels il ne s'élèverait aucune preuve de complicité ou participation aux attroupements, pourront exercer leur recours contre les auteurs et complices des délits.

Art. 5. Dans le cas où les rassemblements auraient été formés d'individus étrangers à la commune sur le territoire de laquelle les délits ont été commis, et où la commune aurait pris toutes les mesures qui étaient en son pouvoir à l'effet de prévenir et d'en faire connaître les auteurs, elle demeurera déchargée de toute responsabilité.

La responsabilité des communes existait avant la loi du 10 vendémiaire an IV. Les usages de l'ancienne procédure avaient un moyen simple et naturel de faire concourir directement la commune à la répression pénale : c'était de lui faire payer les frais de poursuite et d'exécution de ceux des habitants qui étaient jugés hors du territoire de la commune.

On le voit, la solidarité de la famille et de la commune n'est pas une innovation. Ceci soit dit

(1) J. D. Meyer.

expressément pour rassurer les lecteurs qui, après avoir trouvé que j'ai tort de proposer d'abolir les peines corporelles, trouveraient que maintenir les peines pécuniaires est une inconséquence de ma part. Ce n'est point une inconséquence, c'est une transition, car ce n'est pas comme *peines* avec l'espoir d'intimider ou de corriger le coupable que je les retiens, mais comme *moyens,* dans le but de faire concourir plus efficacement la famille et la commune à la réforme impérieusement urgente du milieu social, du *milieu réel,* qu'il est possible de transformer. Sa puissance est la seule à laquelle j'attache une grande importance; je n'en attache qu'une très-faible à la puissance très-exagérée de l'instruction; je n'en attache aucune à la puissance imaginaire de la parole, qu'elle tombe de la chaire du prédicateur, de la tribune de l'orateur ou de la plume du publiciste; que cette parole soit ou non moulée; qu'elle se nomme sermon, discours, livre, brochure ou article de journal.

L'édit d'août 1669 par lequel Louis XIV défendait et punissait le duel contenait la disposition suivante :

Ceux qui donnent un appel pour la seconde fois doivent être condamnés à six ans de prison et à une *amende de* SIX ANNÉES DE LEUR REVENU.

Le système des peines pécuniaires étant maintenu, l'amende proportionnelle à la fortune est une idée à retenir.

CHAPITRE X.

DE L'ABUS DE LA PÉNALITÉ.

> La première fois que les Athéniens condamnèrent un homme à mort, ce fut pour faire périr un scélérat, et ils finirent par faire boire la ciguë à Socrate.
>
> PLUTARQUE.

> Chez les Germains, il n'était pas permis de sévir contre un homme, *nisi sacerdotibus permissum, velut Deo imperante*... La justice humaine, défiante d'elle-même, se confiait tout entière dans la justice divine.
>
> FAUSTIN HÉLIE.

Si le propre de l'homme est d'abuser généralement de toutes choses, il est juste de reconnaître que la société, qui s'est attribué le droit de le punir, ne s'est montrée en aucun temps et en aucun pays plus sage que lui.

Jusqu'où n'a-t-elle pas porté l'abus des peines instituées par elle?

Je ne veux pas parler ici de leur férocité; je veux principalement parler de leur application à des actes qui souvent n'étaient répréhensibles que parce qu'ils avaient été défendus. Et pourquoi l'avaient-ils été?

L'histoire pénale de l'intolérance religieuse remplirait des volumes, et je n'ai de place ici que pour quelques faits cités presque au hasard :

Au temps de Moïse et par ses lois, l'idolâtrie, le blasphème, le sacrilége, étaient punis de l'un des derniers supplices (1), et la moindre infraction aux lois religieuses était réprimée plus sévèrement encore que les atteintes à la vie de l'homme. L'Israélite qui avait ramassé du bois le jour du sabbat, dans le désert de Pharan, était condamné par le conseil des Soixante-dix à être lapidé.

En Égypte il y avait peine de mort contre celui qui avait tué un vautour, ou, par mégarde même, un des animaux vénérés dans ce pays, comme un chat ou un ichneumon. Il y avait infamie pour celui qui avait mangé du pain de froment; la mort pour avoir tué un animal de dessein prémédité; une peine sévère pour la révélation du lieu où le taureau sacré était enseveli.

A Athènes, proposé pour la torture, comme s'il eût été un esclave, Phocion, l'habile général, l'illustre orateur, le grand citoyen, n'y échappa que par sa condamnation à mort. Accusé d'impiété, Socrate, quoique défendu par Platon, son disciple, est condamné à s'empoisonner en avalant la ciguë, qu'il a rendue célèbre. La peine capitale était pro-

(1) Les derniers supplices étaient au nombre de quatre :
La lapidation;
La strangulation;
La décollation;
Le feu.

noncée contre les accusés de sacrilége. Était réputé coupable de sacrilége qui avait arraché un arbrisseau d'un bois sacré, qui avait tué un oiseau consacré à Esculape, etc. Phidias fut accusé de sacrilége pour avoir sculpté son portrait sur le bouclier de Minerve, et il n'eût pas échappé au supplice s'il ne fût mort dans sa prison.

A Rome, la vestale qui laissait éteindre le feu sacré était punie de la peine de la flagellation ; celle qui avait manqué à la chasteté était condamnée à être enterrée vivante. Ce fut ainsi que périt, en l'an 418, la vestale Minucia (1).

Le seul décret qu'on va lire a coûté la vie à dix-sept mille chrétiens :

« Dioclétien, trois fois grand, toujours juste, empereur éternel, à tous les préfets et proconsuls du romain empire, salut ! Un bruit qui ne nous a pas médiocrement déplu, étant parvenu à nos oreilles divines, c'est-à-dire que l'hérésie de ceux qui s'appellent chrétiens, adorant comme Dieu ce Jésus enfanté par je ne sais quelle femme juive, insultant par des injures et des malédictions le grand Apollon, et Mercure, et Hercule, et Jupiter lui-même, tandis qu'ils vénèrent ce même Christ que les Juifs ont cloué sur une croix comme sorcier.

« A cet effet nous ordonnons que tous les chrétiens, hommes ou femmes, dans toutes les villes et contrées, subissent les supplices les plus *atroces* s'ils refusent, à nos yeux, d'abjurer leur erreur. Si cependant quelques-uns

(1) TITE-LIVE.

parmi eux se trouvent obéissants, nous voulons bien leur accorder leur pardon; au cas contraire, nous exigeons qu'ils soient frappés par le glaive, et punis par la mort la plus cruelle. *Morte pessima punire.* DIOCLÉTIEN.

Les supplices auxquels les chrétiens furent condamnés aux temps de Claude, de Néron et de leurs successeurs, sont racontés en ces termes par Tacite, le premier des historiens qui fasse une mention expresse des chrétiens :

Néron fit mettre en accusation et accabler des peines les plus raffinées des hommes odieux par leurs crimes et vulgairement appelés chrétiens. Ce nom leur vient de *Christus,* qui, sous le règne de Tibère, fut condamné au dernier supplice par son procurateur Ponce Pilate. Cette détestable superstition, réprimée pour le moment, s'était répandue de nouveau non-seulement dans la Judée, d'où elle était sortie, mais dans Rome même, où tout ce qu'il y a d'atroce et de honteux semble converger de toutes parts et y trouve des sectateurs. Ceux donc qui avouaient après avoir été saisis ou qui étaient convaincus par jugement, étaient mis à mort, moins pour le crime d'incendie que pour satisfaire à la haine du genre humain. On se faisait d'affreux divertissements de leurs supplices; ainsi, on les couvrait de peaux de bêtes, on les attachait à des croix ou bien on les faisait brûler, et quand le jour s'éteignait, Néron s'en servait comme de flambeaux pour dissiper les ténèbres de la nuit.

Le premier édit publié d'une manière directe et formelle contre les chrétiens de l'empire romain remonte à Dioclétien, qui, l'an 97 de l'ère chrétienne, fit un décret portant que quiconque ne reconnaîtrait pas les dieux de la cité romaine serait par là même coupable du crime de lèse-majesté. En vertu de cet édit, les chrétiens furent soumis aux supplices réservés alors aux criminels de haute trahison. On enduisait une robe de poix, de bitume et de cire, et les condamnés y étaient brûlés vifs. Cette peine s'appelait, *vivicomburium;* mais la plus usitée était la condamnation aux bêtes, *damnatio ad bestias*, parce qu'elle était un moyen de satisfaire à la fois la passion du peuple pour les jeux du cirque et sa fureur contre le culte nouveau.

Un autre édit du même Dioclétien portait :

« Que toutes les églises seraient rasées et les Écritures sacrées des chrétiens brûlées ; que tous ceux de cette religion seraient privés de tout honneur et de toute dignité; qu'ils seraient soumis aux tourments, de quelque ordre et de quelque rang qu'ils fussent ; que l'on aurait action contre eux et qu'ils n'en auraient contre personne, pas même pour redemander ce qui leur aurait été enlevé, pour se plaindre d'une injure ou d'un adultère ; que les affranchis qui se feraient chrétiens perdraient leur liberté...

Afin de bien attester que l'édit ne faisait nullement acception des personnes, il reçut son exécution sur les marches mêmes du trône. Prisca, femme de Dioclétien, et Domitilla, sa fille, furent forcées les premières à sacrifier aux dieux pour éviter la mort. Dorothée, chef des officiers du palais, fut étranglé après de longs tourments; Pierre ayant refusé de sacrifier, fut élevé en l'air et fouetté par tout le corps. Comme on l'avait déchiré jusqu'à lui découvrir les os sans ébranler sa constance, on mit du sel et du vinaigre sur ses plaies. On apporta un gril et du feu et on le mit rôtir comme les viandes que l'on doit manger, lui déclarant qu'il ne sortirait point de cet état s'il ne voulait obéir. Il demeura ferme et expira dans les tourments. Pas une province, pas une ville, pas un village de l'empire n'échappèrent à l'exécution de cet édit. Aucune église ne resta debout. Il y avait des autels dans tous les lieux publics, dans tous les tribunaux et jusque dans le cabinet des juges : tout plaideur était obligé de sacrifier aux dieux pour obtenir qu'il lui fût rendu justice. Pendant près de sept ans la persécution sévit avec la même rigueur sur tous les points de l'empire : les ongles de fer, les entraves, les bêtes de l'amphithéâtre, les bûchers, le pal, les haches, la croix, la potence, multipliaient sous toutes les formes les tortures et la mort.

Pline le Jeune, proconsul de Bithynie, écrit à l'empereur Trajan pour lui demander « si c'est le nom seul de chrétien, fût-il pur de crime, ou si ce sont les crimes attachés au nom qu'il faut punir. » Et il ajoute :

Voici la règle que j'ai suivie à l'égard de ceux que l'on a déférés à mon tribunal. Je leur ai demandé s'ils étaient chrétiens. Ceux qui l'ont avoué, je leur ai fait la même demande une seconde et une troisième fois, et je les ai menacés du supplice. Quand ils ont persisté, je les y ai envoyés; car, de quelque nature que fût l'aveu qu'ils faisaient, j'ai pensé qu'on devait punir au moins leur inflexible obstination. J'en ai réservé d'autres, entêtés de la même folie, pour les envoyer à Rome, car ils sont citoyens romains... D'autres, déférés à mon tribunal par un dénonciateur, ont reconnu d'abord qu'ils étaient chrétiens et se sont rétractés aussitôt. Ils ont adoré votre image et les statues des dieux. Au reste, ils assuraient que leur faute ou leur erreur n'avait jamais consisté qu'en ceci : ils s'assemblaient à jour marqué avant le lever du soleil; ils chantaient tour à tour des vers à la louange du Christ, comme d'un dieu. Ils s'engageaient par un serment non à quelque crime, mais à ne point commettre de vol, de brigandage, d'adultère, à ne point manquer à leurs promesses, à ne point nier un dépôt; après cela ils avaient coutume de se séparer, et se rassemblaient de nouveau pour manger des mets communs et innocents. »

L'empereur Trajan répond au proconsul de Bithynie :

Vous avez fait ce que vous deviez faire, mon cher Pline, dans l'examen des poursuites dirigées contre les chrétiens. Il n'est pas possible d'établir une forme certaine et générale dans ces sortes d'affaires. Il ne faut pas faire de recherches contre eux; s'ils sont accusés et convaincus, il faut les punir. Si cependant l'accusé nie qu'il soit chrétien et qu'il le prouve par sa conduite, je veux dire en invoquant les dieux, il faut pardonner à son repentir, de quelque soupçon qu'il ait été auparavant chargé.

De la part de Trajan, cette réponse ne doit pas surprendre, car, ayant interrogé saint Ignace, évêque d'Antioche, surnommé Théophore, il prononça contre lui cette sentence :

Nous ordonnons qu'Ignace, qui dit qu'il porte en lui le Crucifié, soit enchaîné et conduit à Rome par les soldats, pour être dévoré par les bêtes dans les jeux populaires du cirque.

A Lyon, sous le règne de Marc-Aurèle, quand Pothin et Blandine sont amenés avec d'autres confesseurs de la foi devant le gouverneur de la province et qu'ils sont soumis à d'affreux tourments, un jeune homme, Vettius Epagathus, sollicite de ce magistrat la permission de plaider la cause des accusés et de montrer qu'il n'y a dans les mœurs des chrétiens ni impiété ni irréligion. Le gouverneur se contente de demander à Epagathus s'il est aussi de cette religion. Sur son aveu, il est condamné aux mêmes tortures que les autres martyrs, sous le nom d'*avocat des chrétiens*. Sous l'empereur Gallus, Hippolyte, vieillard vénérable, est dénoncé au préfet de Rome, qui motive ainsi sa sentence : « Qu'il soit traité comme Hippolyte, qu'il soit traîné par des coursiers indomptés et fougueux. » Cette sentence est accueillie par des rires féroces : on prend deux chevaux farouches, on passe entre eux une longue corde au lieu de timon et on y attache les pieds du martyr. Excités par les cris et les coups de la multitude, les chevaux emportent le malheureux à travers les bois, les ronces, les rochers, ses membres sont brisés et dispersés.

L'auteur de l'*Histoire du droit criminel des peuples anciens et des peuples modernes*, M. Albert Duboys, à qui j'emprunterai beaucoup de faits, a écrit ces trois lignes d'une vérité saisissante :

> Le meurtre juridique de l'Homme-Dieu renferme de *profonds enseignements* pour les législateurs et les magistrats des nations civilisées.

Ces enseignements n'ont porté aucun fruit, car ils n'ont arrêté aucune intolérance ; celle des chrétiens a égalé celle des païens, et dépassé celle des juifs.

En France, c'est sous le roi Robert qu'on a commencé à brûler les hérétiques. François Ier jure de sacrifier jusqu'à ses propres enfants s'ils s'éloignent de la voie catholique, et le jour même où il prononce ce serment, il fait brûler à petit feu six protestants. On invente, sous son règne, pour rendre leur supplice encore plus douloureux, une machine nommée *estrapade*, au moyen de laquelle on les plonge à plusieurs reprises dans un large bûcher enflammé ; un d'entre eux a la langue percée et attachée à sa joue par une cheville de fer.

Une ordonnance de Philippe Auguste, portant la date de 1181, condamne les nobles de son domaine qui prononcent *têtebleue*, *ventrebleu*, *corbleu*, *sangbleu*, à payer une amende, et les roturiers à être noyés.

Une ordonnance de Charles VI, en date du

4 avril 1392, prononce la confiscation de tous les biens des Juifs... *qui se convertissent!*

Au temps de François Ier, les premiers partisans de la réforme sont condamnés à être brûlés ou pendus. Défense est faite, sous peine de mort, par édit du 9 janvier 1534, d'accorder un asile aux luthériens poursuivis. Une prime est donnée aux dénonciateurs.

Un édit du 15 juillet 1557 prononce la peine de mort contre la profession même secrète de protestantisme. Un autre édit du 14 novembre 1559 ordonne de raser les maisons où se seraient tenus des conventicules; l'année suivante, en novembre 1560, un nouvel édit proscrit, sous peine du feu, la signature d'une formule qu'il détermine.

Cinquante-neuf Templiers, accusés d'avoir renié Jésus-Christ en entrant dans l'Ordre, sont brûlés vifs. Le grand bailli Jacques de Molay et Guy, Dauphin, fils de Robert II, Dauphin d'Auvergne, deux des principaux seigneurs de l'Europe, l'un par sa dignité, l'autre par sa naissance, sont livrés aux flammes, le lundi 18 mars 1314, à l'endroit où est à présent la statue équestre de Henri IV. Le véritable crime des Templiers était leurs richesses, et il fallait un prétexte pour s'en emparer.

Louis IX, partant pour les croisades, publie une ordonnance prononçant contre les blasphémateurs des peines terribles. Le soldat qui jure le nom de Dieu ou de la Vierge a le nez coupé ou la lèvre inférieure arrachée, ou la langue percée d'un fer rouge.

Sous Louis XV, au camp de Compiègne, en 1765, un ministre français, M. de Choiseul, renouvelle l'ordonnance de Louis IX.

On lit affiché dans le camp .

« Défend Sa Majesté à tout cavalier, dragon, grenadier, soldat, vivandier et autres étant à la suite du camp, de blasphémer le saint nom de Dieu, de la sainte Vierge ni des saints, sous peine, à ceux qui tomberont dans ce crime, *d'avoir la langue percée d'un fer chaud.* »

Louis XII, par son ordonnance du 9 mars 1510, prescrit qu'à la sixième fois le blasphémateur du nom de Dieu aura la lèvre supérieure coupée d'un fer chaud et qu'il sera mis au pilori; qu'à la septième fois, il aura la lèvre inférieure coupée, et qu'à la huitième il aura la langue coupée.

Chambre ardente est le nom que porte sous François Ier la chambre du Parlement qui condamne les hérétiques, les réformés. Dans une seule journée, celle du 2 octobre 1546, la Chambre ardente condamne cinquante habitants de Meaux, de tout sexe et de tout âge, à divers supplices : quatorze sont brûlés vifs. Sous Henri II, la persécution prend un caractère encore plus rigoureux : l'année 1548 est restée mémorable par le nombre considérable de victimes que la Chambre condamne au supplice du feu. L'année 1559 est signalée par les plus cruelles condamnations : des protestants de tout âge et de tout sexe périssent dans les flammes. Le Parlement va même jusqu'à frapper un de ses membres, le conseiller Anne Dubourg, qui doit au respect pour sa robe d'être étranglé avant d'être jeté dans les flammes. Tous les parlements de France, à l'exemple de celui de Paris, instituent des chambres ardentes d'après une injonction royale.

Un arrêt du mois de juillet 1562 permet de tuer les huguenots partout où on les trouve; cet arrêt est lu tous les dimanches au prône de chaque paroisse.

Ceux qui ont manqué de respect à la statue d'un saint sont brûlés; ceux qui ne vénèrent pas les reliques sont fouettés; la profanation des hosties et vases sacrés est punie de la peine du feu avec l'amende honorable et le poing coupé.

De 1682 à 1699, sous le règne de Louis XIV, une série d'édits, marqués au coin de l'intolérance la plus féroce, sont promulgués. Les assemblées et l'exercice du culte protestant sont interdits. Les réformés sont exclus des charges et des grades. Ils sont punis de la marque, du fouet, de la confiscation, du bannissement, des galères et de la mort. L'émigration, la tentative d'émigration, la sortie du royaume sans autorisation, très-périlleuse à demander, très-difficile à obtenir, sont réputées crimes. Les ventes de biens faites par les émigrés dans les trois années antérieures à leur émigration sont annulées.

Une déclaration du 1er juillet 1686 porte, art. 3 :

Voulons que celui qui, par ses avis, donnera lieu à la capture d'un ministre dans notre royaume, soit récompensé de la somme de 5,500 livres; voulons pareillement que tous ceux de nos sujets qui seront surpris faisant dans notre royaume des assemblées de quelque exercice ou religion autre que la catholique, apostolique et romaine, soient punis de mort.

Lors de la révocation de l'édit de Nantes, en 1685, il est ordonné à tous les ministres protestants qui refuseraient de se convertir, de sortir du royaume dans le délai de quinze jours. Il y a peine de mort contre les ministres qui rentreraient en France et cinq mille cinq cents livres de récompense pour qui les dénoncerait. Il en revint plusieurs qui subirent, les uns le supplice de la corde, les autres de la roue.

En 1748, un particulier d'Orléans, pour avoir blasphémé contre le saint nom de Dieu, l'Eucharistie et la Vierge, est condamné, par arrêt du Parlement de Paris, à faire amende honorable, à avoir la langue coupée et être ensuite pendu. Le 4 juin 1766, le chevalier de la Barre, jeune militaire âgé de dix-sept ans, d'une famille de robe alliée à la haute magistrature et qui vivait chez une de ses parentes, abbesse de Villancourt, aux portes d'Abbeville, ayant été accusé d'avoir insulté pendant la nuit un crucifix en bois placé sur le pont d'Abbeville, est condamné par la pluralité de deux voix à avoir la tête tranchée après avoir eu la langue coupée et subi les tourments de la question.

En Pologne, on arrachait les dents à quiconque était accusé et convaincu d'avoir mangé de la viande en carême.

Statut de sang est le nom qui est donné en Angleterre au règlement de Henri VIII, de 1539, par lequel sont condamnés à la peine du feu ou du gibet : 1° ceux qui nieraient la transsubstantiation; 2° ceux qui soutiendraient la nécessité de la communion sous les deux espèces; 3° ceux qui prétendraient qu'il est permis aux prêtres de se marier; 4° ceux qui déclareraient qu'on peut rompre le vœu de chasteté; 5° ceux qui diraient que les messes privées sont inutiles; 6° ceux qui croiraient que la confession auriculaire n'est pas nécessaire pour le salut. Cette loi des six articles donne lieu à un si grand nombre d'accusations que le roi est obligé de changer la peine de mort et de la réduire à celle de la confiscation des biens contre ceux-là seulement qui seraient coupables de la violation du quatrième article.

Les apostats étaient brûlés vifs. Les Anglais qui jugèrent Jeanne d'Arc la firent condamner le 30 mai 1431 à être brûlée vive, avec ces mots écrits sur la mitre : « *Hérétique relapse, apostate, idolâtre.* »

En Angleterre, le règne de Marie est remarquable par les nombreuses victimes qu'elle envoie au supplice sous la condamnation d'hérésie. Hooper, évêque de Glocester, est brûlé par parties; avant qu'il eût expiré, un de ses bras était tombé. Wryothesly, chancelier d'Angleterre, fait mettre à la torture une jeune et belle femme qui ne pensait pas comme lui sur la présence réelle de Jésus-Christ dans le sacrement de l'Eucharistie; de sa propre main il lui déchire le corps et ensuite il la jette dans les flammes.

En 1556, Thomas Cranmer, archevêque de Cantorbéry, est brûlé vif à Londres à l'âge de soixante-huit ans. Violemment persécuté par la reine Marie, ce primat du royaume, quelque temps avant sa mort, avait abjuré sa religion; mais sur le bûcher il rétracte son abjuration et déclare qu'il meurt protestant.

Par le statut XXVII d'Élisabeth, tout prêtre papiste né sujet d'Angleterre qui y reviendrait ou y resterait trois jours sans prêter le serment de conformité, est déclaré coupable de haute trahison, et toute personne qui lui donne retraite encourt la peine de félonie.

En Espagne, le cardinal Torquemada fait brûler cinq ou six mille accusés d'hérésie et en fait poursuivre plus de quatre-vingt mille. Quand les Espagnols passent en Amérique, ils y portent avec eux l'Inquisition. Lorsque Ferdinand VII rentre en Espagne, en mars 1814, l'un des premiers actes de son gouvernement est le rétablissement de l'Inquisition. Un relevé porte à 340,000 le nombre de ses victimes de 1481 à 1820, non compris ceux condamnés à l'emprisonnement, aux galères, à l'exil.

Le droit commun, en France et dans presque toute l'Europe, ne fait plus maintenant d'exception pour les Israélites, mais de quelles rigueurs pénales n'ont-ils pas été l'objet pendant des siècles! Lorsqu'ils s'étaient rendus coupables du crime d'avoir épousé une chrétienne ou de s'être fait servir par des domestiques non juifs, la peine la plus légère qu'ils encourussent était celle d'être chassés et d'avoir leurs biens confisqués. Le plus souvent ils étaient condamnés à la peine du feu. Longtemps en France, à partir de 1215, ils furent obligés d'abord de porter un habit particulier, et plus tard une marque spéciale, soit une corne au bonnet, soit une patte jaune sur l'épaule. Dans un grand nombre de villes en Europe, ils restèrent longtemps parqués dans des quartiers d'où il leur était interdit de sortir à certaines heures, sans s'exposer à de sévères châtiments.

Un décret du 31 mars 1492 prononce la peine de mort et la confiscation des biens contre tous les Juifs de tout sexe et de tout âge qui, dans le délai de quatre mois, n'auront pas quitté l'Espagne. Ce décret fait perdre à l'Espagne plus de huit cent mille habitants. En Angleterre, le roi Jean ayant fait emprisonner les Juifs pour avoir leurs biens, il y en eut peu qui n'eussent au moins un œil crevé. Au dix-septième siècle, en France, en Allemagne, en Italie, on assignait aux Juifs un quartier séparé, on les obligeait de porter un chapeau jaune, on leur faisait payer à leur entrée dans les villes le droit du *pied fourchu:* c'est-à-dire qu'un Juif payait aux douanes la même somme que l'on payait pour le passage d'un cochon, d'un bouc, ou de tout autre animal qui a le pied fendu.

En Piémont, il y a peu d'années, un Juif qui se permettait de danser ou de jouer d'un instrument dans sa propre maison pendant la semaine sainte était condamné à la peine du fouet en public (1).

Il fut un temps où le mahométan qui avait bu du vin, contrairement à la défense du Coran, était condamné à la peine du plomb fondu versé dans la bouche.

Mais peut-on s'étonner d'aucune intolérance, quand on se souvient que la doctrine de Jansénius sur la grâce a été un crime punissable de la confiscation, de l'emprisonnement, de l'exil !

Dans son *Traité du droit pénal*, publié en 1829, Rossi rapporte qu'à cette époque encore, en Au-

(1) Rossi, *Traité du droit pénal.*

triche, celui qui essayait de répandre une *fausse doctrine*, contraire à la religion chrétienne, ou de former une secte, était passible d'une peine pouvant s'étendre, selon les circonstances, de six mois à dix ans de prison. A la même époque, en Piémont, un Juif qui se permettait de danser ou de jouer d'un instrument dans sa propre maison pendant la semaine sainte, était condamné à la peine du fouet en public. Dans le duché de Modène, le blasphémateur était puni par le fouet et même par les galères.

L'abus de la pénalité n'aurait pas pour témoignage irrécusable l'énumération sommaire et très-incomplète que l'on vient de lire, qu'il serait souverainement condamné par tous les supplices infligés aux innombrables martyrs de leur foi ou de leur opinion.

L'histoire de la magie et de la sorcellerie, c'est-à-dire l'histoire de la crédulité entretenue par l'ignorance, ne remplirait pas un moins grand nombre de volumes que l'histoire de l'intolérance religieuse.

Il ne faudrait pas remonter très-haut (1) dans

(1) « Il n'y a pas encore deux siècles que dans cette magnifique salle d'audience où je voyais Collé sur le banc des criminels, des magistrats, l'élite de la nation, jugeaient des *sorciers*, et les condamnaient au *feu*, en même temps que *ceux qui osaient ne pas y croire, et que les juges déclaraient hérétiques.* » VINGTRINIER.

» Les tribunaux, composés de magistrats qui devaient être plus éclairés que le vulgaire, étaient occupés à juger des sorciers. »

VOLTAIRE, *Siècle de Louis XIV*, p. 209.

l'histoire pour arriver à l'époque où les accusés de sortilége expiaient par les peines les plus cruelles la puissance malfaisante que leur attribuaient l'ignorance des peuples et la crédulité des temps, où Montesquieu lui-même publiant en 1748 *l'Esprit des lois*, rangeait parmi les crimes la magie à côté de l'hérésie, et se bornait à recommander d'être très-circonspect dans la poursuite (1).

Plusieurs passages des livres de Moïse spécifient et condamnent divers genres de sorcellerie dans des termes qui en affirment la réalité. On lit dans l'Exode : *Maleficos non patieris vivere*, ne laissez pas vivre les coupables de maléfice. Même arrêt de mort contre ceux qui consultaient les magiciens et les devins. Le livre du Deutéronome veut que le coupable de sortilége, l'enchanteur, le devin et ceux qui le consultent, soient exterminés du milieu du peuple. Moïse fait dire à Dieu : Si quelqu'un se détourne de moi pour aller chercher les magiciens et les devins et s'abandonne à eux par une espèce de fornication, il attirera sur lui l'œil de ma colère, et je l'exterminerai au milieu de mon peuple. Si un homme ou une femme a un esprit de Python ou un esprit de divination, qu'ils soient punis de mort; ils seront lapidés et leur sang retombera sur leur tête.

La législation grecque portait :

Que ceux qui par paroles, ligatures, images de cire,

(1) *Maxime importante :* « Il faut être très-circonspect dans la poursuite de la magie et de l'hérésie. » MONTESQUIEU.

charmes, maléfices, etc., enchantent ou charment quelqu'un, ou qui s'en servent pour faire mourir les hommes ou le bétail, soient punis du dernier supplice (1).

Il y avait à Athènes, au dire de Pausanias, une chambre de justice spéciale pour poursuivre et punir ces prétendus crimes.

Platon, rappelant la loi précitée, avertit les couples qui se marient de se défier des *charmes*, qui risqueraient de troubler leur union. Démosthène rapporte qu'en exécution de cette même loi, et sur la délation d'une servante, Lemnia, sorcière d'Athènes, fut condamnée à mort et exécutée.

La législation de l'ancienne Rome prononçait des peines sévères contre ceux qui étaient suspects d'avoir jeté des sorts sur les moissons ou qui se servaient de paroles ou opérations magiques pour nuire à quelqu'un. On alla plus loin, et le soupçon de magie, lors même qu'il n'y avait aucune plainte de préjudice causé, devint matière à accusation.

La loi Cornelia punissait les auteurs de maléfices, leurs élèves et leurs complices. Plusieurs sénatus-consultes étendirent ces dispositions aux devins, aux magiciens, aux aruspices, aux astrologues, et généralement à tous ceux qui professaient l'art des Chaldéens. Ils étaient brûlés avec leurs livres, les complices étaient crucifiés ou exposés aux bêtes.

(1) Delamarre, *Traité de la police.*

Une loi de Constantin, de l'an 319, les punit du bannissement, de la confiscation des biens, du supplice du feu. Par une loi que Constantin fit publier en 357, ils étaient punis de la perte de la tête, et par sa loi de l'an 358, le même prince ordonna que « s'il se trouvait dans sa cour ou à celle de César aucun magicien, il soit arrêté; et si, étant convaincu, il osait dénier ce crime, il soit exposé à la question et que les côtes lui soient déchirées avec des ongles de fer, sans que son rang l'en puisse exempter. »

L'accusé d'avoir *enchanté* les moissons d'autrui était puni du dernier supplice (1). C. Furius Cresinus, dont les champs regorgeaient de moissons, fut accusé de ce crime d'enchantement sur les clameurs de ses voisins. L'édile curule l'assigna devant l'assemblée du peuple pour le faire juger suivant les lois antiques. Cresinus craignant d'être la victime des préventions de la multitude, fit venir sur le Forum ses gens robustes et bien vêtus; il y amena ses bœufs vigoureux et de haute taille, il y apporta ses instruments de labourage admirablement tenus, puis il dit pour toute défense : « Mes sortiléges, Romains, les voilà. » Pour qu'il fût acquitté, il fallut toute cette mise en scène. La vertu de l'enchantement n'était pas seulement attribuée à des sortiléges compliqués, mais encore à des vers magiques.

(1) PLINE, *Histoire naturelle*.

Ovide témoigne que des vers ont souvent été employés pour flétrir les fruits de la terre. Quant aux vers dirigés contre les hommes pour causer leur mort, ils étaient punis du poison comme par une espèce de talion.

Les ordonnances contre les sorciers rendues par les empereurs (1) furent innombrables jusqu'au jour où elles donnèrent naissance à la réaction à la suite de laquelle Constantin, tombant dans l'excès contraire, ordonna de brûler les aruspices et de déporter ceux qui les avaient consultés ou qui seraient convaincus de croire à l'astrologie.

La désobéissance aux augures était punie de la peine capitale (2).

Depuis Clovis, qui le premier poursuivit les sor-

(1) Un chevalier romain fut accusé devant Claudius de porter dans sa poche un œuf de coq ou de serpent pour se rendre les juges favorables dans un procès qu'il avait; l'empereur, jugeant que cette superstition ne pouvait être fondée que sur l'art magique, fit condamner à mort le chevalier et confisqua son bien.

(2) Strangulation, hache, précipitation, noyade.

Dans la prison publique à Rome se trouvait à dix pieds sous le niveau du sol un cachot humide et ténébreux, qui s'appelait *tullianum;* c'est là qu'avait lieu le supplice de la strangulation.

Le condamné à périr sous la hache était dépouillé de ses vêtements, garrotté et frappé de la hache du licteur jusqu'à ce qu'il expirât.

La précipitation consistait à être jeté du haut de la roche Tarpéienne. Le bas de cette roche était garni de pointes aiguës, de sorte que jamais il n'y eut besoin de recommencer.

La noyade était le plus cruel de ces supplices : le coupable, après avoir été flagellé, était cousu dans un sac de cuir de bœuf, avec un chien, un coq, une vipère et un singe.

ciers, jusqu'à Louis XIV, qui, en 1682, renouvela les ordonnances de ses prédécesseurs, les prétendus sorciers furent punis de différentes peines, que remplaça, au quatrième siècle, celle du feu.

En France, au sixième siècle, un enfant de Chilpéric et de Frédégonde étant mort de la dyssenterie, on vint dire à la reine qu'il avait succombé à des maléfices et à des enchantements, et que le préfet Mummole, qu'elle haïssait depuis longtemps, était complice de ce crime. Des femmes que Frédégonde fit prendre à Paris, et qui s'avouèrent sorcières, dirent dans les tortures : « Nous avons, ô reine, sacrifié la vie de ton fils pour celle du préfet Mummole. » La reine fit assommer les unes, brûler les autres, attacher les dernières à des roues qui leur brisaient les os. Quant à Mummole, il fut amené près du roi et de sa suite, chargé de chaînes et livré à divers tourments. On le suspendit à un poteau, les mains liées derrière le dos, et là on le questionna sur les maléfices dont il pouvait avoir connaissance; mais il n'avoua rien. Lorsqu'il fut détaché du poteau, il appela l'exécuteur et lui dit : « Allez annoncer au roi, mon seigneur, que je ne me sens aucun mal des tourments qu'on m'a infligés. » Le roi ayant entendu ces paroles, dit : « Ne faut-il pas, en effet, qu'il soit sorcier pour n'avoir reçu aucun mal de ce qu'on lui a fait souffrir! » Alors on l'étendit sur des roues, et on le frappa de tant de coups de courroies triplées, que les exécuteurs en étaient fatigués; ensuite on lui entra des bâtons pointus dans les ongles des pieds et des mains, et, comme il était à ce point que l'épée était déjà levée pour lui couper la tête, il obtint de la reine qu'elle lui laissât la vie.

En 1553, en plein seizième siècle, Guillaume de Lure, docteur en théologie, ayant nié la puissance de la sorcellerie, fut brûlé vif; son incrédulité fut considérée par les juges comme une preuve suffisante de ses relations avec l'enfer, et le bruit se répandit dans la multitude qu'on avait trouvé sur lui une obligation en bonne forme par laquelle il s'engageait avec le démon à traiter de fables tout ce qu'on raconterait des marchés conclus entre le démon et les hommes.

En 1564, Damhoudère, dans son livre intitulé *Practique judiciaire ès causes criminelles*, raconte qu'étant conseiller de la cité de Bruges, il fit géhenner à trois reprises différentes, et très-grièvement, une vieille femme qui guérissait miraculeusement les entorses au moyen de pratiques pieuses ou prétendues telles. Elle endura les tourments redoublés sans plainte, souriant, frappant les doigts l'un contre l'autre et se moquant des juges. On imagina de la raser et de visiter les endroits les plus secrets de sa personne, et l'on finit par découvrir un petit morceau de parchemin, « auquel estoient escrits noms estranges en caractères diaboliques entremeslez de croix. » Remise incontinent à la torture, elle s'écria qu'en lui enlevant le parchemin, on lui avait ravi son impassibilité. Plusieurs, parmi les juges, la voulurent brûler vive, mais la majorité inclina pour la clémence. On se contenta de l'attacher à un poteau et de lui couvrir la tête d'une perruque à laquelle le bourreau mit le feu; après quoi elle fut bannie. La pauvre sorcière se retira à Middelbourg; mais Florent van Damme, bailli de cette ville, auquel Damhoudère avait transmis bonne note du procès, la surveilla de près, et, connaissant qu'elle était retournée à ses maléfices, la fit appréhender et brûler vive.

En 1571, un prétendu sorcier, nommé Trois-Échelles, fut exécuté en place de Grève pour avoir eu commerce avec les mauvais démons. Mézeray rapporte qu'il accusa douze cents personnes du même crime.

En 1580, Bodin, dans son livre intitulé : *la Démonomanie*, distingue dans la sorcellerie quinze degrés différents, très-souvent joints et combinés ensemble, et qui, pris individuellement, constituent autant de crimes. Les crimes ordinaires des sorciers, selon Bodin, consistent à renier Dieu, à le blasphémer, à adorer le diable, à lui vouer leurs enfants, à les lui sacrifier, à les brûler en holocauste au démon, à faire mourir le bétail, à frapper un pays de stérilité, à donner la mort par poison ou sortiléges. Quant aux sorcières, elles « font mestier de tuer les personnes, qui plus est d'homicider les petits enfants, puis après les faire bouillir et consommer jusqu'à rendre l'humeur et chair d'iceux potables. » De plus, elles ont souvent « copulation charnelle avec le diable et bien souvent près des maris. » — « Voilà, continue Bodin, des crimes détestables, le moindre desquels mérite la mort *exquise*... Il a été bien vérifié que les sorciers qui ont paction expresse ordinaire avec le diable sont ordinairement coupables de toutes ou de la plupart de ces méchancetés. Or, quand il y a plusieurs crimes commis par une personne et par plusieurs actes, il faut qu'ils soient tous punis, et faut, comme dit Bartole, imposer plusieurs peines distinctes, soit par les lois et ordonnances, soit par l'arbitrage du juge (1). »

En 1596, l'auteur de la *Démonolâtrie,* dédiée au cardinal de Lorraine, Remy, juge à Nancy, avoue qu'il a fait *brûler, en seize années,* HUIT CENTS SORCIERS. Il ajoute : « Ma justice est si bonne, que l'an dernier il y en a eu seize qui se sont tués pour ne point passer par mes mains. »

En 1634, Urbain Grandier, curé de Saint-Pierre de Loudun, fut condamné à être brûlé vif, aux termes d'un jugement souverain du 18 août 1634, rendu par une commission que présidait le conseiller d'État Laubardemont. De haute taille, de belle figure, de mœurs faciles et galantes, Grandier avait

(1) *La Démonomanie,* édition de 1582.

troublé l'imagination et les sens de plusieurs religieuses ursulines de Loudun. Ces filles, surexcitées par les austérités du cloître, se crurent ensorcelées par le curé de Saint-Pierre et possédées de démons soumis à ses ordres. L'officialité de Poitiers, préliminairement au jugement, déclara les caractères de la possession diabolique dûment constatés, et la Sorbonne, consultée, se rangea à cet avis. Ainsi, au milieu du dix-septième siècle, il n'était personne, même parmi les esprits les plus éclairés, qui ne crût aux possédés et aux sorciers. Richelieu lui-même n'était pas moins crédule que son époque; Pascal et tout le jansénisme y crurent encore. Ceux-là même qu'on brûlait n'étaient pas les moins convaincus.

En 1672, Bouvet, prévôt général des armées françaises en Italie, auteur de l'écrit intitulé : *les Manières admirables pour découvrir toutes sortes de crimes et sortiléges*, traçait le tableau suivant des ruses du diable et des signes qui dénotent le sortilége :

Premièrement, si le criminel s'est servi de sortilége, on le verra fort étonné, extrêmement pensif, ou bien il dormira ou fera semblant de dormir, ou bien on lui verra sortir une escume de la bouche. Mais quand son corps jette une fumée de sueur ou qu'il s'enfle, ou d'autres signes, comme quand il ne peut parler, cela fait assez voir le sortilége ou le maléfice. Il faudra alors que le juge ne soit pas timide ni crédule, mais qu'il fasse changer le genre de la torture et introduire le criminel dans une autre prison. Alors il sera visité par tous les endroits de son corps pour voir si on pourra trouver de petits bulletins de papier ou de membrane appelée peau vierge, où sera enveloppée quelquefois très-peu de cire et inscrits quelques mots. Si on ne luy trouve rien, non plus que dans son habit, il faudra faire brusler les cheveux, poils et barbe, pour ce que quelquefois ils les en frottent, si peu que cela est imperceptible, et néanmoins a le pouvoir de les garantir du tourment par la force du sortilége...

Il y a beaucoup d'esprits qui se sont imaginé que le sortilége n'avoit point de vigueur pour fortifier le corps dans les tourments; que c'étoit plutôt une ferme, aspre et constante résolution prise pour soutenir les tourments, joint ensemble avec une fine imagination. Mais l'effet fait bien voir le contraire en tant d'occasions qui se sont présentées et qui se présentent très-souvent dans l'Italie, qu'un volume ne suffiroit pas pour les rapporter.

En 1757, sous le règne de Louis XV, le parlement de Rouen, par arrêt du 23 août 1757, condamne, en ces termes, les sieurs Jaury et Vittecoq à servir comme forçats sur les galères du roi, à perpétuité, après avoir été marqués sur l'épaule des lettres G A L, aux termes de cette déclaration du roi de 1750 :

La cour, émendant, a déclaré et déclare lesdits sieurs dûment atteints et convaincus d'avoir copié et compilé un manuscrit intitulé *l'Histoire et secrets du pape Honorius;* d'avoir, par une suite et pratique des choses contenues audit manuscrit, composé, écrit et signé un *traité avec le diable,* sur deux copies en parchemin ; d'avoir été trouvés saisis d'un formulaire impie et abominable pour faire paraître le diable, et d'avoir été trouvés saisis de cendres de verveine, d'encens, d'amadou, poivre, sel et battefeu, dont la pratique est enseignée audit manuscrit.

En 1770, Jousse, dans son *Traité de la justice criminelle,* définissait ainsi la magie et la divination :

Le sortilége ou la magie est de deux sortes :

1° Lorsqu'on invoque le démon ou qu'on fait un pacte avec lui pour découvrir une chose que l'on veut savoir, ou pour faire réussir une chose que l'on a en vue, ce qui peut se faire de trois manières : lorsqu'on veut causer du dommage à quelqu'un, ou quand on désire savoir une chose cachée, ou lorsqu'on veut procurer à soi ou à quelqu'un un bien qu'on désire ;

2° Lorsque, sans avoir recours au démon, on emploie quelque pratique superstitieuse aux mêmes fins...

Les devins, ce sont tous ceux qui, en vertu d'un pacte exprès ou tacite fait avec le démon, ou même sans aucun pacte, veulent connaître ce qui est caché ou qui veulent savoir les choses futures dont la connaissance est réservée aux seuls décrets de la providence de Dieu ; c'est ce qu'on appelle *pronostication.*

C'est le feu qui est la peine ordinaire de la magie et de la divination dans toutes les législations qui procèdent du droit romain. En France, la peine varie selon les lieux; certains parlements condamnent les sorciers à être pendus et leurs cendres jetées au vent, d'autres les brûlent vivants (1).

(1) Loiseleur, *Les crimes et les peines dans l'antiquité et dans les temps modernes.*

« Dans le dix-septième siècle, il n'y avait pas un parlement, pas un présidial qui ne fût occupé à juger des sorciers; point de grave jurisconsulte qui n'écrivît de savants mémoires sur les possessions du diable. La France retentissait des tourments que les juges infligeaient, dans les tortures, à de pauvres imbéciles à qui l'on faisait accroire qu'ils avaient été au sabbat, et qu'on faisait mourir sans pitié dans des supplices épouvantables. Catholiques et protestants étaient également infestés de cette absurde et horrible superstition, sous prétexte que dans un des évangiles des chrétiens il est dit que des disciples furent envoyés pour chasser les diables. C'était comme un devoir sacré de donner la question à des filles pour leur faire avouer qu'elles avaient couché avec Satan; que ce Satan s'en était fait aimer sous la forme d'un bouc... Toutes les particularités des rendez-vous de ce bouc avec les filles accusées étaient détaillées dans les procès criminels de ces malheureuses. On finissait par les brûler, soit qu'elles avouassent, soit qu'elles niassent, et la France n'était qu'un vaste théâtre de carnages juridiques (1) ».

En 1682, Louis XIV rendit un édit spécial dans lequel, « regrettant le relâchement introduit dans l'exécution des ordonnances de ses prédécesseurs, il en renouvelle les dispositions pénales en y ajoutant de nouvelles précautions, tant à l'égard de tous

(1) VOLTAIRE.

ceux qui usent de maléfices et de poisons, que de ceux qui, sous la vaine profession de devins, magiciens, sorciers ou autres noms semblables, condamnés par les lois divines et humaines, infectent et corrompent l'esprit des peuples par leurs discours et pratiques et par la profanation de ce que la religion a de plus saint. »

L'article 2 prononce la peine exemplaire et arbitraire contre l'emploi de toute pratique superstitieuse de fait, par écrit ou par parole, et l'article 3 veut que les personnes qui joindraient la superstition et le sacrilége à l'impiété soient punies de mort.

Les exécutions à mort pour le prétendu crime de sorcellerie furent tellement fréquentes dans le dix-septième siècle, que le seul parlement de Bordeaux condamna, dans l'espace d'une seule année, plus de six cents sorciers au supplice du feu.

Les articles 479 et 480 du Code pénal français punissent d'une amende de quinze francs et d'un emprisonnement de cinq jours les imposteurs qui font métier de deviner et pronostiquer ou d'expliquer les songes.

En Angleterre, accusée d'avoir attenté à la vie de Henri VI par des sortiléges, la duchesse de Glocester fut heureuse de n'être condamnée qu'à faire une amende honorable en chemise et à une prison perpétuelle; deux coaccusés furent brûlés vifs. Le statut de Henri VIII, chapitre VIII, et le statut Ier de Jacques Ier, chapitre XII, décernaient la peine de mort contre tous les suspects de pratiques diaboliques. Les exécutions pour ce crime imaginaire n'ont cessé que lors de la publication du statut 9 de George II. Le pilori et l'emprisonnement pour un an remplacèrent la peine de mort.

Le duc de Glocester, depuis Richard III, voulant s'aplanir le chemin du trône, fit traîner au supplice les partisans du jeune roi, son neveu, au nombre desquels était lord Hastings. Pour le perdre plus sûrement, il l'accusa d'avoir attenté à ses jours par l'*envoultement* (1), et, à l'appui de son accusation, il montra aux seigneurs de la cour son bras maigre et flétri, réduit, selon lui, à cet état par les maléfices d'Hastings et de la reine mère.

Les premières lois écrites de la Russie, qui l'ont

(1) Voici en quoi consistait l'*envoultement* : On fabriquait une image en limon ou en cire, et autant que possible on la façonnait le plus exactement possible à la ressemblance de la personne à laquelle on voulait nuire; on donnait à cette image le nom de cette personne en la faisant administrer par un prêtre, et avec les cérémonies et prières de l'Église le sacrement de baptême; on l'oignait aussi du saint chrême. On proférait ensuite sur cette image certaines invocations et formules magiques. Toutes ces cérémonies terminées, la figure de cire ou le *volt*, se trouvant, suivant l'opinion des fabricateurs, en quelque sorte identifiée avec la personne dont elle avait la ressemblance et le nom, était à leur gré torturée, mutilée, percée d'un stylet à l'endroit du cœur. On était persuadé que tous les outrages faits, tous les coups portes à cette figure étaient ressentis par la personne dont elle portait le nom.

été par l'ordre d'Ivan IV et datent du seizième siècle, portent la peine du dernier supplice contre les magiciens.

En Espagne et en Portugal ils étaient brûlés.

Une autre source de pénalités non moins intarissable a été le prétendu crime de lèse-majesté.

A Rome, la loi Julia déclarait coupables du crime de lèse-majesté ceux qui fondraient les statues de l'empereur qui avaient été réprouvées ou qui vendraient celles qui n'avaient pas encore été consacrées.

En Angleterre, une loi de Henri VIII déclarait coupable de lèse-majesté quiconque prédirait la mort du roi. Le prince étant tombé malade, les médecins n'osèrent jamais dire qu'il fût en danger.

A combien de peines et de supplices atroces n'a pas donné lieu l'esclavage, sans lequel Platon affirmait que la société ne saurait subsister!

Ilotes est le nom que les Lacédémoniens donnaient à leurs esclaves. Il était expressément défendu à leurs maîtres de leur jamais rendre la liberté ni de les vendre hors du territoire de la Laconie. Les Spartiates poussaient la cruauté jusqu'à contraindre les ilotes à recevoir chaque année un certain nombre de coups de fouet sans les avoir mérités, afin qu'ils ne désapprissent pas à obéir. Celui qui avait le malheur d'être beau était impitoyablement mis à mort. Un bonnet et un habit de peau de chien étaient le seul vêtement qu'il leur fût permis de porter.

A Sparte, lorsque les éphores entraient en charge, ils proclamaient souvent la cryptie, c'est-à-dire le massacre des ilotes. Alors de jeunes Spartiates se répandaient dans les campagnes, se cachaient le soir dans les bois et tuaient la nuit tous les ilotes qu'ils trouvaient sur leur passage. Ce n'est pas tout encore : la loi avait des punitions pour les Spartiates qui ne mutilaient pas ceux de leurs esclaves nés avec une constitution robuste. Telle était la justice des Spartiates à l'égard de leurs serfs. La peine de mort pouvait leur être infligée sur les plus légers indices de crime ou d'infidélité.

L'État exposait et faisait périr les enfants mal conformés ou d'une constitution débile. Ésope n'eût pas vécu s'il fût né de parents libres.

A Athènes, les esclaves qui étaient appelés à donner des renseignements à la justice n'étaient crus que sur la foi des tourments de la question. La loi ne recevait pas le serment de l'esclave et n'attachait aucune valeur à son témoignage. Pour restituer à ce témoignage l'autorité qui lui manquait, qu'imagina-t-on? La torture. Voici les deux cas où la loi admettait par exception des dépositions qu'elle repoussait en principe général : 1° Quand un Athénien accusé présentait lui-même ses esclaves à la question; 2° quand l'accusateur le demandait; mais dans ce cas, comme nul ne ouvait disposer des *choses* d'un autre, l'accusateur devait faire estimer ces *choses*, et il s'engageait sous caution à payer le prix de ces esclaves, s'ils périssaient dans les tortures ou s'ils devenaient incapables de travailler.

Un esclave qui adressait à un enfant la moindre caresse était puni de cinquante coups de fouet.

Aristophane décrit ainsi les divers tourments auxquels était soumis l'esclave appelé en témoignage : « Attachez-le à une échelle et l'y tenez suspendu; accablez-le de coups d'étrivière; versez-lui du vinaigre dans les narines; appliquez-lui des briques brûlantes; tourmentez-le, déchirez-le, rouez-le de coups; faites tout ce que vous voudrez (1). »

La torture, depuis appelée la *question*, regardée à Rome comme inséparable de toute instruction en matière de crime capital, ne se donnait qu'aux esclaves. Dans l'ancienne Rome, les maîtres eux-mêmes pouvaient donner la question à leurs esclaves. Ils convoquaient, à cet effet, leurs amis et leurs hôtes au foyer de la famille devant les lares domestiques, et là ils procédaient, au moyen de la torture, à leurs investigations judiciaires. Si les esclaves chargeaient leurs maîtres, ils avaient à craindre leur vengeance; s'ils refu-

(1) Aristophane, *les Grenouilles*.

saient de les charger, on prolongeait leurs tourments pour tirer des aveux de leur bouche. Les verges et la roue étaient les moyens de torture les plus usités.

Les esclaves de l'accusé pouvaient être mis à la question sur la demande de l'accusateur. A Rome comme à Athènes, le témoignage donné librement par l'esclave n'avait aucune valeur en public : pour lui imprimer le sceau de la vérité légale il fallait la torture (1). Comme il était arrivé que l'accusé, pour enlever à son adversaire ce dangereux moyen d'instruction, s'était hâté de donner la liberté à ses esclaves, il fut enjoint à l'accusé de garder sous sa puissance tous les gens de sa maison, et une loi intervint qui déclara nuls les affranchissements faits ainsi par une personne à la veille de paraître devant la justice. Souvent l'accusé offrait lui-même ses esclaves à la question, afin de faire prouver son in-

(1) Divers tourments étaient employés pour donner la question. Le supplice du chevalet était le plus usité.

Le chevalet était une espèce d'échelle de bois qui se tendait et se détendait par des vis. On y attachait le patient par les pieds et les mains avec des cordes, qu'on appelait *fidiculæ*. Quand il était bien assujetti, on tendait l'échelle et on la dressait, de manière que le patient était comme en croix, que ses os craquaient et se disloquaient. On appliquait ensuite des lames de fer rouge sur son corps, et on le déchirait avec des ongles et des crochets du même métal pour augmenter encore ses angoisses. La loi prescrivait de commencer soit par le plus timide et le plus jeune, et de bien observer le son de voix et la contenance du patient. (*Dig.*, liv. Ier, § 13, *Quæstionibus.*)

nocence. S'il ne faisait pas cette offre, s'il se refusait à exposer la vie de ses esclaves, l'accusation donnait caution du prix auquel ils étaient évalués, pour le cas où ils périraient dans les tourments de l'épreuve. Lorsque le maître périssait assassiné et que le coupable n'avait pu être découvert, tous les esclaves du maître assassiné étaient considérés comme complices du crime que leur vigilance aurait dû empêcher; et comme solidaires les uns des autres, ils étaient tous mis a mort. Aussi le préfet de Rome, Pedanius Secundus, ayant été victime d'un meurtre, ses quatre cents esclaves furent envoyés au supplice sur la demande de Caius Cassius.

L'esclave à qui son maître voulait donner un soufflet était obligé de venir tendre la joue et de la gonfler pour que le coup fût mieux appliqué.

Minutius Basillus ayant voulu soumettre plusieurs de ses esclaves à l'opération de la castration, et ayant été égorgé par eux, tous furent condamnés à la peine du crucifiement.

En France, il y a de nombreux exemples que, lorsque les maîtres étaient mécontents d'un serf, ils lui faisaient couper les oreilles, et même, pour en empêcher la race, ils le faisaient mutiler.

Au temps de Dagobert, les serfs qui avaient travaillé le dimanche étaient fustigés, pour la première fois; la seconde, ils avaient la main droite coupée.

Viennent ici dans leur ordre naturel et logique les peines auxquelles à Rome furent soumis les débiteurs.

La *loi des Douze Tables* prononçait les peines suivantes contre les débiteurs :

Que le riche réponde pour le riche ; pour le prolétaire, qui voudra... L'affaire jugée, trente jours de délai... S'il ne satisfait pas au jugement, si personne ne répond pour lui, vous l'emmènerez avec des chaînes qui pèseront quinze livres ; moins de quinze livres, si vous voulez. Que le prisonnier vive à ses propres frais, sinon donnez-lui une livre de farine ou plus, à votre volonté. S'il ne s'arrange point, tenez-le dans les liens soixante jours ; cependant, produisez-le en justice par trois jours de marché, et là publiez quelle est la quotité de la somme due. Au troisième jour de marché, le coupable sera mis à mort ou bien on pourra l'aller vendre à l'étranger au delà du Tibre. Si plusieurs ont gagné le procès contre lui, ils peuvent couper et se partager son corps ; s'ils coupent plus ou moins sans fraude, qu'ils n'en soient pas responsables.

Plus tard, je dois le dire, une loi postérieure permit seulement aux créanciers de tenir enchaînés les débiteurs dans leurs maisons, s'ils n'usaient pas de la faculté de les vendre. Plus tard encore, cette loi elle-même fut adoucie, et enfin Jules César abolit presque entièrement la contrainte par corps en établissant la cession de biens.

Il a existé à Montpellier une coutume d'après laquelle le failli insolvable était contraint, ne pouvant payer sur ses biens, de payer littéralement sur sa personne. On le conduisait le dimanche, à l'issue de la messe paroissiale, devant la principale porte de l'église Saint-Firmin, qui était la cathédrale. Là, le failli plaçait ses deux mains sur le verrou du portail, et, la tête et les pieds nus, tournant le dos au public, il s'offrait à la fustigation de ses créanciers, en leur disant à haute voix, en patois languedocien : *Pagué-té d'aqui* (paye-toi de là).

Enfin, grâce à la persistance de deux ministres, MM. Baroche et Rouher, la contrainte par corps a été abolie en France par la loi du 27 juillet 1867, mais non sans la plus opiniâtre opposition de la part du Corps législatif et du Sénat.

Jusqu'où peut aller l'arbitraire des lois pénales !

Au dire de Charron, « en Lacédemone et autres bonnes polices, il y avoit punition et amende contre les parens quand leurs enfans étoient mal complexionnés. »

Les enfants étaient présentés aux anciens et aux magistrats, qui faisaient jeter dans l'Apothète ceux en qui ils remarquaient un défaut de conformation.

A Athènes, le père avait, à l'égard de son enfant, la faculté de ne pas l'accepter comme membre de la famille. S'il ne le levait pas de terre au moment où il sortait des entrailles maternelles, il exprimait par là que le nouveau-né devait être vendu comme esclave. Il pouvait aussi répudier ou désavouer son fils mineur; c'était le bannissement de la famille.

A Rome, les filles cadettes pouvaient seules être exposées ou tuées. Quant aux enfants difformes, le père avait le droit de s'en défaire, mais il était tenu de consulter cinq de ses voisins. Il lui était interdit de tuer aucun de ses enfants qui eût moins de trois ans. Plus âgés, il pouvait les mettre à mort, les vendre jusqu'à trois fois, les enchaîner et les faire travailler avec les esclaves. Le fils de famille avait beau revêtir la robe verte, être promu aux premiers emplois de la cité, il était toujours mineur à l'égard de son père. Le consul Spurius Cassius fut jugé et exécuté par son père aux pieds des lares domestiques.

Dès que la femme était entrée dans la maison conjugale, le mari devenait son maître et son juge. Il pouvait la mettre à mort, non-seulement dans le cas de violation de la foi conjugale, mais pour des motifs aussi peu graves que pour avoir bu du vin ou dérobé des clefs.

L'adultère a donné lieu aux peines les plus sévères.

A Athènes, le mari était tenu, sous peine de dégradation, de répudier sa femme adultère, laquelle ne pouvait plus revêtir aucune parure. Tout Athénien avait le droit de déchirer ses vêtements, de la frapper et même de la tuer, ce qui n'empêchait pas que les courtisanes ne fussent à Athènes l'objet d'un culte consacré par la célébrité de Phryné et d'Aspasie.

En Égypte, la femme convaincue d'adultère ou

de prostitution était brûlée. Juda fit brûler Thamar, sa bru, parce qu'elle s'était livrée au désordre et que, veuve, elle était devenue enceinte.

Les Locriens, d'après une loi de Zaleucus, faisaient crever les yeux de ceux qui s'étaient rendus coupables d'adultère.

Les Mogols fendent en deux la femme infidèle; le mari peut se faire justice lui-même.

Dans le Tonquin et en Chine, un homme de qualité qui surprend sa femme en flagrant délit d'adultère est libre de la tuer, elle et son amant. S'il remet sa vengeance à la justice, la femme adultère est jetée à un éléphant, qui l'enlève avec sa trompe et la foule aux pieds jusqu'à ce qu'elle ait expiré.

Dans le Bas-Empire, elle était prostituée à tous les passants; une cloche était sonnée pour rendre ce châtiment plus éclatant.

Les Saxons, anciennement, brûlaient la femme adultère; ils élevaient ensuite sur son bûcher un gibet où ils étranglaient le complice et le pendaient.

En Pologne, avant l'établissement du christianisme, le coupable d'adultère était conduit sur la place publique; là, on l'attachait avec un crochet par les testicules, et on laissait un rasoir à sa portée : il fallait alors de toute nécessité ou qu'il se mutilât lui-même ou qu'il pérît dans cet état.

Les Espagnols ont longtemps puni le coupable d'adultère par le retranchement des parties qui avaient été l'instrument du délit.

En Angleterre, il fut un temps, sous le règne du roi Édouard, où la femme coupable d'adultère avait le nez et les oreilles coupées. Avant qu'il en fût ainsi, on coupait les cheveux de la femme adultère; ensuite on la traînait, nue jusqu'à la ceinture, hors de la maison conjugale, en présence de tous ses parents; on la fouettait de ville en ville jusqu'à ce qu'elle mourût sous les verges. Son séducteur était pendu à un arbre.

En Suisse, lorsque deux femmes avaient le même mari et que le fait de bigamie était prouvé, les tribunaux ordonnaient que le corps du bigame serait coupé par la moitié.

Le Code français, encore en vigueur, déclare excusable le mari qui tue sa femme et son complice surpris en flagrant délit dans la maison congugale.

Le célibat n'a pas échappé à la pénalité.

A Lacédémone, les célibataires étaient publiquement, au milieu de l'hiver, conduits tout nus avec appareil autour de la place publique; les licteurs qui les suivaient les battaient de verges. Tout emploi dans la République leur était interdit. Ils n'avaient point de place assignée dans les assemblées du peuple. La vieillesse et les emplois militaires n'effaçaient point cette tache. A Rome, on devenait passible des peines établies contre les célibataires lorsqu'on laissait passer le temps prescrit pour se marier. C'était, pour les hommes, la vingt-cinquième année, et, pour les femmes, la vingtième.

Les censeurs étaient chargés d'empêcher le célibat. Les célibataires n'étaient reçus ni à tester, ni à rendre témoignage. Marcus Furius Camillus, censeur vers l'an 450 de Rome, et Cæcilius Metellus Macedonius, vers l'an 622, usèrent de la plus grande sévérité pour contraindre les célibataires à se marier. César défendit aux femmes qui avaient moins de quarante-cinq ans, et qui n'avaient ni maris ni enfants, de porter des parures et de se servir de litière. Auguste combattit le célibat par des peines sévères. Tacite donne à ces lois le nom de *Juliennes.*

La prostitution n'a pas cessé d'être un fait infâme ; mais elle a cessé d'être un acte impliquant une peine infamante, comme au temps de Moïse, où elle était punie de la peine du bannissement; comme au temps de Charlemagne, où un capitulaire de l'an 800 enjoint à tous les officiers du palais de faire la recherche des femmes publiques et prononce contre elles la peine du bannissement et du fouet; il condamne ceux qui leur donnaient asile à les porter sur leurs épaules jusque sur la place du marché, quand elles iraient y subir leur peine. Si celui qui avait logé la prostituée refusait de la porter ainsi, il était fouetté lui-même.

Sous saint Louis, ceux qui facilitaient la prostitution étaient condamnés au pilori, au fer chaud et, en cas de récidive, à la peine de mort.

La prostitution n'est plus punie en France, ce

qui est un progrès ; mais elle est réglementée, ce qui est une honte.

Autrefois, en Angleterre, une courtisane qu'on trouvait pour la troisième fois dans la rue avait la lèvre supérieure coupée.

Le jeu est la preuve de l'impuissance des peines à contenir les passions humaines.

La loi juive punissait le jeu. Le coupable ne pouvait plus être ni juge ni témoin.

Rome avait des peines sévères ; les sommes et la maison étaient confisquées.

En France, les jeux de hasard ont été successivement interdits par ordonnances de saint Louis, Charles IV, Charles V, Charles VIII, François Ier, Charles IX, Louis XIII ; en outre, par plusieurs arrêts des parlements. L'un d'eux, en 1661, prononce cent livres d'amende et la prison.

Une déclaration du 1er mars 1781 prohibe tous les jeux où les chances sont inégales, à peine d'amende de mille à trois mille livres.

La loi du 2 juillet 1791 a prononcé l'amende et l'emprisonnement jusqu'à un an contre ceux qui tiennent des maisons de jeu et l'amende contre les propriétaires des maisons.

La loi de 1836 et les articles 410 et 411 du Code pénal prohibent et punissent d'amende, d'emprisonnement, les loteries, maisons de jeu, et jeux de hasard dans les lieux publics.

Jamais on n'a perdu au jeu de plus grosses sommes que de notre temps.

La chasse a été l'objet des pénalités les plus sévères.

Par une disposition de statuts sanctionnés en Angleterre, sous le règne de George III, celui qui s'avisait de tuer ou de prendre une perdrix nuitamment pouvait être condamné à une amende de dix, de vingt, de cinquante livres sterling; s'il ne pouvait pas payer les cinquante livres, il les escomptait par six mois de prison, et, si tel était le bon plaisir du juge, il était par-dessus le marché fouetté en public. Si, au lieu d'une perdrix, il prenait un lapin, ce qui l'attendait était la déportation pour sept ans, à moins que le juge charitable ne se contentât de le condamner à l'amende, à la prison, au fouet. « Et puis l'on s'étonne que les braconniers soient armés jusqu'aux dents et que, le cas échéant, ils n'épargnent guère la vie d'un garde-chasse, c'est-à-dire d'un dénonciateur (1) ».

Autrefois, en Angleterre, on coupait les organes de la génération à un criminel avant de l'exécuter, on les brûlait devant lui, et on lui disait : « Misérable, tu ne méritais pas de recevoir le jour et tu n'es pas digne de laisser de postérité. » Les délits de chasse étaient punis de ce supplice.

Sous Henri IV, qui renouvela l'ordonnance de

(1) Rossi, *Traité de droit pénal.*

François Ier, les braconniers étaient punis de la fustigation pour la première fois, et, pour la récidive, des galères ou du bannissement; s'ils enfreignaient leur ban, ils pouvaient être punis du dernier supplice.

L'ordonnance de 1601 portait la peine de mort contre tout braconnier qui avait été saisi plusieurs fois chassant la grosse bête dans les forêts royales. Un braconnier était condamné aux galères et souvent à perpétuité pour avoir tué un lapin.

La pénalité n'a rien égargné, pas même le suicide.

En Grèce, une loi de Solon voulait que le citoyen qui se suicidait fût enterré mutilé de la main droite en signe d'infamie. La main était enterrée séparément.

A Rome, au contraire, le suicide, loin d'être regardé comme un crime, était réputé pour un acte de courage et souvent pour une action glorieuse.

En Angleterre, le suicide est réputé *félonieux;* le coupable est nommé *felo-de-se.*

En France, l'article 386 de l'ancienne coutume de Bretagne et le 531e de la nouvelle portaient que « *si aucun se tue à son escient, il doit être pendu et traîné comme un meurtrier.* » Dans le dernier état de la législation à cet égard, les cadavres des suicidés étaient condamnés à être traînés sur une claie, la face tournée contre terre, et ensuite à être pendus par les pieds. L'ordonnance du mois d'août 1570, titre XXII, art. 2, réglait la procédure à instruire contre les cadavres ou la mémoire du coupable. Elle voulait que l'on conservât le plus longtemps possible le cadavre, afin de rendre l'exemple plus frappant ; mais si l'odeur infecte du corps, ou toute autre cause, empêchait de le garder, on remplissait le vœu de la loi en faisant le procès à la mémoire.

L'usage du tabac a donné lieu à des peines très-sévères. Il a été défendu, sous peine d'avoir le nez coupé, et même sous peine de la vie, en Russie, en Turquie et en Perse, par le grand-duc de Moscovie, Michel Fœdorowitz, par le sultan Amurat IV et par Schah-Sophi.

Les progrès du libre échange ont rendu plus rares et moins sévères les condamnations pour délits de contrebande ; ils ne sont plus déférés aux chambres ardentes, aux cours spéciales, aux cours prévôtales ; mais ils sont encore punissables de l'amende, de la prison et de la confiscation des marchandises saisies, nonobstant ces paroles de l'économiste Blanqui :

Les citoyens ne doivent l'impôt qu'à l'État. Quand vous obligez un homme à acheter du calicot ou du drap sous l'empire de la prohibition, vous le taxez au profit d'un fabricant qui ne lui donne rien en échange.

Pour croire à la rigueur des peines qu'encouraient ceux qui, au temps de la gabelle, s'exposaient à vendre du faux sel (1), il faut avoir sous les yeux les ordonnances que voici :

Ordonnances des gabelles de 1680, t. XVII, art. 3 :

« Voulons que ceux qui se trouveront saisis de faux sel ou convaincus d'en faire le trafic, soient condamnés, savoir : les faux sauniers attroupés en armes aux galères et les pourvoyeurs en cinq cents livres d'amende ; en cas de récidive, pendus et étranglés ; les faux sauniers sans armes, pour la première fois, trois cents livres d'amende ; en cas de récidive, aux galères pour neuf ans. »

Déclaration du 5 *juillet* 1704 :

« Voulons que les faux sauniers, attroupés au nombre de cinq et au-dessus, armés de fusils, baïonnettes, pistolets,

(1) Défense était faite d'acheter d'autre sel que le sel du roi, qui le vendait quatorze sous la livre. La journée du manouvrier était alors de dix sous... Les lois les plus cruelles furent faites contre ceux qui faisaient trafic ou usage du *faux sel*.

On entend par *faux sel* celui qui provient d'ailleurs que des greniers de la ferme générale. On va même jusqu'à entendre par faux sel celui qui a été pris dans un grenier de la ferme, mais autre que celui du ressort.

Tout ce qui avait servi au faux saulnage était jadis réputé chose infâme, sacrilége, indigne du jour. Les chevaux et autres bêtes qui y avaient servi devaient être taillés et mis en pièces, sans pouvoir être pendus, au profit du roi ou de son fermier.

DENISART, *procureur au Châtelet*.

La cherté du sel le rend si rare qu'elle cause une espèce de famine dans le royaume, très-sensible au menu peuple.

VAUBAN.

épées, bâtons ferrés ou autres armes offensives, soient punis de mort; ceux qui seront en moindre nombre que de cinq, avec armes, soient condamnés, pour la première fois, aux galères, et, en cas de récidive, à la mort. »

Déclaration du 22 juin 1722, art. 6 :

« Faisons très-expresse prohibition et défense, même à nos cours supérieures, en cas d'appel, de réduire ni modérer les peines et amendes... pour quelque cause et sous quelque prétexte que ce puisse être. »

Aux termes de l'article 1er de la déclaration du 2 août 1729, les particuliers convaincus d'avoir porté du tabac ou d'autres marchandises prohibées en contrebande ou en fraude, par attroupement au nombre de cinq au moins, avec port d'armes, étaient punis de mort avec confiscation de leurs biens. Si les contrebandiers étaient sans armes et au-dessous de cinq personnes, ils étaient condamnés aux galères pour cinq ans et à une amende de mille livres chacun, payable solidairement. Les femmes coupables du même délit étaient punies de la peine du fouet, de la fleur de lis, d'un bannissement de trois ans et d'une amende de cinq cents livres pour la première fois, et, dans le cas de récidive, elles étaient condamnées au bannissement perpétuel et à une amende de mille livres, ou à être renfermées pour toute leur vie dans la maison de force ou l'hôpital le plus prochain du lieu où la condamnation était rendue. Aux termes de la loi du 13 floréal an II, tous contrebandiers avec attroupement et port d'armes, ainsi que leurs complices, étaient punis de mort. Étaient punis comme complices et encouraient les mêmes peines les assureurs de contrebande.

Avant la révolution de 1789, plus de dix mille personnes étaient annuellement emprisonnées, et trois cents au moins étaient envoyées aux galères pour contraventions aux droits du fisc.

Jusqu'à la loi du 27 mars 1791, il était défendu, sous peine des galères, de fumer d'autre tabac que celui de la France.

L'importation en France des marchandises anglaises a été punie de *vingt ans de fers* par décret de la Convention, en date du 1er mars 1792.

En Égypte, la loi ne permettait aux médecins d'agir qu'après le quatrième jour de la maladie, et les rendait responsables, s'ils agissaient avant ce délai. Si, ayant procédé contre le texte des livres sacrés, un médecin n'avait pas guéri le malade, il était mis en jugement et pouvait être condamné à mort.

Tout Égyptien devait déposer chaque année, entre les mains du magistrat, une déclaration écrite des moyens qu'il employait pour subsister, et celui qui en faisait une contraire à la vérité était condamné à mort.

Le parjure était puni de mort.

Celui qui avait révélé le secret de l'État avait la langue coupée.

Le calomniateur convaincu de calomnie subissait la peine due au crime qu'il avait imputé au calomnié.

A Athènes, était puni de la dégradation celui qui refusait de se déclarer pour l'un des deux partis politiques rivaux.

Sous l'ancienne Rome, le Romain qui montait sur le théâtre était puni de la perte de ses droits de citoyen; il était chassé de sa tribu et privé du droit de suffrage dans les assemblées publiques.

Sous les rois de France Charles IX, Henri IV, Louis XIII, le duel était puni de la peine de mort. Les lois rendues par Louis XIV à la fin de son règne forment un code complet dont voici la substance : Autorité donnée aux maréchaux de France de connaître des circonstances, de réprimer les auteurs et d'empêcher les suites. Peine de mort contre ceux qui se battaient en duel et procès à la mémoire de ceux qui ont été tués. Peine de mort contre ceux qui se battent comme seconds, avec dégradation de noblesse et leurs armoiries brûlées et noircies par le bourreau. Peine de mort par la potence contre les roturiers qui font des appels aux gentilshommes. Peine du fouet et de la marque contre les domestiques qui conduisent au lieu du combat ou portent des appels. Confiscation des biens des combattants en faveur des parents des personnes tuées, qui poursuivent le délit. Permission aux cours de décréter les personnes et séquestrer les biens sur la simple notoriété du fait.

En Égypte, l'instrument qui avait servi à commettre le crime était condamné à périr.

A Athènes, le tribunal ou prytanée jugeait les choses inanimées qui avaient causé la mort d'un citoyen. Une tuile qui tombait d'en haut et qui tuait un homme était apportée en justice; son procès s'instruisait, et elle était absoute ou condamnée. Dans le cas de condamnation, la chose inanimée reconnue coupable était jetée hors des frontières de la République.

Il fut un temps, en France, aux quatorzième, quinzième et seizième siècles, où l'on procédait en forme contre les cochons, les chiens, les mulets, les chenilles. L'information se faisait contradictoirement. On nommait un curateur à la bête ou un avocat pour la défendre.

En 1313, un taureau indompté s'étant échappé et ayant rencontré un homme, le perça de ses cornes. Cet homme ne survécut pas à ses blessures. Charles, comte de Valois, sur les terres duquel cet événement eut lieu, donna ordre d'arrêter le taureau et de lui faire son procès. Il fut condamné à être pendu. L'exécution eut lieu aux fourches patibulaires de Moizy-le-Temple, lieu du délit. En 1499, un taureau ayant tué un enfant de quinze ans près de l'abbaye de Beaupré, fut condamné par les officiers de l'abbaye à être pendu. Sous le règne de François Ier, Jean Milon, official de Troyes en Champagne, rendit, le 9 juillet 1516, une sentence contre les chenilles, conçue en ces termes :

Parties ouïes, faisons droit sur la requête des habitants de Villenoce, admonestons les chenilles de se retirer dans six jours, et, à faute de ce faire, les déclarons maudites et excommuniées.

Gaspard Bailly, dans un ouvrage qu'il a publié au dix-septième siècle, traite des procédures à intenter contre les animaux. Pour faciliter les parties dans les divers actes de l'instruction, il va jusqu'à donner le modèle des plaidoyers des plaignants et des avocats ou curateurs nommés aux animaux, des conclusions du promoteur et de la sentence de l'official.

La non-délation, qui honore le caractère de l'homme, a été, en tout temps et en tous pays, punie des peines les plus sévères et infamantes.

Une loi de Louis XI, ro de France, condamnait à la peine de mort ceux qui ayant eu connaissance d'une conspiration ne l'avaient pas dénoncée.

Le vertueux et infortuné de Thou fut condamné à avoir la tête tranchée pour avoir su la conspiration de Cinq-Mars sans l'avoir révélée.

Un décret de la Convention, en date du 21 avril 1793, ne se borne pas à condamner à être déportés à Cayenne les prêtres insermentés et ceux assermentés qui étaient reconnus coupables d'*incivisme;* il ajoute qu'il suffit d'une dénonciation signée par six habitants pour faire expulser du territoire les prêtres dénoncés; s'ils rentraient ou s'ils essayaient de se soustraire par la fuite à la déportation, ils encouraient la peine de mort.

Le Code pénal de 1810 punissait de la réclusion et de l'emprisonnement celui qui n'avait pas dénoncé dans les vingt-quatre heures les crimes de lèse-majesté et de complots (1). Depuis la loi du 28 avril 1832, la non-délation n'est plus punie, mais le délateur n'a pas cessé d'être récompensé. C'est en vain que Beccaria a fait entendre, il y a cent ans, ces paroles justement indignées :

Quelques tribunaux offrent l'impunité à celui qui, s'étant rendu coupable d'un grand crime, découvre ses compagnons. Cet expédient a ses inconvénients et ses avantages; d'un côté, la nation autorise la trahison, sorte de perfidie dont les criminels même ont horreur entre eux; elle introduit les crimes lâches, bien plus funestes pour elle que les crimes courageux, parce que le courage

(1) Code pénal de 1810 :
« *Lors même qu'il sera exempt de toute complicité pour le seul fait de* NON RÉVÉLATION,.. ne sera pas admis à excuse sur le fondement qu'il ne les avait point approuvées, *ou même qu'il s'y serait opposé et aurait cherché à en dissuader les auteurs.* » (Art. 103 à 106.)

est peu commun… C'est en vain que je m'efforce d'étouffer mes remords, les lois, monument de la confiance publique, base respectable de la volonté humaine, ne sont point faites pour autoriser la fausseté, pour légitimer la trahison.

Une loi du 25 octobre 1792 déclara les émigrés bannis de France à perpétuité. Une autre loi, celle du 23 mars 1793, les déclara morts civilement et leurs biens acquis à l'État. L'infraction au bannissement était punie de mort. Les enfants émigrés rentrés sur le territoire de la République étaient déportés s'ils n'avaient pas seize ans, et punis de mort si, parvenus à cet âge, ils enfreignaient leur bannissement.

Il existe un décret de la Convention nationale, du 17 mars 1793, portant :

La Convention nationale décrète que quiconque *proposera* ou tentera d'établir des droits agraires ou toutes autres lois subversives des propriétés territoriales, commerciales ou industrielles, sera *puni de mort*.

Un autre décret de la Convention, du 19 juillet 1793, condamne à la peine de la déportation les évêques qui s'opposeraient au mariage des prêtres.

Dans son *Traité du droit pénal*, Rossi rapporte que celui qui essaye de persuader aux sujets de l'Autriche de s'établir en pays étranger, est passible d'une détention de six mois.

Jusqu'où n'a pas été poussé l'abus de la pénalité! Il est allé jusqu'à punir le luxe.

A Lacédémone, le nombre des convives ne pouvait excéder quinze.

A Rome, le tribun Orchius régla que le nombre des convives n'excéderait pas neuf. Peu de temps après, le Sénat fixa la somme d'argent que les repas ne devraient point dépasser.

La loi *Orchia* réglait le nombre des convives, les habits de femme, leur interdisait l'usage des chars, et punissait ceux qui y contrevenaient. La loi *Fannia* défendait de s'assembler plus de trois, outre les personnes de famille, les jours ordinaires, et plus de cinq les jours des nones et des foires. Il fut défendu de servir des volailles engraissées, parce qu'elles coûtaient trop cher. La loi *Didia*, en renouvelant les défenses antérieures, ajouta que non-seulement ceux qui inviteraient, mais encore ceux qui assisteraient à ces repas contraires aux lois, seraient punis comme prévaricateurs. La dépense des repas fut de nouveau réglée selon les jours et les occasions par la loi *Licinia*. Mais comme elle permettait de servir à discrétion ce que produisait la terre, on inventa des ragoûts de légumes si appétissants, que Cicéron dit les avoir préférés aux huîtres et aux lamproies, qu'il aimait beaucoup. La loi *Cornelia* vint ajouter une confirmation nouvelle aux lois précédentes. Jules César fit aussi sa loi somptuaire et en assura l'exécution par une police sévère, ce qui n'empêchait pas le luxe de la table d'augmenter toujours.

En France, par un édit de l'an 1295, Philippe le Bel défendit de donner dans un grand repas plus de deux mets et un potage au lard, et dans un repas ordinaire un mets et un entremets. Il permit, les jours de jeûne seulement, de servir deux potages aux harengs et deux mets, ou un seul potage et trois mets. Il défendit de servir dans un plat plus d'une pièce de viande ou d'une seule sorte de poisson ; enfin, il déclara que toute grosse viande serait comptée pour un mets et que le fromage ne passerait point pour un mets, s'il n'était en pâte ou cuit dans l'eau. De nouvelles lois somptuaires furent promulguées en 1368 par Charles V, en 1485 par Charles VIII, en 1543 par François Ier, en 1547 et 1549 par Henri II, en 1563 par Charles IX.

L'édit de Charles IX, très-minutieux, a pour sanction pénale deux cents livres d'amende pour la première fois et quatre cents livres pour la seconde. Il ordonne que ceux qui se trouveront à un repas où il aura été contrevenu à la loi, le dénonceront dans le jour, à peine de quarante livres d'amende ; il ajoute que les cuisiniers qui auraient servi à ces repas seront condamnés pour la première fois à dix livres d'amende, à tenir prison quinze mois au pain et à l'eau ; pour la seconde fois, au double de l'amende et du temps de la prison, et pour la troisième, au quadruple de l'amende, au fouet et au bannissement du lieu.

La dernière loi pénale touchant les repas est l'ordonnance de 1629.

Voyant que tous les édits contre le luxe portés jusque-là, et notamment en 1576, 1577 et 1583, par Henri III, avaient été impuissants, Henri IV rendit, en 1604, un édit dans lequel, après avoir expressément défendu à ses sujets de porter de l'or ou de l'argent sur leurs habits, il ajoutait : «Excepté » pourtant aux filles de joie et aux filous, en qui nous » ne prenons pas assez d'intérêt pour leur faire » l'honneur de donner attention à leur conduite. » L'efficacité des termes de cet édit ne fut pas telle qu'elle rendît superflus de nouveaux édits sous Louis XIII et sous Louis XIV.

Au temps de Charlemagne, il était défendu de porter un sayon plus cher que vingt sous et un rochet plus cher que trente. Le sayon était une veste sur laquelle on mettait le rochet.

Au temps de Charles V, il y avait des souliers nommés *à la poulaine*, dont le bec extrêmement long donnait occasion aux gens du bel air d'imaginer dessus divers ornements comme des cornes, des griffes, des ongles. L'Église s'était beaucoup récriée contre cet usage, comme étant contraire à l'ordre de la nature, défigurant l'homme dans cette partie de son corps. Elle l'avait condamné au concile de Paris, en 1212, et au concile d'Angers, en 1365 et en 1368. Le roi Charles V supprima les souliers à la poulaine par lettres patentes dont voici la teneur :

« Défense à toutes personnes, de quelle qualité et condition, à peine de dix florins d'amende, de porter à l'avenir des *souliers à la poulaine,* cette superfluité étant contre les bonnes mœurs et dérision de Dieu et de l'Église, par vanité mondaine et folle présomption. »

Les dates des deux conciles et de l'ordonnance du roi constatent que, nonobstant toutes les défenses, cette mode avait duré plus de cent cinquante ans (1).

Dans un règlement de Charles IX pour la modestie des habits, il est dit, article 16 :

« Et d'autant que la faculté de porter draps de soie a donné occasion d'entrer dans de telles superfluités d'habits, enjoignons à tous juges de nier toutes actions aux marchands qui, depuis la publication des présentes, vendront draps de soie à crédit et à quelque personne que ce soit (2). »

Le recueil des ordonnances de Fontanon renferme une ordonnance qui détermine l'ampleur des chaussures de deux tiers de tour, et surtout la doublure sans pochettes, qui ne peut être rembourrée de crins de cheval, coton, bourre ou laine. Il renferme une autre ordonnance sur la frugalité des tables, disant qu'il ne pourra y avoir ès noces et festins que trois services de six plats chacun, et un plat ne pourra être double, c'est-à-dire deux chapons ou deux perdrix, mais bien trois pigeons ou

(1) Melon, t. I, p. 746.
(2) Fontanon, t. I, p. 943.

l'équivalent, comme douze alouettes... Défense aux cuisiniers d'en servir davantage, sous peine d'amende.

Louis XIV, qui introduisit la magnificence dans les habits et dans les équipages, a fait seize édits contre le luxe. Celui que cite Molière dans l'*École des maris* est du 27 novembre 1760; il défendait les broderies, cannetilles, paillettes.

Puisque je viens d'écrire le nom de Louis XIV, c'est le cas de citer ce passage :

Il s'agissait d'élever la colonnade du Louvre. Louis XIV défendit aux patrons d'engager des ouvriers sans sa permission, sous peine de dix mille livres d'amende, et aux ouvriers de travailler pour les patrons, sous peine de la *prison* pour la première fois, et pour la seconde, des *galères* (1).

La bibliothèque de Sainte-Geneviève renferme une ordonnance qui condamne à la peine du fouet tout manant ou habitant de Paris qui prétend y construire une habitation nouvelle.

Il existe une déclaration du roi Louis XIV qui porte défense de « bastir tant en la ville que faux-bourgs (2). »

L'abus scandaleux des peines peut-il aller plus loin?

En 1854, en Angleterre, la Chambre des communes a adopté un bill ainsi conçu :

(1) Dulaure, *Histoire de Paris*, tom. II, p. 439 et suiv.
(2) Paris, 1633, iv, N. f. 908.

« Tout Anglais qui, pendant la durée des hostilités entre Sa Majesté et l'empereur de Russie, acquerrait sciemment, dans quelque pays que ce soit, des titres d'emprunt russe, sous quelque forme que ce soit, émis depuis le 20 mars 1854, ou qui pourrait être émis jusqu'à la fin de la guerre, — que l'acquisition ait eu lieu directement ou par intermédiaire, — sera regardé comme coupable d'un délit, et sera puni d'un *emprisonnement de trois mois au moins.* »

En 1870, un banquier de Francfort a été condamné corporellement pour avoir souscrit à un emprunt contracté par la France.

Il n'y a plus de crimes et de délits d'opinions religieuses, il n'y a plus de crimes de magie ; mais il y a encore des crimes et des délits d'opinions politiques, il y a encore des crimes de maléfices typographiques.

De tout temps et en tout pays, dire la vérité fut toujours chose dangereuse, car, pour avoir osé la dire, l'histoire rapporte que Jérémie fut condamné par le prêtre Phassur à être frappé de verges, chargé de chaînes et jeté dans le cachot de la haute tour de Benjamin, l'une des prisons du Temple.

Un supplice plus cruel encore était réservé à Jésus, pour le punir d'avoir émis des doctrines en désaccord avec celles de son pays et de son temps, doctrines proclamées divines depuis dix-neuf siècles.

Le code lombard punissait de mort la pensée.

Voici les termes : *Si quis contra animam regis cogitaverit, aut consiliatus fuerit, animæ suæ incurrat periculum.* (*Legis Longobard.*, t. X.)

En 1397, Charles VI défendit d'écrire sur les matières religieuses et laissa à l'arbitraire des juges de prononcer telles peines qu'ils voudraient contre les contrevenants. François Ier fit les mêmes défenses.

Les premiers imprimeurs allemands qui apportèrent des livres à Paris furent condamnés par le Parlement à être brûlés vifs comme sorciers, et ils n'échappèrent au supplice que par la fuite. François Ier, par lettres patentes du 13 janvier 1535, portant l'abolition de l'imprimerie, défendit *toute impression de livres dans le royaume, sous peine de la hart* (gibet).

Une ordonnance du lieutenant civil, en date du 15 mars 1619, défend aux imprimeurs de rien publier sans sa permission, sous peine du fouet. Louis XIII, par les ordonnances de 1624 et de 1626, défendit de rien imprimer sur les affaires publiques.

Une déclaration du 10 mai 1728 étend aux protes la peine décernée contre les imprimeurs de libelles. Cette peine était le carcan pour la première fois, et pour la récidive, cinq ans de galères.

Il a été défendu, sous peine de la hart, d'enseigner une autre logique que celle d'Aristote.

La circulation du sang a été rangée par édit au nombre des doctrines constituant un fait punissable.

La diffamation a été successivement condamnée, en France, de la peine de mort, du bannissement, des galères, de la prison. Auteur de livres réputés diffamatoires contre le roi, Pierre Dugué, sieur de Belleville, fut condamné, par arrêt du 1er décembre 1584, à être pendu et brûlé en place de Grève avec ses ouvrages.

Après avoir lu cet incomplet précis, comment ne pas convenir que les annales de la pénalité attestent moins encore l'ignorance et la perversité des peuples que la stupidité et la cruauté des gouvernements?

Mais ce qu'elles attestent encore plus que l'arbitraire de la pénalité, c'est son impuissance.

CHAPITRE XI.

DE LA SPÉCIALITÉ DES PEINES.

C'est le triomphe de la liberté, lorsque les lois tirent chaque peine de la nature particulière du crime. Tout l'arbitraire cesse ; la peine ne descend point du sacrifice du législateur, mais de la nature de la chose, et ce n'est point l'homme qui fait violence à l'homme.

MONTESQUIEU, *Esprit des lois.*

Beccaria penche visiblement pour une vieille doctrine reproduite dans toutes les anciennes lois, dans tous les légistes, l'analogie des délits et des peines. Cette idée dont la loi du talion a été l'expression la plus obscure et qui a longtemps imposé à notre ancienne législation les pénalités les plus étranges, a, depuis Beccaria, séduit encore deux puissants esprits, Kant et Bentham.

FAUSTIN HÉLIE, *Préface de Beccaria.*

Au moment où la révolution française éclata, la peine de mort avec toutes les variétés de son application, telles que la potence, la roue, le bûcher, embrassait cent quinze cas différents, et les crimes et délits qui échappaient au dernier supplice étaient punis de la mutilation d'un membre, de l'empreinte du fer rouge, de la section de la lèvre ou de la langue, de la flétrissure et de tous les raffinements qu'une cruauté ingénieuse s'était plu à inventer.

BÉRENGER, *Rapport sur les prisons.*

La spécialité des peines qualifiées de « peines expressives » est une idée spécieuse et fausse que l'expérience a condamnée, quoiqu'elle ait été la visée des plus anciens législateurs et de plusieurs criminalistes modernes Beccaria, Montesquieu, Kant, Bentham.

Assurément, il est très-facile et très-simple de couper la langue de celui qui a blasphémé ou calomnié, la main de celui qui a volé, les deux mains de celui qui a tué, les parties sexuelles de celui qui a violé ou qui a été convaincu d'adultère, les pieds de celui qui a déserté, les narines de celui qui a conspiré ; de crever un œil à celui qui a commis un faux en écriture privée, les deux yeux à celui qui a commis un faux en écriture publique ou contrefait des billets de banque ; de graver au fer rouge sur le front ou la joue des lettres variées, les unes qui indiquent telle ou telle condamnation subie pour des faits moins graves, les autres qui désignent les récidivistes, etc. Mais à quoi aboutirait un pareil système pénal exhumé du passé? Aboutirait-il à réformer la société, qui a dû l'abandonner après l'avoir adopté? Non, il n'aboutirait qu'à mettre à nu et à vif ses plaies les plus hideuses et qu'à nous ramener à la barbarie, d'où nous sortons.

Ce système suranné ne serait pas seulement faux et barbare, il serait encore dangereux, car les cinq volumes du *Dictionnaire de la pénalité* sont là pour attester que les gouvernements ne s'arrêtent plus dès qu'ils se mettent à imaginer une peine différente pour chacun des actes qu'ils se sont donné pour tâche de punir.

Si ingénieuse qu'elle paraisse être, toute pénalité sera toujours inique, car elle ne parviendra jamais à être juste et égale. Est-ce que la même peine est égale et juste, quand elle s'applique à deux coupables du même crime : l'un complétement ignorant, manquant de discernement; l'autre suffisamment instruit, se rendant parfaitement compte de la portée de chacune de ses actions?

Est-ce que la même peine est égale et juste, quand elle s'applique à deux condamnés : l'un absolument perverti, insensible au châtiment, indifférent à la honte; l'autre seulement égaré, sentant qu'il est à jamais flétri, et que tous les efforts qu'il pourra faire afin de se racheter de l'infamie et de l'effacer de son avenir demeureront vains?

Est-ce que la même peine est égale et juste, quand elle s'applique à deux individus tombés dans la même infraction pénale, mais tirés de milieux sociaux très-différents?

Les efforts les plus louables et les plus persévérants ont été tentés pour diversifier les peines, pour les échelonner, pour les graduer : tous ont été vains et le seront toujours.

Pourquoi?

Parce qu'il n'est pas au pouvoir de l'homme, qui s'est arrogé le droit d'en punir un autre, de trouver une peine qui soit juste.

Rossi l'avoue en ces termes :

Toute peine est plus ou moins inégale dans ses applications. On ne trouve pas deux accusés placés exactement dans les mêmes circonstances, ayant précisément le même degré de sensibilité, pas plus qu'on ne trouve deux corps parfaitement semblables.

L'égalité apparente des peines cache une inégalité réelle (1).

La société a le droit et le moyen de retrancher de son sein celui qui agit contre elle comme s'il s'était déclaré son ennemi, celui qui la trouble, celui qui la met en péril; alors elle se défend, alors elle se venge. Mais si elle s'imagine qu'elle a le droit et le moyen de le punir, elle s'abuse et tombe dans la même erreur que si elle fouettait avec des verges l'eau qui a inondé ou le feu qui a incendié. « La bastonnade infligée publiquement à un fiévreux ne guérirait personne de la fièvre », a dit avec raison le docteur Legrand du Saulle.

On ne punit pas les risques, on les prévient.

Que la société assimile aux risques les crimes et les délits! En entrant dans cette voie neuve, elle arrivera plus certainement à son but qu'en continuant de creuser l'ornière où elle piétine sans avancer.

La répression judiciaire ne pèserait pas un poids si lourd dans les balances de la justice, si la prévoyance sociale y pesait un poids moins léger.

Se punir et se corriger est un pouvoir que l'homme n'a que sur lui seul et que sur lui-même.

Rechercher dans leurs causes le meurtre, le viol, le vol, afin de les combattre, de les diminuer, de

(1) *Traité de droit pénal*, t. II, p. 274.

les extirper, la société le peut, et c'est son devoir; mais là s'arrêtent son pouvoir et son droit.

Ce qui dépend d'elle, c'est de changer son milieu.

Qu'elle améliore sans relâche et sans fin le milieu réel en perfectionnant toutes les choses dont il se compose, et l'homme, sans aucun effort, s'améliorera de lui-même. Il pensera, il raisonnera, il agira autrement que s'il fût resté dans un milieu où sa part de la civilisation eût été moins grande. Ce sera du temps infiniment mieux employé que celui qu'elle perdrait à inventer des peines ingénieuses, des peines spéciales.

CHAPITRE XII.

DE L'ÉLIMINATION PÉNALE.

> Ouvrons l'histoire : nous verrons que les lois, qui devraient être des conventions faites librement entre des hommes libres, n'ont été le plus souvent que l'instrument des passions du petit nombre, ou la production du hasard et du moment, jamais l'ouvrage d'un sage observateur de la nature humaine qui ait su diriger toutes les actions de la multitude à ce seul but : *Tout le bien-être possible pour le plus grand nombre.* BECCARIA.

> Un pouvoir qui ne pense qu'à lui-même et qui a existé pendant longtemps avec un certain système pénal, doit éprouver une grande répugnance à en changer; il s'agit pour lui de quitter un moyen de défense ou d'attaque éprouvé, pour en prendre un nouveau d'un succès plus ou moins problématique. Pourquoi hasarder un changement, à moins qu'il ne s'agisse d'augmenter dans l'intérêt du pouvoir lui-même la force du système existant ? ROSSI.

> Nos lois pénales sont à mille siècles de l'époque où nous vivons... A mesure qu'on avance dans les voies de la justice pénale, on se pénètre davantage de la nécessité de réformer notre mode de répression.
> BÉRENGER.

> Tout bon Anglais repousse l'immixtion de la police dans ses affaires; il aime mieux être volé que protégé. ED. LABOULAYE.

Ce qui caractérise le progrès pénal plus encore que l'adoucissement des peines, c'est l'impunité successive d'actes qui étaient réputés crimes ou délits ; c'est leur détermination plus exacte, plus précise, plus fondée en vérité ; c'est enfin leur élimination.

Les annales judiciaires de tous les temps et de

tous les pays débordent de condamnations aux supplices les plus cruels, aux peines les plus extrêmes prononcées contre des accusés de sorcellerie, contre des suspects d'hérésie. Quels étaient les vrais coupables? N'étaient-ce pas les juges qui poussaient jusqu'à ce point les uns la crédulité, les autres l'intolérance?

Ces mêmes annales judiciaires sont également remplies des condamnations les plus sévères prononcées contre des inculpés n'ayant commis d'autre crime ou d'autre délit que d'avoir poussé la témérité jusqu'à s'imaginer que ce qu'ils avaient la liberté de penser, ils avaient la liberté de l'exprimer. Ce sera la honte du dix-neuvième siècle de n'avoir pas encore effacé de ses codes les crimes et délits imaginaires de la presse, lesquels n'ont pas discontinué, dans l'année et dans le pays où j'écris, d'être punissables comme au temps d'Ovide et de Pline (1).

(1) On attribuait la vertu de l'enchantement, non-seulement à des sortiléges compliqués, mais à des *vers magiques*. Ovide témoigne que des vers ont été souvent employés pour flétrir les fruits de la terre. Cérès, dit-il, frappée de stérilité par ces vers magiques, languit et meurt dans les herbes; les sources, frappées de mort par les vers, voient tarir leurs eaux. Ces *chants* sacriléges *empoisonnent* dans leurs germes les glands sur les chênes, les raisins sur les vignes, et font périr ainsi le fruit privé de séve :

Carmine læsa Ceres, steriles vanescit in herbas.

Quant aux vers dirigés contre les hommes, pour causer leur mort, ils furent autrefois punis du *poison*, comme par *une espèce de talion;* ces choses étaient mises au rang des arts magiques importés de l'étranger, et de tout temps condamnés à Rome. Pline.

Il n'y a de changé que la peine. Le poison a fait place à l'amende et à la prison.

L'impiété, l'hérésie, la magie, le parjure, la non-révélation, l'insolvabilité, le luxe, le célibat, le suicide, l'usage du tabac, etc., ont cessé d'être inscrits au nombre des actes punissables; le manant ou l'habitant de Paris qui prétend y construire une habitation nouvelle n'est plus condamné à la peine du fouet ; mais l'usure n'a pas cessé, en France, d'être justiciable du Code pénal. La loi du 3 septembre 1807, qui limite le taux de l'intérêt au delà duquel on encourt la peine de l'amende et de l'emprisonnement, a résisté à toutes les attaques dont elle a été l'objet, et, dans le dernier débat législatif qui a eu lieu au Sénat le 1er avril 1862, c'est la loi surannée, défendue par M. le procureur général Dupin, qui l'a emporté sur les abolitionnistes du prétendu délit d'usure, quoiqu'ils eussent de leur côté les faits les plus concluants.

Il serait temps de sortir enfin du labyrinthe pénal où la société a égaré l'humanité pendant des siècles!

Le moyen, ce serait de commencer par abolir premièrement les crimes et délits qui n'existent que dans l'imagination des peuples ignorants et des législateurs arriérés ; deuxièmement, les nombreuses et spécieuses distinctions sans lesquelles l'échelle pénale n'eût pas eu d'échelons.

Loin de diminuer le nombre des malfaiteurs, ces échelons n'ont servi et ne servent encore qu'à l'augmenter, car, le plus souvent, punir, c'est pervertir.

L'expérience pénitentiaire est là pour l'attester.

La peine n'a jamais corrigé que ceux qui se fussent corrigés sans elle, par le retour de leur conscience absente.

Ce retour de la conscience, combien de fois la peine l'a-t-elle empêché en enlevant les coupables d'un milieu qui n'était pas bon, mais où ils étaient libres, où ils pouvaient réfléchir, où ils auraient pu se relever d'eux-mêmes, pour les enfermer dans un milieu plus mauvais encore, où la contagion de la perversité n'est pas combattue par l'espérance purificatrice et légitime de la réhabilitation ?

La répression est un oreiller sur lequel la société a dormi trop longtemps. Si elle tarde à se réveiller, elle sera engloutie par la révolution qui mine le sol sur lequel nous continuons à bâtir insoucieusement nos demeures, révolution implacable, à laquelle nous n'échapperons qu'en prenant les devants sur elle par une réforme radicale, dont l'un des premiers termes devra être la réforme pénale.

Aveugle qui ne voit pas que les prisons qui nous rassurent sont les casernes qui nous menacent !

Dès que la multitude est victorieuse, quel est son premier acte ? N'est-ce pas de rendre la liberté aux détenus, de les incorporer dans ses rangs et parfois de les prendre pour chefs ? N'ayant plus rien à perdre, ils risquent tout. Il n'est aucun excès, on l'a vu, devant lequel ils reculent.

Si le temps de la répression légale est fini, le temps de l'élimination pénale est venu.

Cette élimination ne saurait être trop prompte et trop radicale.

Jusqu'au jour de l'abolition définitive de toute peine corporelle, de toutes peines autres que celles de la publicité pénale et de l'amende proportionnelle à la fortune attestée par l'impôt transformé en assurance, il ne devrait plus y avoir qu'un seul crime, le meurtre, et qu'une seule peine, la peine de mort.

Mais, s'il en était ainsi, s'il n'y avait plus d'échelle pénale, que deviendrait le gouvernement et que deviendrait la société?

A ce cri d'effroi, je réponds en ouvrant le Code pénal et en le suivant page à page :

Attentats et complots ayant pour but de changer le gouvernement, crimes punis de la déportation, attroupements, attaques, résistance, rébellion : — Le gouvernement les préviendrait ou les réprimerait par les moyens dont il dispose : il opposerait la force à la force; ce serait son droit et son devoir.

Contrefaçon et altération des monnaies d'or et d'argent, émission de fausse monnaie, falsification des billets de banque, crimes punis des travaux forcés à perpétuité : — L'art, la science, et surtout le crédit, rendraient promptement ce danger de moins en moins grand et ce risque de plus en plus rare.

Faux en écriture publique et authentique et de

commerce ou de banque, crime puni des travaux forcés à perpétuité ou à temps, *faux en écriture privée*, crime puni de la réclusion : — Stimulées par le danger, les parties ne tarderaient pas à prendre les précautions nécessaires.

Forfaitures, *soustractions*, *concussions*, etc., *commises par des fonctionnaires publics* : — L'État ou la commune n'auraient qu'à organiser un contrôle si efficace qu'il rendît ces crimes et délits de plus en plus difficiles, sinon absolument impossibles.

Abus d'autorité : — Il suffirait, pour les prévenir, de simplifier l'appareil gouvernemental, administratif et judiciaire.

Associations de malfaiteurs envers les personnes ou les propriétés, associations qualifiées crimes contre la paix publique et punies des travaux forcés à temps ou de la réclusion : — Pour trouver le moyen de conjurer ou de dissoudre ces associations menaçantes, la société n'aurait qu'à le chercher sérieusement.

Vagabondage et mendicité, punis l'un et l'autre de l'emprisonnement : — Le plus simple bon sens indique qu'il y a autre chose à faire que de bâtir des prisons, d'où le vagabond et le mendiant sortent pires qu'ils n'y sont entrés. Avec la commune-mère, plus de vagabondage, plus de mendicité.

Délits de la parole, injures, calomnies, délits de l'écriture, du dessin, de la gravure, de la photographie et de l'imprimerie : — Il n'y a qu'à les ranger à la suite des prétendus crimes et délits de sortilége et d'hérésie, que la pénalité a enfin cessé de poursuivre et de frapper.

Associations et réunions illicites : — Les dissiper par la liberté serait aussi facile que de dissiper l'ombre par la lumière.

Blessures et coups volontaires non qualifiés meurtres, mais ayant causé une maladie ou incapacité de travail personnel pendant plus de vingt jours : — Que la civilisation, qui adoucit les mœurs, accélère sa marche encore trop lente!

Attentats aux mœurs, punis, selon l'âge et le degré, des travaux forcés à perpétuité, des travaux forcés à temps, de la réclusion ou de l'emprisonnement : — Que les mères et que les familles, trop souvent insouciantes, trop souvent négligentes, le soient moins!

Adultères et bigamies : — A reléguer dans le nombre des questions religieuses et médicales, jusqu'au jour où, la probabilité faisant place à la certitude et la paternité s'effaçant derrière la maternité, les enfants appartiendront exclusivement à la mère.

Arrestations illégales et séquestrations de personnes : — Si de tels actes étaient encore possibles, ils seraient la preuve que la société est coupable de négligence.

Enlèvements d'enfants et de mineurs : — Même observation.

Infractions aux lois sur les inhumations : — Même observation.

Faux témoignage : — Ce serait un risque et un péril qui cesseraient d'être à craindre si la pénalité n'existait plus.

Vols, abus de confiance, escroqueries et autres espèces de fraudes : — Je n'ignore pas que, comparativement au nombre des assassins qui est petit relativement (1), le nombre des voleurs de toute espèce est grand. Le chiffre et le danger de cette multitude — je l'ai prévu — seront des arguments que ne manqueront pas de m'opposer tous ceux qui ne voient le salut de la société que dans le maintien de la pénalité. Ces objections ne m'ont point arrêté. Je ne saurais pousser la concession à la peur, qui ne raisonne pas ou qui raisonne mal, plus loin que je ne l'ai fait en conservant à la société, jusqu'au 1er janvier 1900, le droit de se garantir contre l'assassin en le retranchant du nombre des vivants.

S'il était possible de relever dans les annales de la pénalité le nombre des condamnations encourues pour meurtres, viols et vols de toute nature et de le mettre en regard avec le nombre des condamnations encourues pour prétendus crimes et délits d'idolâtrie, d'impiété, d'hérésie et de magie, de pensée parlée, de pensée écrite et de pensée imprimée, quel ne serait pas l'étonnement de voir

(1) Assassinats et tentatives d'assassinats jugés, en 1869, contradictoirement : 200 ; par contumace, 14. Total : 214.

J. Dufaure, *Rapport sur l'administration de la justice criminelle en France.* Août 1871.

combien celles-ci dépassent incomparablement en nombre celles-là !

Depuis qu'on a cessé, en France, d'y bannir, d'y massacrer, d'y brûler les hérétiques, le nombre des protestants n'a-t-il pas plutôt diminué qu'augmenté?

Depuis qu'on a cessé d'y croire aux sorciers et aux sortiléges et de les poursuivre, que sont-ils devenus? Pourquoi ont-ils disparu? Pourquoi n'en est-il plus question?

Dans les pays comme en Angleterre, en Belgique, aux États-Unis, où les maléfices typographiques ne troublent plus aucune imagination et ne donnent plus lieu à aucun procès de presse, les révolutions y sont-elles plus fréquentes que dans les États qui persistent à croire qu'ils seraient en péril s'ils ne s'abritaient pas derrière un triple rempart de lois restrictives, préventives, répressives?

J'ai assisté à quatre insurrections victorieuses. Le lendemain du triomphe de chacune d'elles, j'ai vu le cours des lois pénales s'interrompre brusquement; mais ce que je n'ai pas vu et ce que nul n'a vu, c'est, pendant cette interruption, le nombre s'accroître des meurtres et des vols. Loin de là! le contraire est ce qui avait lieu.

S'est-on demandé pourquoi?

Comme sa naissance, la disparition d'un effet a sa cause.

La cause n'était pas une amélioration du milieu

social, car on n'avait pas eu le temps de le changer du jour au lendemain.

A quoi donc l'attribuer?

La répression agirait-elle en sens contraire du but qu'elle se propose?

La question se présente appuyée de faits assez sérieux pour qu'elle mérite d'être sérieusement examinée.

Quoique l'instruction n'ait pas encore pris la place de l'ignorance; quoique le ressort de l'épargne n'agisse encore qu'à l'état d'exception; quoique enfin la prévoyance sociale n'ait pas encore succédé à la répression judiciaire, ma conviction profonde est qu'une société offre d'autant plus de sécurité qu'elle compte moins de lois pénales.

Leur suppression totale ne me causerait personnellement aucune crainte; mais comme cette confiance ne saurait s'acquérir sans d'aussi attentives observations et d'aussi profondes méditations que celles qui me l'ont donnée, je me contente d'insister sur ce que j'ai appelé l'élimination pénale, qui seule pourra combler les deux gouffres que creuse l'emprisonnement :

Le gouffre des libérés ;

Le gouffre des récidivistes.

« *Les criminalistes sont à bout de voie;* » c'est ce qu'avouait, c'est ce que constatait en ces termes, il y a plus de vingt ans, un ancien ministre du roi

Louis-Philippe, M. le comte de Salvandy, dans une lettre qu'il livrait, le 25 août 1849, à la publicité des journaux :

Tous *les criminalistes* savent que la législation est *à bout de voie*, que la répression manque à sa mission ; que la corruption, que le crime débordent en dépit des digues que leur opposent nos mœurs bienveillantes, nos lois désarmées. *A des maux croissants et nouveaux il faut des remèdes nouveaux et puissants. Si les préoccupations infinies du temps sont à beaucoup d'égards un obstacle, la grandeur et l'urgence de la situation sont des ressorts.*

Comment le grand peuple qui cherche ses voies depuis 1789 sans les trouver n'aurait-il pas réfléchi, devant des coups si étranges et si redoutables, à cette fatalité qui le précipite depuis soixante ans accomplis à travers tous les principes, tous les droits et toutes les formes, lui faisant trouver partout les révolutions, ne lui permettant de trouver la durée nulle part? La république et la monarchie, le droit royal et le droit populaire, la paix et la gloire, le génie et la sagesse, la tradition et les nouveautés, enfin les classes élevées, les classes moyennes, les masses, tout a fait son temps, tout a été tenté et tout a passé. Entre les Républiques, nous avons eu la Convention, le Directoire, le Consulat; entre les têtes couronnées, Napoléon, Charles X, Louis-Philippe, c'est-à-dire les princes et les principes les plus divers. Tous ces gouvernements ont eu même fortune. Un ascendant considérable et populaire au début, ensuite un déclin rapide et fatal, telle a été la condition semblable de ces régimes contraires.

Il est évident que l'activité native de l'esprit français, qui devait trouver ses contre-poids dans les institutions, secondée, au contraire, et précipitée par l'instabilité naturelle des institutions démocratiques, a fait cette fragilité funeste de tous les gouvernements que la société de 1789 a tour à tour placés à sa tête. Mais, comme jusqu'ici les gouvernements étaient ou semblaient seuls attaqués, renversés, broyés, l'esprit public ne s'éclairait pas par le spectacle de leur chute. Il n'en déduisait pas les moralités. Il ne faisait pas de retour sur lui-même. Il y a été contraint cette fois, parce qu'un trône tombant sans qu'un autre prît sa place, et toutes les institutions préservatrices de l'ordre social ayant été entraînées dans sa ruine, après les périls du gouvernement et sa chute sont venus les périls de la société même. Ils ont, depuis seize mois, éclaté avec furie; ils ont mis en question toutes les destinées, la famille comme l'État, la propriété comme la religion, le sol comme les lois et les croyances.

Cet état nouveau a bien des causes prochaines ou éloignées, occultes ou patentes, accessibles aux remèdes ou inabordables aux investigations même, du moins aujourd'hui. Parmi les plus directes, les plus visibles, et, Dieu merci, les plus abordables, comptons sans hésiter tout ce qui touche à l'éducation publique et au régime pénitentiaire; car ce sont les deux ressorts qui agissent le plus puissamment sur le corps social, qui influent le plus efficacement sur l'avenir, sur un avenir destiné à se réaliser incessamment, à devenir le présent à chaque soleil qui se lève, à chaque heure qui s'écoule.

... Soit qu'on se préoccupe de la plaie sociale ou de la plaie politique, du recrutement permanent pour le crime ou pour la révolte, soit que l'on compte ces instituteurs de vices et d'attentats ou ces suppôts de toutes les séditions, ces défenseurs pour toutes les barricades qui ont passé par les prisons, il s'agit d'une *armée* de 150 ou 200,000 hommes sur toute la surface de la France.

Si, en effet, le mot d'*armée* est juste, appliqué aux recrues que forment, que disciplinent, qu'exercent chaque année les prisons départementales et les maisons centrales, ce mot d'armée n'indique-t-il pas que ce qu'il y a à faire c'est le contraire de ce qu'on a fait, c'est de substituer le licenciement au recrutement ?

Tous les directeurs et tous les inspecteurs des prisons départementales et des maisons centrales sont unanimes pour attester qu'à quelques rares exceptions près le condamné vaut moins lorsque les portes de la maison centrale s'ouvrent pour le laisser sortir que lorsqu'elles s'ouvrent pour le faire entrer. Il serait temps d'en finir avec les phrases creuses et les lieux communs! L'impossibilité démontrée de résoudre l'insoluble problème des libérés est ce qui condamne souverainement toutes les peines corporelles, hormis la peine de mort. Il faut avoir le courage et la bonne foi de le reconnaître.

Suivons donc ce conseil de Montesquieu :

Un bon législateur s'attachera moins à punir les crimes qu'à les prévenir; il s'appliquera plus à donner des mœurs qu'à infliger des supplices.

Montesquieu a raison; le but qu'il faut se proposer et poursuivre, c'est l'adoucissement des mœurs, mais le moyen le plus sûr et le plus rapide de l'atteindre, est-ce l'adoucissement des peines ? Non, c'est leur suppression finale par voie d'élimination successive.

CHAPITRE XIII.

DE L'ADOUCISSEMENT DES PEINES.

> Tous les hommes qui ont quelque expérience sur le sujet des prisons savent que c'est dans la maison d'arrêt, c'est-à-dire dans la prison des *prévenus*, que la corruption des criminels commence et s'achève presque aussitôt. DE TOCQUEVILLE.
>
> Le crime a chez nous deux degrés d'instruction comme le régime universitaire, et il est rare que ceux qui ont fait leurs premières études dans les prisons ne viennent pas les achever aux bagnes
> Charles LUCAS.
>
> Dans l'état actuel des choses, on peut dire que coupables ou innocents, le jour où ils passent le seuil d'une maison d'arrêt ou de justice, ils sont perdus pour la société, que leur avenir est détruit, et que le crime s'empare d'eux comme d'une proie qui lui est destinée. BÉRENGER, *président de la cour de cassation.*
>
> Une peine qui ne tend pas à l'amendement du coupable est une peine qu'on doit désirer de ne pas employer. Celle qui tend à le démoraliser est une peine qu'il n'est pas permis d'employer. ROSSI.

L'adoucissement des peines, leur courte durée, peuvent séduire ceux qui croient qu'elles ont le pouvoir d'amender le coupable, mais c'est une illusion que ne sauraient partager et que repoussent ceux qui ont puisé dans l'étude approfondie des faits la ferme conviction que les peines, quelles qu'elles soient, corrigent moins de condamnés qu'elles n'en pervertissent!

Prétendre qu'au temps où la rigueur des peines allait en France jusqu'aux dernières limites de la cruauté, le niveau moral de notre pays était plus élevé que de nos jours, est une allégation téméraire contre laquelle protestent d'irrécusables témoignages dont il doit suffire de citer quelques-uns.

Le président Claude Groulard, magistrat du parlement de Rouen au temps de la Ligue, envoyait son fils à Leyde et écrivait ce qui suit à son ami Scaliger :

Je l'ai retiré de France pour ne pas le laisser croystre parmi nos vices, car notre patrie est maintenant en tel estat qu'elle fait horreur à ceux qui y demeurent. L'ire de Dieu y est espandue, il n'en faut quasi attendre que la ruine; les méchants sont en autorité et en crédit, les gens de bien sont mesprisés et s'en vont hors du monde, il n'y a plus d'apparence de résister, si, d'en haut, nous n'avons quelque secours inespéré.

Le fils de Pierre de Lamoignon, en 1560, retraçait en ces termes la vie de son père :

Les malheurs de la France, que Pierre de Lamoignon avait déplorés vingt ans auparavant, n'étaient point terminés; les guerres civiles, plus animées que jamais, rendaient le retour de Bourges à Paris un voyage dangereux. Toutes les routes étaient infestées de soldats et de brigands. Chrétien ne put échapper à leur violence qu'à la faveur d'un déguisement.

Un siècle plus tard, le 22 juin 1660, Guy Patin déposait du fait suivant :

Les vicaires généraux et les pénitenciers se sont allés

plaindre à M. le premier président que, depuis un an, 600 femmes, de compte fait, se sont confessées d'avoir tué et étouffé leur fruit (1).

Écoutons Estienne, qui vivait sous le règne de Henri II et qui est mort en 1598; il s'exprime ainsi dans son *Traité préparatoire à l'apologie pour Hérodote :*

Que le desbordement incroiable de nostre siècle nous rend vraisemblable et croiable tout ce que nous avons dit de la meschanceté du siècle prochain.

Il est, à chaque page de ce livre, donné des exemples de tous les débordements, et les mots « paillardise, sodomie, bestialité, larrecins, injustices, homicides, cruaustés, blasphèmes, maudissons, incestes, adultères, » etc., sont souvent répétés.

Ces débordements sans frein et sans nombre donnent raison à cette opinion de Montesquieu :

L'expérience a fait remarquer que, dans les pays où les peines sont douces, l'esprit du citoyen en est frappé, comme il l'est ailleurs par les grandes... L'imagination se fait à une grande peine nouvelle, comme elle s'était faite à la moindre... Les vols sur les grands chemins étaient com-

(1) Dulaure, dans son *Histoire de Paris,* t. IV, cite les sermons du Père Maillard aux marchands pour leur reprocher toutes sortes de fraudes, et ceux du Père Barbette aux femmes coupables, où il dit : « Les latrines retentissent des cris des enfants qu'on y a » plongés. »

muns dans quelques États; on voulut les arrêter, on inventa le supplice de la roue, qui les suspendit pendant quelque temps. Depuis ce temps on a volé sur les grands chemins comme auparavant... Il ne faut point mener les hommes par les voies extrêmes; on doit être ménager des moyens que la nature nous donne pour les conduire.

En établissant une peine cruelle on use le ressort du gouvernement. L'imagination se fait à cette grande peine comme elle s'était faite à la moindre; et comme on diminue la crainte pour celle-ci, on est forcé bientôt d'établir l'autre dans tous les cas.

Et à cette opinion de Beccaria :

L'expérience de tous les siècles prouve que la peine de mort n'a jamais arrêté les scélérats déterminés à nuire.

L'impression que produit la vue des supplices ne peut résister à l'action du temps et des passions, qui effacent bientôt de la mémoire des hommes les choses les plus essentielles.

Marmontel, qui est mort en 1799, marque dans ses *Éléments de littérature,* à l'article *Satires,* quel était l'étiage moral du dix-huitième siècle :

Boileau s'amuse à nous peindre les rues de Paris; c'était l'intérieur, et l'intérieur moral qu'il fallait peindre : la dureté des pères qui immolent leurs enfants à des vices d'ambition, de fortune et de vanité; l'avidité des enfants impatients de succéder et de se réjouir sur le tombeau des pères; la fureur universelle de sortir de son état; la dépravation des mœurs de tous les États; le désœuvrement, l'ennui, l'inquiétude, le dégoût de soi-même et de tous ses devoirs, la soif ardente des plaisirs, les fantaisies, le jeu vorace, le luxe ruineux.

Un autre témoignage est celui-ci, tiré des *Mélanges politiques et littéraires* de Chateaubriand :

Dans les plus beaux temps du règne de Louis XIV, en 1665, on trouve que douze mille plaintes pour crimes de toutes les espèces furent portées devant les commissaires royaux, à ce qu'on appelait *les grands jours d'Auvergne*, c'est-à-dire qu'en 1665 on jugea, dans une seule province de la France, deux fois plus de crimes que l'on n'en a jugé, en 1825, dans toute l'étendue de la France.

Mais prétendre que l'adoucissement des peines a rendu les crimes plus rares est une assertion non moins téméraire contre l'exactitude de laquelle proteste la statistique criminelle publiée en France, depuis 1826, avec une méthode et une impartialité exemplaires.

L'aveu suivant est extrait du compte général de l'administration de la justice criminelle en France et en Algérie pendant l'année 1868 :

Il se manifeste une progression de criminalité de nature à préoccuper tous ceux qui coopèrent à l'œuvre de la justice, ou qui la consultent comme un symptôme révélateur de l'état moral du pays.

Cette progression ne date pas de nos dernières années troublées, car l'auteur de l'*Essai sur les peines et le système pénitentiaire,* ouvrage couronné par l'Institut, M. Alauzet, la constatait en 1842, il y a vingt-huit ans, en ces termes :

Ce précieux document (le *Compte général annuel de la justice criminelle en France*) fournit la preuve irrécusable que les délits ont augmenté en France, depuis quelques années, d'une manière très-sensible. Ce fait est malheureusement trop avéré pour être l'objet d'aucune controverse; mais les uns prétendent que les grands crimes, les crimes atroces, et généralement tous ceux contre les personnes, ne suivent pas cette progression, et même diminuent; que, parmi les attaques contre les propriétés, ce sont les moins graves, celles auxquelles le Code a réservé particulièrement la qualification de délits, qui augmentent seules. A la tête des partisans de cette dernière opinion, marche M. Ch. Lucas; parmi ceux qui nient ces résultats, on compte M. Guerry, auteur de la Statistique morale de la France.

La rigueur des peines n'étant pas plus efficace que leur douceur, leur adoucissement doit être considéré, au point de vue de l'humanité, au point de vue de la société, au point de vue des mœurs et des lois, comme un réel progrès pénal (1); mais

(1) En Angleterre, le « *Shop lifting act* » de 1698 punissait de mort le vol de tout objet de la valeur de cinq shellings, quand le vol était commis dans une écurie, un magasin ou une boutique. Le « *Black act* » de 1713 défendait, sous peine de mort, de couper un arbre ou de voler un lapin. L'acte subséquent rendait justiciable du bourreau quiconque avait dérobé un morceau de linge dans une buanderie. En 1810, dans l'année même où paraissait à Londres le livre de Samuel Romilly, intitulé : *Observations sur les lois criminelles, en ce qui concerne les peines capitales*, et deux ans seulement avant la publication de cet autre livre non moins renommé :

ce serait tomber dans une méprise profonde que d'attribuer à la douceur et à la brièveté des peines une efficacité plus grande qu'à leur rigueur et à leur longueur.

La vérité, attestée par l'observation, c'est que les deux systèmes contraires sont également impuissants à atteindre le but qui leur est assigné; donc ce qui importe, ce n'est point de rendre moins longues les peines corporelles, c'est de les rendre de plus en plus rares en effaçant de notre code pénal une multitude de crimes et de délits qu'il est plus prudent d'en retrancher que d'y laisser, car lorsque la courte durée des peines est érigée en système, ses résultats certains sont de creuser plus profondément encore sous les pas de la société l'abîme, l'immense abîme du libéré, ce soldat de toutes les révolutions.

Le libéré est la pierre d'achoppement de tous les

Théorie des peines et des récompenses, par Jérémie Bentham, on en était encore à débattre dans le Parlement le point de savoir si voler dans une boutique un objet de la valeur de cinq shellings n'était pas un crime digne de mort. Dans la Chambre haute, lord Ellenborough, qui était à cette époque *lord chief justice*, s'écriait :

« Si vous abrogez la loi qui applique la peine capitale au fait de voler dans une boutique jusqu'à concurrence de cinq shellings, on viendra vous demander, l'année prochaine, d'abroger la loi qui applique la peine capitale au vol de pareille valeur dans une maison privée. »

Depuis que les voleurs ont cessé en Angleterre d'être punis de la peine capitale, ils n'ont pas volé plus, ils n'ont pas volé moins, ils ont volé autant.

systèmes de pénalité, car le danger que le condamné fait courir à la société est plus grand, à sa sortie de prison, à l'expiration de sa peine, qu'avant son entrée en prison.

La réalité et le danger de cette pierre d'achoppement sont unanimement attestés par les témoignages les plus irrécusables :

On ne saurait en disconvenir, les libérés trouvent souvent des difficultés plus ou moins grandes pour se reclasser dans la société. Signalés comme des hommes dangereux, il doit leur être souvent difficile de se procurer du travail, et alors ils n'ont plus qu'à choisir entre la mendicité et le vol. Cette fâcheuse extrémité réveille en eux toutes les mauvaises passions, et ils reprennent infailliblement le cours d'une vie orageuse et irritée qui les entraîne de nouveau au crime! (Comte DUCHATEL, ministre de l'intérieur, 22 avril 1842.)

Privés, par la répugnance qu'ils inspirent, de ressources et d'appui, les libérés sont presque fatalement entraînés de nouveau dans le crime. (*Commission de la Chambre des pairs*, avril 1844.)

En général, dans la première et la deuxième année de la sortie de prison, la plupart des libérés tombent en récidive. (*Statistique criminelle de* 1850.)

Dans l'état actuel des choses, rien de plus triste que la position du libéré qui veut vivre d'une manière honorable. A peine sorti de prison, il se retrouve en face d'une société qui le redoute, qui le fuit et l'expulse tout à la fois. Veut-il embrasser une carrière? chacun s'empresse de la lui fermer. Veut-il entrer dans une manufacture? ses camarades, dès qu'ils connaissent sa position, le chassent impitoyablement, et grâce à la malheureuse direction donnée à la surveillance de la haute police, grâce à la malice et à la cupidité de ses anciens compagnons de prison, il est sûr d'être bientôt découvert. (Ad. Baudon, *Maison de Clairvaux.*)

Lorsqu'on réfléchit à la position du libéré dans le monde, loin d'être étonné du nombre des récidives, on est plutôt surpris qu'elles ne se multiplient pas davantage. Changez de système si vous voulez; redoublez à votre gré les rigueurs; replacez les détenus sous les terreurs de la force brutale; faites des lieux de détention, si vous le pouvez, les puits de Venise ou le Spielberg, vous aurez toujours des récidives. Toujours vous trouverez des hommes qui hasarderont ce sort contre le malheur qui les poursuit dans la société; et, dans ce jeu funeste, la prison ne sera pas plus leur épouvantail que leur complice. (Le pasteur Diodati, chapelain du pénitencier de Genève.)

Que chacun mette la main sur sa conscience, et il sentira que la société qui s'en plaint n'est pas irréprochable à l'égard des nombreuses récidives qui s'y commettent. (Le pasteur Meynadier, membre de la commission des prisons de Valence.)

Combien ne pourrais-je pas citer de pauvres prisonniers dont la conduite m'avait semblé mériter le plus vif intérêt, et que j'ai vus rentrer en prison par suite de nos préjugés? J'en sais un entre mille qui, après avoir achevé son ban sans donner lieu au moindre reproche sur sa conduite, a fait *onze boutiques* dans *treize mois* sans pouvoir obtenir, malgré les excellents certificats *que je lui avais donnés*, qu'on *osât* le conserver en sa qualité de libéré. On lui disait : *Je n'ai pas à me plaindre de vous, mais comment vous envoyer placer de l'ouvrage chez une pratique? Je les perdrais toutes les unes après les autres : allez-vous en!* (Marquet Vasselot, directeur de la maison centrale de Loos.)

A peine est-il dans un atelier où il peut manier la lime ou la scie, dans une ferme où il garde les bestiaux, dans une famille chez laquelle il est soumis aux lois de la domesticité; trahi par l'attirail indispensable des signalements, par la brutale indiscrétion des agents subalternes de la police, le libéré est dans une inquiétude continuelle. Jeté d'atelier en atelier, de village en village, d'antichambre en antichambre, accusé partout, repoussé partout, il ne voit plus qu'un asile, c'est le bagne; qu'une recommandation pour y être admis, c'est le crime. (Maurice Alhoy.)

Beaucoup de coupables n'eussent jamais atteint le degré de perversité qui les a conduits au bagne ou à l'échafaud, s'il eût été possible de les soustraire aux conséquences d'une première faute, c'est-à-dire à la funeste influence d'un premier séjour en prison.

Le séjour en prison, si peu long qu'il soit, et alors même qu'on écarterait la funeste influence de la promiscuité qui y règne, suffit pour troubler à tout jamais la conscience humaine. Quiconque a été assujetti à une mesure de ce genre, conserve toujours le sentiment de son amoindrissement moral. Il lui faut, pour se relever, une énergie peu commune et des conditions d'existence d'une nature toute particulière. En général, il est impossible de s'arrêter dans la voie du mal, lorsqu'on a franchi une seule fois le seuil d'une maison d'arrêt ou de correction.

De l'avis des hommes les plus autorisés, les obstacles vraiment sérieux qui s'opposent à ce que le libéré reprenne une place régulière dans les rangs de la société sont le plus souvent, non le manque de travail et partant de moyens d'existence, mais bien les sentiments de perversité contractés dans le milieu où il a vécu ou occasionnés par le séjour des prisons, l'influence des relations établies avec d'autres malfaiteurs, et, dans beaucoup de cas, les désastreux effets de la surveillance légale.

Il est presque impossible à l'homme placé en état de surveillance de vivre honnêtement et de se réhabiliter. — Méprisé, montré du doigt, chassé de tous les ateliers lorsque ses antécédents y sont connus, cloué dans un lieu de résidence où il n'y a souvent pas d'industrie qu'il puisse exercer, il faut alors au libéré une force d'âme peu commune pour résister aux suggestions de la misère et au sentiment de son irrémissible dégradation morale. (Jules Lalou, inspecteur général des prisons et établissements pénitentiaires.)

On entre mauvais dans nos prisons, on en sort pire. Si par hasard on y entre bon, on en sort mauvais.

L'influence démoralisatrice de nos prisons est admise sans contestation par tous les administrateurs. Un tel état de choses n'existe pas seulement en France, on le trouve aggravé en beaucoup de pays; mais pour être général, il n'en est pas moins déplorable.

Jamais la société ne s'est rendu compte, même approximativement, du poids de responsabilité que le droit de punir faisait peser sur elle. Jamais législateurs et politiques n'ont cru qu'un intérêt pressant et en même temps un devoir de conscience les obligeassent à faire les plus grands efforts pour que des milliers de citoyens, menés de force dans les prisons au nom de la justice et de la sécurité générale, ne fussent pas à tout jamais dépravés par le contact de tous les vices accumulés dans ces lieux.

Qu'on y réfléchisse! Est-il rien de plus singulier et de plus barbare que ce qui se passe chaque jour sous nos yeux? Un homme commet quelque méfait. Dans beaucoup de cas, l'opinion publique ne lui sera pas trop défavorable, et s'il continue à vivre parmi ses anciens compagnons, ceux-ci témoigneront à peine quelque répulsion pour lui. Ce même homme est-il arrêté, envoyé en prison? Sa peine expirée, sa faute expiée, il est partout un objet de mépris et de défiance.

Contre la contagion de perversité que nos prisons entretiennent, nous n'avons imaginé qu'un remède, la surveillance de la haute police, « *cette peine que les codes des autres nations ont repoussée*[1] », qui a pour effet *de jeter fatalement les libérés en dehors de la société* et qui *les empêche de se procurer du travail* (2) : puis, contre le mal d'un tel remède, il a fallu inventer la transportation par mesure administrative (3), c'est-à-dire la mesure la plus violente et la plus arbitraire qui se puisse imaginer, le bon plaisir de la police substitué aux jugements de la magistrature. (CORNE, avocat. *Prisons et détenus.*)

L'emprisonnement ne fait qu'emmagasiner toutes les

(1) *Statistique des prisons*, 1864, p. XLIX.

(2) *Statistique des prisons*, 1863, p. LXXXXI.

(3) Décret du 8 décembre 1851.

Art. 1er. — Tout individu placé sous la surveillance de la haute police, qui sera reconnu coupable de rupture de ban, pourra être transporté par mesure de sûreté générale dans une colonie pénitentiaire, à Cayenne ou en Algérie. La durée de la transportation sera de cinq années au moins et de dix ans au plus.

Art. 2. — La même mesure sera applicable aux individus reconnus coupables d'avoir fait partie d'une société secrète.

turpitudes qu'il numérote, qu'il étiquette, et qu'au bout d'un certain temps il remet en circulation avec les intérêts du vice capitalisés pendant le temps de la condamnation.

C'est un fait qui n'est que trop bien constaté que la prison rend l'individu pire qu'elle ne l'a reçu; mais elle a une autre conséquence, c'est que, le plus souvent, elle place le condamné qui a subi sa peine dans une situation plus difficile que celle où il se trouvait avant sa condamnation.

Les prisons versent dans la société des milliers de libérés qui traînent après eux la chaîne de la surveillance; en attendant l'occasion de commettre un nouveau crime, ils mènent une vie haletante, désespérée; ils s'échappent de leur résidence comme des bêtes furieuses qui rompent leurs traits et s'enfuient au hasard, emportant les débris de leur joug.

La situation des libérés est tellement difficile, qu'ils ont en quelque sorte intérêt à rentrer en prison; leur position est trop précaire pour pouvoir durer. (Édouard DESPREZ, docteur en droit.)

Si le libéré n'a pas de ressources, malheur à lui! Ses recherches pour trouver du travail seront infructueuses. Qui voudrait en donner à cet homme dangereux? — Vainement le condamné veut se repentir, se moraliser par un labeur salutaire et purifier par une conduite exemplaire les souillures de son passé. On ne lui en tient pas compte. C'est un homme soumis à la surveillance, il ne mérite ni intérêt ni pitié. Vainement les agents du pouvoir, suivant leurs instructions, cherchent du travail pour lui; ils n'en trouvent pas, tant est grande à l'égard du condamné la malveillance publique. Le voilà acculé dans une impasse, et pourtant il faut vivre. Alors il soustrait avec effraction un peu de cet or qui lui créera des moyens de subsistance, et, comme conséquence, est plongé à nouveau dans l'enfer des bagnes. S'il ne prend point le parti désespéré du crime, il se met volontairement en état de rupture de ban et demande comme une grâce, au procureur impérial de l'arrondissement où il se trouve, de vouloir bien le faire mettre en prison; là, au moins, il vivra! (Henri PASCAUD, substitut à Châteauroux.)

« Chez nous, tout est obstacle et embarras pour le condamné qui sort de prison. La surveillance de la police, à laquelle il est soumis, l'enchaîne dans une résidence fixe, dont il ne peut sortir sans devenir coupable d'une nouvelle infraction. Il est condamné à vivre dans le lieu où son premier crime est officiellement connu, et tout concourt à le priver des moyens d'existence qui lui sont nécessaires. Le vice d'un pareil état de choses est tel, qu'il est senti par tout le monde; aussi doutons-nous qu'il soit longtemps maintenu. (DE BEAUMONT et DE TOCQUEVILLE. *Système pénitentiaire aux États-Unis.*)

Les condamnés se soumettent à la nouvelle discipline, mais ils ne se convertissent pas; une grande partie des libérés se font condamner de nouveau dans l'année qui suit leur sortie de prison.

La société doit beaucoup se préoccuper des libérés, car leurs vices et leur misère sont un danger social. Mais comment convient-il de venir à leur secours? C'est là une question d'une difficulté extrême. (DE TOCQUEVILLE.)

Sans doute la difficulté est extrême. Mais le reconnaître ne suffit pas. Comment la résoudre?

Presque toujours la libération n'aboutit qu'à la récidive.

Les rapports de tous les inspecteurs des prisons constatent :

Que c'est en général dans la première et la deuxième année de leur sortie de prison que les libérés commettent de nouveaux méfaits;

Que près de la moitié des accusés de crimes, et un peu plus du cinquième des prévenus, sont en état de récidive;

Que les récidivistes sont généralement incorrigibles, quoique la répression à leur égard ne fasse pas défaut ;

Que, depuis les réformes introduites dans notre législation pénale et dans nos prisons, non-seulement les récidives augmentent d'année en année, mais que les détenus les plus intelligents sont en même temps les plus pervers, et que ceux qui sortent avec une masse de réserve, produit de leur travail sous les verrous, tombent d'autant plus vite et d'autant plus gravement en récidive que le chiffre de leur masse est plus élevé.

Le crime a sa contagion; c'est ce que Filangieri constate en ces termes :

L'opinion publique a attaché une sorte d'infamie à l'emprisonnement. Un accusé n'est pas toujours criminel, mais il le deviendra peut-être en vivant à côté d'un scélérat. Renfermé avec des coupables déjà condamnés, il ne respire que l'air du crime : et qui sait jusqu'à quel point cette atmosphère contagieuse peut agir sur son esprit et sur son cœur! Qui sait si le malheureux qui s'en pénètre, pour ainsi dire, par tous les pores, aura la force de résister à sa maligne influence! Un accusé non convaincu, quoique coupable, a le plus grand intérêt à cacher sa dépravation; mais celui à qui la peine de son crime a déjà été imposée ouvre son cœur perverti à tous ses compagnons; il leur parle des plaisirs dont ses vices l'ont fait jouir; il échauffe leur imagination par l'histoire de ses féroces attentats; il est l'apôtre du crime. Or, l'homme s'accoutume à tout, et l'horreur pour les forfaits s'affaiblit par l'habitude d'en entendre parler. Le crime a son enthousiasme qui se communique tôt ou tard; il fait des prosélytes comme la vertu. Un accusé qui était entré innocent dans la prison doit donc nécessairement en sortir criminel.

Bentham est d'accord avec Filangieri :

Sur les ruines de l'honneur social, il s'élève un honneur nouveau composé de fausseté, d'intrépidité dans l'opprobre, d'oubli de tout avenir, d'inimitié contre le genre humain; et c'est ainsi que des malheureux que l'on aurait pu rendre à la vertu et au bonheur parviennent à l'héroïsme du crime, au sublime de la scélératesse.

La preuve que ces paroles sont vraies, ce sont ces déclarations :

Il est fort peu de cas où un homme, femme ou enfant, devenu une fois voleur, cesse de l'être. . . . . Les exceptions à cette règle sont si rares, qu'elles ne méritent pas d'être citées. . . . . Du reste, quelle qu'en soit la cause, le fait est que le voleur se corrige rarement, j'allais presque dire jamais. (Wakefield, directeur de la prison de Newgate.)

Les voleurs de Londres sont incorrigibles; je ne crois même pas qu'il y ait de châtiments capables de les détourner du crime. (CHARTERTON, gouverneur de la maison de correction à Coldbathfield.)

En Angleterre, on croit peu à l'amendement des convicts. C'est à peine si l'on y croit à l'amendement possible des jeunes détenus. (MOREAU CHRISTOPHE, inspecteur général des prisons.)

Les directeurs d'une maison d'asile établie à Londres ont observé qu'ils ne trouvaient d'individus absolument incorrigibles que ceux qui avant d'être dans l'établissement avaient subi la peine du fouet. (ROSSI, *Traité du droit pénal.*)

L'impuissance du régime pénitentiaire, si amélioré, si perfectionné qu'il l'ait été depuis trente ans, est attestée, on l'a vu, par l'unanimité des aveux les moins suspects, les plus irrécusables. Il n'y en a pas un seul qui contredise cette déclaration de M. Léon Vidal, inspecteur général des prisons, et auteur d'un grand nombre d'ouvrages spéciaux :

La science, avec les moyens dont elle pourrait disposer, a fait tout ce qu'il lui était humainement et administrativement possible de faire dans les circonstances où il lui était donné d'agir, pour arriver au but recherché, pour réaliser ce qu'elle a cru être la vérité des moyens ; elle a formé des théories; elle les a appliquées; elle a déduit de ces théories toutes les mesures pratiques mises aujourd'hui à exécution; et cependant, il faut en convenir, *les effets ne sont pas encore au niveau des intentions et des exigences de la société, ni même des résultats qu'on attendait d'elle.* Il faut donc que la science pénitentiaire cherche de plus en plus et qu'elle indique des mesures plus efficaces encore que celles dont elle a jusqu'ici conseillé l'application. Les faits constatés sembleraient lui imposer cette tâche difficile.

S'il est avéré que la libération n'aboutit qu'à la récidive, s'il est vrai que la pénalité corporelle devienne l'école de la perversité et l'école de la révolution, dès qu'elle cesse d'être l'école de la cruauté et l'école de la tyrannie, hâtons-nous donc de la fermer!

INSCRIPTION DE VIE.

L'impôt transformé en assurance : — Projet de police générale et spéciale destiné à remplacer l'*avertissement* envoyé aujourd'hui au contribuable par le percepteur.

DÉCRET DU 185

ARTICLE PREMIER.

Toute nation libre n'étant et ne devant plus être désormais qu'une assurance individuellement et volontairement contractée entre tous les citoyens majeurs ou émancipés d'un même État, à l'effet de se garantir efficacement contre les risques nationaux et spéciaux de toute nature, susceptibles d'être prévus et évalués, prévenus ou réparés, la qualité des citoyens français s'établit par la police d'assurance, qui atteste la nationalité et l'identité de chacun d'eux.

Cette police d'assurance générale et spéciale se nomme INSCRIPTION DE VIE.

Cette INSCRIPTION DE VIE est l'instrument qui constitue la publicité pénale appelée à remplacer toutes les peines corporelles, dont l'expérience a démontré l'impuissance et le danger, à l'exception de la peine de mort, qui est transitoirement et temporairement maintenue jusqu'au 1er janvier 1900.

ARTICLE 2.

Sont abolies les peines suivantes :
Les travaux forcés à perpétuité;
La déportation;
Les travaux forcés à temps;
La détention;
La réclusion;
Le bannissement;
La dégradation civique;
L'emprisonnement;
La surveillance sous la haute police.

ARTICLE 3.

Les garanties et les réparations attribuées à la société atteinte dans sa sécurité sont :

La déchéance en totalité ou en partie des droits politiques, civils et de famille;

La consignation sur l'INSCRIPTION DE VIE de l'acte qui aura motivé cette déchéance;

Le payement au Trésor public de dommages-intérêts qui, sous le nom d'Amende, pourront s'élever jusqu'à dix fois le montant de la prime annuelle d'assurance générale et spéciale, payement auquel seront tenues, à défaut du déchu reconnu insolvable, la famille dans l'ordre de successibilité établi, et, à défaut de la famille impuissante, absente, éteinte ou inconnue, la Commune lieu de la naissance du déchu;

L'internement dans la Commune, avec option d'*abjuration de la patrie*, soit aux frais du déchu, soit aux frais de sa famille, soit aux frais de sa commune.

ARTICLE 4.

Dans le cas où le déchu, ne s'étant pas expatrié, s'évaderait de sa Commune, où il aurait été interné, il y sera ramené aux frais de ladite Commune, laquelle pourra diminuer ce risque soit au moyen de la création d'une maison communale dite de refuge et de travail, soit au moyen de travaux spéciaux sur les routes et chemins, soit au moyen de conventions contractées avec un ou plusieurs de ses habitants agriculteurs, industriels ou commerçants.

ARTICLE 5.

Par suite de l'abolition de toutes les peines corporelles, à l'exception de la peine de mort, temporairement et transitoirement maintenue, sont supprimés les prisons départementales, les maisons centrales de justice, de correction, de détention, les bagnes et tous autres établissements pénitentiaires; mais toute commune a sa maison cellulaire d'arrêt.

ARTICLE 6.

La consignation sur l'INSCRIPTION DE VIE du déchu de l'acte qui aura motivé la déchéance aura lieu ainsi qu'il va être dit :

Notification de la déchéance aura lieu dans les trois jours au juge de paix de la Commune lieu de la naissance du déchu. Pareille notification devra être également faite dans les trois jours par ledit juge de paix au percepteur de la Commune lieu de la naissance du déchu.

La déchéance motivée sera inscrite à la matricule de la Commune.

La radiation judiciairement ordonnée de cette déchéance judiciairement prononcée équivaudra à la réhabilitation du déchu qui aura été reconnu l'avoir méritée.

RESPONSABILITÉ ET SOLIDARITÉ DE LA FAMILLE.

CODE CIVIL.

ART. 1384. On est responsable non-seulement du dommage que l'on cause par son propre fait, mais encore de celui qui est causé par *le fait des personnes dont on doit répondre* ou des choses que l'on a sous sa garde.

Le père, et la mère après le décès du mari, sont responsables du dommage causé par leurs enfants mineurs habitant avec eux;

Les maîtres et les commettants, du dommage causé par leurs domestiques et préposés dans les fonctions auxquelles ils les ont employés;

Les instituteurs et les artisans, du dommage causé par leurs élèves et apprentis pendant le temps qu'ils sont sous leur surveillance.

La responsabilité ci-dessus a lieu, à moins que les pères et mères, instituteurs ou artisans, ne prouvent qu'ils n'ont pu empêcher le fait qui donne lieu à cette responsabilité.

RESPONSABILITÉ ET SOLIDARITÉ DES TIERS.

CODE PÉNAL.

ART. 73. Les aubergistes et hôteliers convaincus d'avoir logé pendant plus de vingt-quatre heures quelqu'un qui, pendant son séjour, aurait commis un crime ou délit, sont civilement responsables des restitutions, des indemnités et des frais adjugés à ceux à qui ce crime ou ce délit aurait causé quelque dommage, faute par eux d'avoir inscrit sur leur registre le nom, la profession et le domicile du coupable.

RESPONSABILITÉ ET SOLIDARITÉ DE LA COMMUNE

LOI DU 10 VENDÉMIAIRE AN IV.

ART. 1er. Tous citoyens habitant la même commune seront garants civilement des attentats commis sur le territoire de la commune, soit envers les personnes, soit contre les propriétés.

ART. 4. En cas d'attroupements séditieux, les habitants de la commune qui prétendraient n'avoir pris aucune part aux délits, et contre lesquels il ne s'élèverait aucune preuve de complicité ou participation aux attroupements, pourront exercer leur recours contre les auteurs et complices des délits.

ART. 5. Dans les cas où les rassemblements auraient été formés d'individus étrangers à la commune sur le territoire de laquelle les délits ont été commis, et où la commune aurait pris toutes les mesures qui étaient en son pouvoir à l'effet de prévenir et d'en faire connaître les auteurs, elle demeurera déchargée de toute responsabilité.

Nota. La date de 1853 que porte ce modèle est celle de l'année où il a été publié, annexé au volume intitulé l'Impôt.

1853.

POLICE D'ASSURANCE
GÉNÉRALE ET SPÉCIALE
SERVANT :
1° D'INSCRIPTION DE VIE;
2° DE PASSE-PORT;
3° DE CARTE ÉLECTORALE;
4° DE LIVRET PROFESSIONNEL;
5° DE CERTIFICAT D'ACTIF.

RÉPUBLIQUE FRANÇAISE.

LIBERTÉ, ÉGALITÉ, FRATERNITÉ.

Tout impôt est établi pour l'utilité commune.
Chacun contribue en proportion de sa FORTUNE.
(CONSTITUTION FRANÇAISE DE 1848, art. 15.)

M. DUBOIS.
N° (Circonscription, quelque libre.)

COUT
DU PRÉSENT CERTIFICAT :
UN CENTIME PAR JOUR
3 fr. 65 c. par an,
Payables par douzièmes.

L'impôt est la prime générale et spéciale que paye volontairement l'assuré pour s'abriter contre les risques suivants :

Invasion;
Piraterie;
Faits qualifiés crimes, délits et dommages;
Expropriation;
Misère;
Incendie;
Inondation;
Grêle;
Gelée;
Épizootie;
Naufrage.

Les produits de cette prime générale et spéciale sont affectés :

A la solde de l'armée de terre;
A la solde de l'armée navale;
Au payement des frais de Justice et de Police,
A la consolidation de la dette foncière;
A la constitution de la pension de prévoyance;
Au remboursement des sinistres.

Cette prime est proportionnelle à la *valeur* et au *risque* des objets assurés.
Elle est *générale* et *spéciale*. Lorsqu'elle s'applique à la *valeur*, elle est *générale et fixe;* mais lorsqu'elle s'applique au *risque*, elle est *spéciale* et *variable*.
La prime étant proportionnelle aux *valeurs estimées*, aux *risques garantis*, toute déclaration doit être exacte et sincère : C'EST L'INTÉRÊT DE L'ASSURÉ.
L'assuré a pour juges souverains de l'exactitude et de la sincérité de sa déclaration, sa conscience, la conscience publique et le suffrage universel.
L'assurance pour l'exercice à ouvrir a pour base d'évaluation la déclaration que tout assuré, SOUS PEINE DE N'ÊTRE ADMIS A REVENDIQUER AUCUNE DES GARANTIES SOCIALES, est tenu de faire, s'il est Français, au percepteur de la Commune lieu de sa naissance, et s'il est étranger au percepteur de la Commune lieu de son domicile, du 1er octobre au 30 novembre de chaque année, de toutes les valeurs générales et quelconques composant son *actif* et son *passif*.
La prime générale et fixe sera, pour l'année 1853, de DEUX POUR CENT du capital assuré.
Le capital s'entend de l'actif *net*.
Le crédit gagé, se proposant pour but l'abolition de l'expropriation par la CONSOLIDATION de la dette foncière, s'étend aux trois cinquièmes de la valeur des immeubles. Cette valeur est établie, soit par les contrats authentiques, soit en multipliant par le chiffre 40 le revenu moyen des dix dernières années.
En cas de déclaration inexacte, soit de la valeur, soit du produit, la préemption par l'État, et, au refus de l'État, par tout particulier, est de droit.
La préemption est le droit d'appropriation moyennant le payement PRÉALABLE du prix de l'objet tel qu'il a été déclaré et le DIXIÈME EN SUS.
L'État, lorsqu'il a exercé le droit de préemption, est tenu de payer un droit de UN *pour cent* du prix au particulier à la déclaration duquel il devra la découverte d'une fausse déclaration d'actif.
Réciproquement, le particulier qui a préempté, au refus de l'État, est tenu envers lui au payement de ce droit de UN *pour cent*.
La *prime spéciale et variable* est déterminée par un tarif dressé et publié chaque année.
Moyennant le payement régulier de la prime générale et spéciale, toutes les valeurs formant l'objet de la déclaration certifiée sincère sont assurées contre tous les risques ci-dessus spécifiés. Le payement a lieu par douzièmes et d'avance. Il doit être fait directement, soit au percepteur de la commune lieu de la naissance de l'assuré, soit par l'entremise du percepteur de la commune lieu du domicile de l'assuré.
Nul n'est admis à se prévaloir des avantages que lui offre la présente police, si le douzième à échoir n'a pas été ponctuellement acquitté dans le temps prescrit.

1er DOUZIÈME. *Payé le*	4e DOUZIÈME. *Payé le*	7e DOUZIÈME. *Payé le*	10e DOUZIÈME. *Payé le*
2e DOUZIÈME. *Payé le*	5e DOUZIÈME. *Payé le*	8e DOUZIÈME. *Payé le*	11e DOUZIÈME. *Payé le*
3e DOUZIÈME. *Payé le*	6e DOUZIÈME. *Payé le*	9e DOUZIÈME. *Payé le*	12e DOUZIÈME. *Payé le*

FRANCE — COMMUNE —

DÉCLARATION.

Nom. Numéro d'immatriculation. Prénoms.
Commune : — lieu de la naissance.
Sexe.
Age.
Taille.
Degré de l'instruction.
Religion.
Profession.
Signe caractéristique.
Nom du père. (N°) Prénoms. Profession.
Nom de la mère. (N°) Prénoms. Profession.
Célibataire. N°
Marié à Nature du contrat de mariage.
Nombre, âge et sexe des enfants issus de ce mariage.
Habitant la commune de A dater de
Sortant des ateliers de
(Indiquer l'atelier, la fabrique ou la manufacture.)
Actions d'éclat.
Décorations, médailles.
Constatations judiciaires.

DÉCLARATION D'ACTIF.

VALEURS ASSURÉES.	ESTIMATION. Fr. Cent.
Immeubles inscrits sous les nos situés commune de	
Mobilier domestique suivant inventaire,	
Mobilier industriel suivant inventaire,	
Mobilier agricole suivant inventaire,	
Marchandises,	
Inscriptions de rentes,	
Actions ou obligations suivant bordereau,	
Placements suivant détail,	
Créances diverses,	
Valeurs en portefeuille,	
Espèces en caisse.	

Total de l'ACTIF. . . . . fr.
Total du PASSIF, suivant état certifié, *à déduire* fr.
Différence ou total de l'ACTIF NET. . . . . . . fr.

Place réservée pour attester que l'électeur a voté, de telle sorte qu'il ne puisse voter deux fois.

J'atteste la sincérité et l'exactitude de la déclaration ci-contre (1).
Le
Signature de l'Assuré.

Visé pour
Le
Signature du Percepteur.

A la demande de l'Assuré, dont le nom est ci-dessus, j'atteste les faits suivants :

Le
POUR LE DIRECTEUR OU GÉRANT LIBRE DE LA POPULATION.

(1) Tout percepteur qui sera requis de délivrer une copie certifiée des déclarations détaillées qui lui auront été faites, sera tenu de délivrer cette copie certifiée moyennant le payement préalable du droit fixé à 10 francs.

RECETTES. — DÉPENSES. —

BUDGET DE L'ÉTAT.

EXERCICE 1853.

RECETTES.	COMPTES RÉELS. — 1850. Fr.	CRÉDITS OUVERTS. — 1853. Fr.
Assurance générale		
Assurances spéciales		
Polices de circulation		
Caisse { des amendes		
Caisse { de préemption		
Caisse { de consolidation de la dette foncière		
Enregistrement		
Domaines		
Forêts		
Pêche		
Produits divers		
Postes		
TOTAL		

DÉPENSES.	COMPTES RÉGLÉS. — 1850. Fr.	CRÉDITS DEMANDÉS. — 1853. Fr.
Dette publique. Dette consolidée, Emprunts spéciaux, Intérêts de capitaux remboursables, Dette viagère.		
Puissance publique. Administration centrale, Force armée, Marine militaire, Justice.		
Circulation publique. Routes, Ponts.		
Postes		
Sinistres		
Frais d'assurance générale		
Frais d'assurances spéciales		
TOTAL		

BILAN GÉNÉRAL DE LA FRANCE.

ACTIF.		PASSIF.	
Domaine public	10 milliards.	Dette publique	6 milliards (1).
Capital foncier	90 —	Dette hypothécaire	10 —
Capital mobilier	30	Dette chirographaire	4 —
Ensemble	130 milliards.	Ensemble	20 milliards.

BALANCE.

Actif	130 milliards.
Passif	20 —
DIFFÉRENCE	110 milliards.

(1) Évaluation du Budget de 1852 : — 5,373,153,750 fr.

LIVRE DEUXIÈME

CHAPITRE PREMIER.

DE LA PUBLICITÉ PÉNALE.

L'impôt sur le capital eut pour première conséquence de mettre fin aux révolutions violentes et sanglantes qui avaient troublé les siècles précédents. Après ce changement dans la loi fiscale, il se fit un grand calme dans la société florentine. D'une part, la haute bourgeoisie, depuis qu'elle concourt largement aux dépenses, devient moins entreprenante, moins aventureuse; de l'autre, le peuple, satisfait d'avoir conquis l'égalité dans l'impôt, se retire de l'émeute: il laisse à Florence cette longue paix dont profitent les arts du quinzième siècle. La classe ouvrière s'était tellement attachée à cette conquête de l'égalité dans l'impôt, qu'il suffit aux premiers Médicis de se faire les défenseurs du *castato* pour conduire le peuple partout où ils voulurent.

En 1427, à Florence, lorsque l'impôt sur le capital y fut établi, toutes les peines corporelles y furent abolies.

EDGAR QUINET, *l'Impôt sur le capital dans la république de Venise.*

Voulez-vous prévenir les crimes? Que la liberté marche accompagnée des lumières. BECCARIA.

La nature est juste envers les hommes; elle les récompense de leurs peines; elle les rend laborieux, parce qu'à de plus grands travaux elle attache de plus grandes récompenses. Mais si un pouvoir arbitraire ôte les récompenses de la nature, on reprend le dégoût pour le travail et l'inaction paraît être le seul bien.

MONTESQUIEU.

Ce n'est que sur les lois de la Nature qu'on peut établir celles de la société.

Pour vérifier l'ordre de la Nature, il suffit de s'en écarter; pour réfuter les systèmes humains, il suffit de les admettre. BERNARDIN DE SAINT-PIERRE.

Les institutions, les mœurs, les circonstances politiques : voilà ce qui influe sur la moralité des hommes en société; les prisons n'agissent que sur la moralité des hommes en prison. A. DE TOCQUEVILLE.

Liberté humaine et *pénalité corporelle* sont deux termes qui s'excluent; mais s'il y a incompatibilité radicale entre la *liberté indivisible* et la *pénalité légale*, il n'y a nulle incompatibilité entre la *liberté indivisible* et la *publicité pénale*. La publicité est une épreuve que ne craint pas, que souhaite au contraire celui qui croit pouvoir démontrer par le raisonnement qu'il a raison, fût-il seul de son avis contre son siècle tout entier.

Je proteste contre la pénalité légale.

Je propose de la remplacer par la publicité pénale.

La pénalité légale, c'est la pénalité artificielle, c'est la peine arbitraire.

La publicité pénale, c'est la pénalité naturelle, c'est la peine volontaire.

S'imaginer que le jour où il n'y aurait plus de peines infligées à un homme par un autre homme, il n'y aurait plus de pénalité humaine, serait tomber dans une méprise aussi profonde que de croire à l'impunité de l'intempérance, qui cependant n'est justiciable que de l'hygiène et ne met en péril que la santé.

Il est une multitude d'actes qui échappent à la compétence des juges, mais qui n'échappent pas à la réprobation de notre raison, d'autant plus sévère que le secret couvre ses arrêts. Le trouble, le regret, le chagrin, la misère, et ce qui est plus cruel encore que la misère, la ruine, la déconsidération, le mépris, la honte, sont ses châtiments; car toute action porte avec elle inévitablement sa récompense ou sa peine, alors même que le contraire semble résulter d'apparences trompeuses.

Cette loi générale serait encore plus absolue si la société n'avait pas deux impardonnables torts sur lesquels il serait temps qu'elle ouvrît enfin les yeux.

Premièrement, elle ne se confie pas assez à la raison de l'homme ;

Deuxièmement, elle néglige trop de la cultiver.

Cependant la *viriculture* devrait être l'objet de tous ses soins, car cultiver l'homme, l'instruire, c'est lui donner intérieurement pour juges vigilants en premier ressort la réflexion, en dernier ressort le repentir. Là où le remords n'aura pas devancé la condamnation judiciaire, ce ne sera pas celle-ci qui le fera naître. Elle l'éteindrait plutôt qu'elle ne l'allumerait. Communément, le coupable qui est judiciairement puni se croit moralement quitte ; il considère que la peine prononcée efface la faute commise. Erreur funeste, dont la plus grosse part revient à la société ! Elle s'occupe trop d'ouvrir des prisons ; elle ne s'occupe pas assez d'ouvrir des consciences (1). Quand il s'agit de soldats, de fusils et

(1) Je n'hésite pas à affirmer que les *ragged schools* (écoles des enfants en haillons) ont déjà prévenu beaucoup de crimes. Il est bon que le public le sache ! si l'on ne veut point payer cinq livres par an pour l'éducation et l'entretien d'un pauvre enfant dans la *ragged schools*, il faudra presque certainement payer pour le même enfant

de canons à longue portée et à tir rapide, elle ne marchande ni sur le nombre ni sur le prix. Mais au lieu de détruire les hommes, s'agit-il de les instruire? aussitôt elle cesse d'être prodigue pour devenir sordide : le nombre des instituteurs le plus petit au prix le plus bas lui paraît trop élevé. Aussi en a-t-elle pour son argent. Cependant, s'il est une profession qu'on ne saurait trop hautement honorer et trop largement rémunérer, afin d'attirer à elle

onze livres dans la prison d'Édimbourg, et dix-sept livres dans la prison générale de Perth. (*Lettre du gouverneur de la prison d'Édimbourg.*)

Nous avons, grâce aux écoles d'industrie (*training schools of industry*), réduit en six années le nombre des criminels âgés de moins de douze ans de cinquante-trois à un. (*Lettre du gouverneur de la prison d'Aberdeen.*)

Ces pauvres enfants sont de la cire que l'on pétrit à volonté; il faut être bien malhabile pour ne pas réussir à les discipliner avec le régime du *travail en commun.* Croiriez-vous qu'après avoir déraciné la paresse, me voilà contraint de corriger l'excès du travail ? Le principe de l'émulation est si puissant, que plusieurs de ces pauvres enfants fournissent jusqu'à cinq aunes de rouennerie par jour, c'est-à-dire plus que le meilleur ouvrier parmi les hommes. Je viens de fixer la tâche à trois aunes, et sur quatre-vingt-seize enfants, quatre seulement ne l'ont pas fournie cette semaine. Avec beaucoup de bonté et de fermeté on fera des enfants ce qu'on voudra, mais seulement dans la *vie en commun :* c'est publiquement qu'il faut récompenser et punir. Et puis, laissez donc ces pauvres enfants s'agiter, se remuer dans le préau, sous l'œil de votre surveillance; qu'ils fatiguent le corps, et les mauvaises passions ne germeront pas. Voilà ce qu'on n'apprend pas dans les livres, et ce qu'il faudrait savoir avant d'en faire. (Hello, *directeur de la maison centrale de Fontevrault.* Lettre à M. Charles Lucas.)

les plus capables et les plus dignes, c'est celle des cultivateurs de l'enfance et des laboureurs de la jeunesse : car, enfant, on forme l'homme ; homme, on ne le réforme pas.

C'était l'avis de lord Brougham s'exprimant ainsi, en avril 1853, à l'Académie des sciences morales et politiques :

L'observation qui suit est le résultat de mon expérience comme jurisconsulte, comme juge, comme ministre, et serait confirmée, je crois, par l'expérience de tous ceux qui ont administré la justice ou qui ont exercé le pouvoir exécutif ; du moins tous ceux avec lesquels j'ai discuté la question sont arrivés au même triste résultat : Il faut avoir beaucoup moins de confiance qu'on ne l'a généralement dans l'influence exemplaire de la peine, pour l'amélioration de la société et pour prévenir les crimes. On croit, parce que la peine menace un être qui pense, qui balance les raisons pour et contre, qu'en effrayant l'on arrêtera l'homme qui va commettre un crime. Erreur ! Et d'abord il se flatte de l'idée de ne pas être poursuivi ; s'il est poursuivi, d'échapper à la justice ; s'il est arrêté, de se dérober au juge et à sa condamnation ; s'il est condamné, d'échapper à la sentence ou d'être gracié. Et puis, croit-on qu'au moment de commettre le crime il sera de sang-froid ? Évidemment non. Il a la tête montée : tantôt c'est la haine qui le porte à l'assassinat, la crainte de la banqueroute au faux, une passion brutale au viol ; mais évidemment ce n'est pas au moment de commettre le crime que l'homme raisonne. — Il ne faudrait pas conclure de ce qui précède que suivant moi la loi ne devrait pas être sévère. Telle n'est pas ma pensée. Je dis seulement qu'il faut travailler à l'amélioration de la loi pénale, que la peine doit être réformatrice, et que l'éducation, et surtout celle des enfants dès leurs premières années, prévient le crime en réduisant en nombre la classe criminelle.

Criminalité et pénalité sont deux termes indépendants l'un de l'autre. C'est ce qu'atteste la statistique pénale interrogée par un homme spécial, M. Moreau-Christophe :

La moyenne des accusés traduits annuellement sur les bans de nos cours d'assises reste enfermée comme dans un cadre invariable, et le rapport du chiffre des années à celui de la population est, annuellement et constamment, de 1 accusé sur 4,000 ou 4,500 habitants! « La part des pri- » sons, des fers et de l'échafaud semble fixée, pour la so- » ciété, avec autant de probabilité que les revenus du gou- » vernement », a dit à ce sujet M. Quételet. « Chaque » année, dit M. Guerry, voit se reproduire le même nombre » de crimes, dans le même ordre, dans les mêmes régions; » chaque classe de crime a sa distribution particulière et » invariable par sexe, par âge, par saison; tous sont ac- » compagnés, dans des proportions pareilles, de faits acces- » soires, indifférents en apparence, et dont rien encore » n'explique le retour, de telle sorte que le produit annuel » des récoltes ou des impôts, dans les diverses parties de » la France, ne saurait être évalué d'avance avec plus de » précision, de certitude, que le nombre des vols, des » meurtres et des assassinats. » Une chose plus inexplicable encore, c'est que la totalisation du chiffre des crimes de chaque année ne reçoit aucune augmentation de l'accroissement des récidives. Ainsi, qu'il y ait, dans une année, plus de 1,400 récidives, et qu'il y en ait, dans une autre année, moins de 800, la somme totale des crimes de chacune de ces deux années n'en présentera pas moins le même chiffre proportionnel en fin de compte.

Ne craignez donc pas de vous confier à la pénalité naturelle, hors de laquelle il n'y a jamais eu, hors de laquelle il n'y aura jamais que des peines arbitraires; toute recherche pour en déterminer l'exacte proportion, la juste mesure, sera vaine.

J'ai, à cet égard, sous les yeux cet aveu d'impuissance d'un savant criminaliste, honorable magistrat, M. Faustin Hélie :

La proportion des peines avec les délits, et par suite la mesure de la pénalité, est l'un des problèmes les plus redoutables de la législation pénale, l'un de ceux qui laissent dans l'esprit le plus de trouble et d'anxiété.

Si la mesure de la pénalité est un problème insoluble, la conclusion que je tire de ce douloureux aveu, c'est que la tâche incessante de la société doit être celle-ci :

Que chaque homme ait en lui son juge et n'ait plus d'autre juge de ses actions que lui-même.

Comment croire à la puissance intimidatrice des peines, même de la peine de mort, lorsqu'ayant sous les yeux les comptes rendus annuels de la justice criminelle en France, on compare le nombre de ceux qui assassinent au nombre de ceux qui se suicident !

Compte rendu de la justice criminelle de 1868.

Assassinats, 205.
Condamnés à la peine de mort, 11.
Exécutés, 5.
Suicides, 5,547 (1).

Compte rendu de la justice criminelle de 1869.

Assassinats, 214.
Condamnés à la peine de mort, 18.

(1) Quant aux suicides, leur nombre est monté de 5,011 à 5,547, commis : 4,376 par des hommes et 1,171 par des femmes. Le département de la Seine fournit un sixième des suicides, c'est-à-dire 873, ou 87 de plus qu'en 1867.

37 suicidés avaient moins de seize ans; 217 étaient âgés de seize à vingt et un ans; 1,480 de vingt et un à quarante ans; 2,199 de quarante à soixante ans; 988 de soixante à soixante-dix ans; 472 de soixante-dix à quatre-vingts ans, et 100 avaient plus de quatre-vingts ans; l'âge de 54 est resté inconnu.

Au point de vue de l'état civil constaté seulement pour 5,472 suicidés, on relève 1,846 célibataires, 1,789 mariés avec enfants, 853 mariés sans enfants, 601 veufs avec enfants et 383 veufs sans enfants.

69 suicidés n'avaient pas de domicile certain : 2,785 habitaient des communes rurales, et 2,693 des communes urbaines. La population des villes fournit donc presque autant de suicides que celle des campagnes, bien que beaucoup plus faible, et dans la proportion relative de 30 à 70.

Les investigations provoquées par chaque mort volontaire en ont révélé 5,102 fois les motifs probables. On peut les diviser ainsi : misère et revers de fortune, 566; chagrins de famille, 668; amour, jalousie, débauche, inconduite, 990; peines diverses, 1,169 (dont plus de la moitié, 593, causés par des souffrances physiques); maladies cérébrales, 1,684; suicides d'auteurs de crimes capitaux, 25. L'augmentation de 1868 se répartit à peu près également entre chacune de ces catégories.

Exécutés, 10.

Suicides, 5,514 (1).

Lorsque l'on compare ces deux chiffres, celui des *condamnés involontaires* et celui des *condamnés volontaires* A LA MORT, le premier si faible, le second si considérable, est-il encore possible aux hommes qui réfléchissent de croire sérieusement à la puis-

(1) Pour les suicides, leur nombre est descendu de 5,547 en 1868 à 5,114 en 1869 ; mais il reste encore bien au-dessus des chiffres moyens annuels fournis par les trois dernières périodes quinquennales, et qui étaient de 4,661, 4,002 et 3,639. L'avenir apprendra si la diminution de 1869 a été un simple temps d'arrêt dans la progression ou un commencement de décroissance réelle.

Au quadruple point de vue du sexe, de l'âge, de l'état civil et du domicile, les 5,114 suicidés de 1869 se distribuent ainsi : 1° Hommes, 4,113 (80 p. 100); femmes, 1,001 (20 p. 100). — 2° Agés de moins de seize ans, 37; de seize à vingt et un ans, 168; de vingt et un à quarante ans, 1,378; de quarante à soixante ans, 2,052; de plus de soixante ans, 1,432; âge inconnu, 47. — 3° Célibataires, 1,755; mariés ayant des enfants, 1,583; mariés sans enfants, 782; veufs ayant des enfants, 516 ; veufs sans enfants, 340; état civil inconnu, 108. — 4° Habitants des communes rurales, 2,742; habitants des villes, 2,309; domicile inconnu, 63.

On comptait parmi les auteurs des suicides, 1,961 individus attachés à l'agriculture, 1,425 appartenant aux diverses industries, 190 négociants ou marchands, 780 consacrés à des professions libérales; 179 domestiques et 579 qui n'avaient pas de profession ou dont les moyens d'existence sont restés ignorés.

Quant aux motifs présumés des suicides, les enquêtes auxquelles il a été procédé fournissent la nomenclature ci-après : misère, 474; chagrins de famille, 571 ; amour, jalousie, débauche, inconduite, 222; accès d'ivresse, 133 ; ivrognerie habituelle, abrutissement, 531; peines diverses, 1,089 (dont 591 de souffrances physiques); maladies cérébrales, 1,516; suicides des auteurs de crimes graves, 26; motifs inconnus, 552.

sance intimidatrice de la pénalité ? Pour ceux qui ne craignent pas de descendre dans les obscures profondeurs du droit de punir, quel grave sujet de méditation !

La pénalité que je combats, c'est la pénalité corporelle, dont il a été fait un tel abus, que si elle eût été logique et juste, elle n'aurait pas dû lui survivre ; c'est la pénalité qui s'est exercée au gré de toutes les tyrannies et de toutes les passions ; c'est la pénalité qui s'est servie des tyrans pour frapper les peuples et des peuples pour frapper les tyrans, des proscrits pour proscrire les proscripteurs, des martyrs pour lasser les bourreaux, de l'erreur pour torturer la vérité, de l'ignorance pour intimider la science ; c'est la pénalité qui a taché de sang toutes les pages de l'histoire ; c'est la pénalité qui, plus d'une fois, a assimilé le génie au crime, condamné au même supplice, rivé à la même chaîne le malfaiteur de la société et le bienfaiteur de l'humanité ; c'est la pénalité qui, en aucun temps, en aucun pays, n'a épargné ni le grand penseur qui avait devancé son temps ni le grand citoyen qui avait illustré son siècle ou sauvé sa patrie ; c'est enfin la pénalité que la crucification de Jésus devrait suffire à elle seule pour condamner irrémissiblement aux yeux de tous ceux qui sont chrétiens.

Rendre à jamais impossibles dans l'avenir des jugements pareils à ceux qui sont la flétrissure du passé et devraient être le remords de l'humanité : voilà le but que je poursuis.

La pénalité que je propose n'est pas une pénalité que j'invente; elle n'a rien d'arbitraire; elle est la conséquence inhérente à l'action elle-même; elle est à cette action ce que l'ombre est au corps; elle est ce qu'elle doit être, elle est la publicité, rien de plus, rien de moins. Comme la pesanteur est une loi, la publicité est une loi. La publicité est dans l'ordre social ce que la lumière est dans l'ordre physique.

Le générateur de cette lumière, c'est l'INSCRIPTION DE VIE ou *police d'assurance générale et spéciale* (1), qui est à l'impôt converti en assurance ce que l'essieu est à la roue, ce que le gond est à la porte; l'INSCRIPTION DE VIE est, dans l'ordre de mes idées, concordantes toutes entre elles, l'axe sur lequel tourne la société.

L'INSCRIPTION DE VIE, l'inscription individuelle et universelle n'a pas seulement pour objet la perception de l'impôt forcé transformé en prime volontaire d'assurance; l'INSCRIPTION DE VIE a encore un autre effet, c'est de donner, comme à Florence en 1427, il y a quatre siècles, le moyen d'abolir toutes les peines corporelles : peine de mort, travaux forcés à perpétuité, déportation, travaux forcés à temps, détention, réclusion, emprisonnement.

L'INSCRIPTION DE VIE est rédigée de telle sorte qu'elle

(1) Voir la feuille annexée à ce volume.

sert d'acte de naissance, de passe-port, de carte électorale, de livret professionnel et de certificat d'actif. C'est le *warrant* transporté du navire à l'individu, de la chose à la personne. Aucun renseignement nécessaire n'y est omis; elle porte avec elle-même son propre contrôle, car, à chaque douzième payé, elle est visée par le percepteur, et une place est réservée au juge de paix pour y consigner la déclaration que le porteur de ladite INSCRIPTION DE VIE n'a encouru aucune condamnation, ni criminelle ni correctionnelle, toutes les fois que celui-ci le requiert de l'attester.

C'est là une garantie absolument nécessaire dans tout pays où l'institution du jury et le suffrage universel sont en vigueur, ainsi que l'attestent ces courts extraits de la très-longue et très-importante circulaire de M. Rouher, garde des sceaux, en date du 6 novembre 1850 :

L'un des premiers éléments d'une bonne administration de la justice criminelle se rencontre dans *la connaissance exacte* que le juge peut avoir *de la conduite, des mœurs* et DES ANTÉCÉDENTS *de l'homme* qu'il doit juger. De tout temps cette nécessité a été comprise, et tous les législateurs ont cherché à fournir à la justice les moyens de *dresser*, pour ainsi dire, la biographie de ceux qui comparaissent devant elle.

Jusqu'à présent, nous n'avions à nous préoccuper que de connaître les *antécédents des coupables;* il nous faut aujourd'hui étudier très-souvent les antécédents *de ceux qui doivent les juger.*

Le suffrage universel, devenu la base de nos institutions politiques et judiciaires, a singulièrement accru le nombre des citoyens appelés à faire partie du jury. — Toutefois, le législateur a voulu conserver les garanties de moralité, et il a maintenu dans leur rigueur les dispositions de *l'article* 331 du Code d'instruction criminelle, qui *veut, à peine de nullité, que tout individu appelé à remplir les fonctions de juré soit âgé de* 30 *ans et* AIT LA JOUISSANCE DE SES DROITS CIVILS ET POLITIQUES.

Cette disposition qui est devenue un véritable danger qui menace sans cesse la validité de nos procédures criminelles, peut arriver à jeter la plus *déplorable incertitude* sur l'administration de la justice, et exposer le trésor public à des frais ruineux.

Déjà LA COUR SUPRÊME, *saisie de pourvois qui soulevaient des questions d'indignité dans les membres du jury,* S'EST ÉMUE DES DÉSORDRES *que pouvait engendrer cet état de choses, et dans son amour pour le bien public,* S'EST EMPRESSÉE DE ME SIGNALER LE PÉRIL.

Il n'était qu'UN SEUL MOYEN DE LE PRÉVENIR, c'était de développer et de rendre plus efficaces les mesures déjà adoptées par le législateur pour arriver à *connaître les antécédents de* TOUS ceux qui non-seulement seraient appelés à répondre de leurs actes devant la justice, mais qui pourraient, pour une part quelconque, être appelés à prendre part aux débats judiciaires.

Moyennant cette INSCRIPTION DE VIE, où tout est sommairement inscrit, le rôle des juges en matière criminelle ou correctionnelle change presque entièrement. A l'exception des réparations pécuniaires qu'ils continueraient de prononcer, soit à titre d'amendes, soit à titre de dommages et intérêts, on pourrait dire : Ils ne *condamnent* plus, ils *inscrivent.*

Afin de la simplifier, l'INSCRIPTION DE VIE pourrait être sur papier de couleurs différentes.

Le papier blanc indiquerait la vie irréprochable, la vie sans tache.

Le papier jaune indiquerait la vie entachée, sur les antécédents de laquelle il serait prudent de se renseigner en remontant à la source.

Le papier vert indiquerait que les taches qui avaient existé ont été effacées par une conduite honorablement expiatoire.

Sachant qu'aucune porte inconnue, même celle de la plus modeste auberge, ne s'ouvrira pour lui donner asile, sans qu'en cas de doute il lui soit demandé d'exhiber son INSCRIPTION DE VIE, et, de plus, étant certain de ne pouvoir concourir à la signature d'aucun acte authentique sans cette exhibition préalable, l'auteur d'un meurtre ou d'un vol inscrit, si la haute surveillance de sa famille, ou, à défaut de famille, l'internat dans la Commune lieu de sa naissance, lui est trop pénible à subir, n'aura qu'une ressource, ce sera de profiter de l'option qu'il aura de se faire transporter, aux frais soit de sa famille, soit de sa Commune, à l'une des extrémités du monde, dans quelque colonie peuplée de ses pareils; car, aussitôt qu'un seul État aura consacré par l'usage la nécessité de l'INSCRIPTION DE VIE, ce perfectionnement du passe-port, qui en aura tous les avantages sans en avoir les inconvénients, cet abrégé du casier judiciaire (1), cette contre-marque d'entrée et de sortie appropriée à l'amphithéâtre social, il n'y aura pas de pays civilisé qui ne s'empresse de l'adopter. Aussi cette expression consacrée : *Être mis hors la loi*, fera-t-elle promptement place à celle-ci : *Être mis hors la civilisation.*

(1) *Casiers judiciaires.* — Institués par une circulaire du 6 novembre 1850 dans les greffes civils de nos trois cent soixante et un arrondissements et dans ceux des colonies, les casiers judiciaires sont destinés à recevoir les bulletins de toutes les condamnations prononcées en matière criminelle ou correctionnelle. Le bulletin de chaque condamné se classe aussitôt après la condamnation au casier de l'arrondissement dans lequel se trouve le *lieu de la naissance;* de sorte qu'il suffira désormais de connaître le lieu d'origine d'un individu pour obtenir facilement à l'aide d'un extrait du casier les renseignements les plus exacts sur ses antécédents judiciaires.

BERENGER.

L'annexion à chaque procédure criminelle d'extraits du casier judiciaire donne le moyen de connaître exactement les antécédents des accusés. Parmi les 4,551 accusés traduits, en 1866, devant le jury, 1,813 avaient été antérieurement condamnés. C'est une proportion de 40 p. 100, identique à celle de l'année précédente. 49 de ces récidivistes étaient libérés des travaux forcés ; 79 de la réclusion ; 571 de l'emprisonnement de plus d'un an ; 966 de l'emprisonnement d'un an ou moins, et 148 n'avaient encouru auparavant que des condamnations pécuniaires.

La constatation vraie des récidives ne date réellement que de l'établissement des casiers judiciaires en 1856, institution qui a été adoptée dès 1858 par l'Autriche et la Bavière, qui, depuis cette époque, échangent avec la France les bulletins des condamnations qui les intéressent. — Le roi de Portugal, par décret du 24 août 1863, a établi les casiers judiciaires dans toutes les colonies portugaises, et doit les étendre au continent. — Par décret du 6 décembre 1865, les casiers ont été institués également dans le royaume d'Italie. — Les gouvernements de Suède et de Russie ont envoyé en 1864 et 1865 des magistrats pour étudier le fonctionnement de ces casiers.

Je m'attends à ce que l'on me dise : Ce sera le rétablissement de la *marque!* ce sera un supplice égal à celui qui, avant l'ordonnance de 1670, consistait à écrire sur le front du coupable la peine qu'il avait encourue!

Je ne le nie pas; mais ce sera la marque transformée : ce sera la marque, plus la civilisation et moins la barbarie; ce sera la conscience rendue transparente; ce sera le *titre* de l'homme vérifié et constaté, comme dans les hôtels des monnaies on constate le titre des métaux. Des hommes dont l'INSCRIPTION DE VIE sera immaculée, on pourra justement dire qu'ils valent leur pesant d'or; tandis que les autres seraient estimés ne valoir moralement que leur pesant d'argent ou de cuivre. Je conviens que la crainte de la constatation d'une seule tache à ce moderne et universel blason deviendrait de bonne heure une pensée fixe, car l'avoir encourue serait le plus insupportable supplice; mais où donc serait le mal? Ce serait rendre à la honte la puissance salutaire que lui a fait perdre la pénalité légale, puissance salutaire si parfaitement décrite en ces termes par Montesquieu :

Dans les États modérés, l'amour de la patrie, LA HONTE et LA CRAINTE DU BLAME sont des motifs réprimants qui peuvent arrêter bien des crimes. LA PLUS GRANDE PEINE D'UNE MAUVAISE ACTION SÉRA D'EN ÊTRE CONVAINCU. Les lois civiles y corrigeront donc plus aisément et n'auront pas besoin de tant de force. Dans ces États, un bon législateur s'attachera moins à punir les crimes qu'à les prévenir; *il s'appliquera plus à donner des mœurs qu'à infliger des supplices*. Il serait aisé de prouver que dans tous ou presque tous les États de l'Europe les peines ont diminué ou augmenté à mesure qu'on s'est plus approché ou plus éloigné de la liberté.

Suivons la nature, qui a donné aux hommes la HONTE comme leur FLÉAU, et *que la plus grande partie de la peine soit* L'INFAMIE *de la souffrir*.

Que s'il se trouve un pays où la honte ne soit pas une suite du supplice, cela vient de la tyrannie, qui a infligé les mêmes peines aux scélérats et aux gens de bien.

Et si vous en voyez d'autres où les hommes ne sont retenus que par les supplices cruels, comptez encore que cela vient, en grande partie, de la violence du gouvernement, qui a employé ces supplices pour des fautes légères.

Cette pensée de Montesquieu était aussi celle de Mirabeau; on la retrouve consignée dans ce passage du discours qu'il prononça le 28 octobre 1789 :

Pendant que vous vous occupez des conditions à exiger pour être électeur et éligible, je vous propose de consacrer une idée qui m'a paru très-simple, très-noble : ce serait d'attribuer aux assemblées du peuple la fonction d'inscrire solennellement les hommes qui auront atteint l'âge de vingt et un ans sur le tableau des citoyens : c'est ce que j'appelle l'INSCRIPTION CIVIQUE (1). Il suffit aujourd'hui à mon but de vous montrer qu'il est important d'apprendre à la jeunesse les rapports qui l'unissent à la patrie, de se saisir de bonne heure des mouvements du cœur humain

(1) Cette idée de Mirabeau était empruntée à l'abbé Sieyès.

pour les diriger au bien général, et d'attacher aux premières affections de l'homme les anneaux de cette chaîne qui doit lier toute son existence à l'obéissance des lois et aux devoirs du citoyen... Si vous consacrez le projet que je vous propose, vous pourrez vous en servir dans le code pénal, en déterminant qu'une des peines les plus graves pour les fautes de la jeunesse sera la suspension de son droit à l'INSCRIPTION CIVIQUE et l'humiliation d'un retard pour deux, trois ou même pour cinq années. *Une peine de cette nature est heureusement assortie aux erreurs de cet âge, plutôt frivole que corrompu, qu'il ne faut ni flétrir, comme on l'a fait trop longtemps, par des punitions arbitraires, ni laisser sans frein, comme il arrive aussi quand les lois sont trop rigoureuses. Qu'on imagine combien, dans l'âge de l'émulation, la terreur d'une exclusion publique agirait avec énergie, et comme elle ferait de l'éducation le premier intérêt des familles.* Si la punition qui résulterait de ce retard paraissait un jour trop sévère, ce serait une grande preuve de la bonté de notre constitution politique. Vous auriez rendu l'état de citoyen si honorable, qu'il serait devenu la première des ambitions.

Enfermer un malfaiteur avec des malfaiteurs plus pervertis que lui, ce n'est pas le punir, c'est encore moins le corriger; c'est faire descendre dans son cœur le ressentiment, ce n'est pas faire monter à son front la honte.

S'il est un moyen de le punir et peut-être de l'amender, c'est qu'il soit exclu de sa corporation s'il appartient à une corporation, c'est qu'il soit exclu de son cercle si l'usage des cercles s'est popularisé, usage dont la popularisation serait souhaitable (1), car ce serait l'élévation du café au rang

(1) *Clubs d'ouvriers.* Il existe depuis une dizaine d'années en Angleterre de remarquables établissements connus sous le nom de *Working men's clubs* (cercles d'ouvriers). En 1868 on en comptait déjà plus de trois cents fréquentés par quarante mille intéressés. Leur nombre, leur clientèle et leur succès croissent sans cesse, et tout le monde en apprécie aujourd'hui l'utilité sanitaire, la haute portée morale et l'influence conciliatrice entre les classes.

Destinés à servir les trop courts loisirs des ouvriers, si mal placés au cabaret, les *Working men's clubs* visent et réussissent à substituer à ce rendez-vous dégradant des centres où les usages s'épurent chaque jour au milieu des contacts rendus faciles et agréables par des installations pourvues de tout ce qui peut favoriser les relations sociales. Conçues en vue d'éteindre les rivalités, de rapprocher les classes, ces fondations ne sont pas de pures œuvres de charité, et, bien que dans la plupart des circonstances elles doivent le premier germe de leur existence à quelque généreux don d'industriel, elles sont toujours constituées et administrées par l'association librement faite entre ouvriers et gens riches. La citation suivante, extraite des publications d'une société créée pour favoriser la fondation des *Working men's clubs*, fixera les idées sur le caractère de ces établissements :

Cette association est formée pour aider les ouvriers à établir *des clubs et des instituts* où ils puissent se réunir pour causer, s'entretenir de leurs affaires et se développer intellectuellement, tout en se divertissant et en trouvant à leur portée des rafraîchissements, sans être obligés d'avoir recours aux cabarets; ces clubs peuvent former en même temps des sociétés de secours mutuels ou autres.

» Un grand nombre de jeunes gens fréquentent chaque soir le cabaret parce qu'ils n'ont pas d'autre chez soi que leur petite chambre. Plusieurs autres, après une rude journée de travail, restent au coin des rues ou sur les marchés, même par le mauvais temps, plutôt que d'entrer au cabaret. Beaucoup d'hommes mariés ayant souvent une nombreuse famille logée dans une ou deux chambres seulement n'ont aucun moyen de jouir de ces relations d'amis et connaissances si appréciées par les classes moyennes et de cercle après l'élévation du cabaret au rang de café ; c'est qu'il soit placé sous la haute surveillance

supérieures, si ce n'est en allant dans les cabarets, *où l'avantage de la société se paye en buvant*. C'est ainsi que parmi les ouvriers se prend l'habitude de l'imprévoyance et de l'égoïsme, qui engendrent presque toujours l'intempérance et la pauvreté, et qui causent ces intérieurs malheureux où les enfants sont négligés.

» Les cercles d'ouvriers, dans chaque localité, forment le plus grand contre-poids à *ces maux*, qui proviennent beaucoup plus du désir qu'a l'ouvrier *d'être en société et de causer au coin du feu dans une salle bien éclairée que de la passion de boire.*

» Le meilleur endroit où, quelque rang qu'il occupe, un homme puisse aller quand son ouvrage est terminé, est sans contredit son intérieur, quand il en a un. Mais il faut prendre les choses comme elles sont et se souvenir du nombre de ceux qui n'ont qu'un chez soi bien petit, ou même qui n'en ont pas du tout. Un intérieur agréable ne sera que rarement délaissé pour le club, et en tout cas un homme le rendra *encore plus agréable* s'il a employé une heure en société gaie et en occupations amusantes ou instructives, loin des tentations démoralisantes du cabaret.

» Il est impossible actuellement, pour la plupart des ouvriers, de se donner chez eux les jouissances que procurent la musique, la littérature, les sciences et les arts, et qui sont si goûtées par les classes supérieures. Condamnés presque tous à la routine monotone d'un travail fatigant, leur seule distraction consiste à fumer, à boire et à se laisser entraîner par tous les mauvais exemples qu'ils rencontrent au cabaret. »

Un *Working men's club* complet doit contenir toutes les localités propres à la réception des associés qui se réunissent pour converser ou se distraire avec les personnes de leur choix ou de leur âge. Elles doivent trouver là le confortable, la convenance, la gaieté qui attirent ou fixent des habitués. Les salles closes du service d'hiver doivent se compléter l'été par des installations dans le jardin voisin. Un buffet contient des rafraîchissements. Les salles de réunion peuvent, à certains jours, recevoir les familles des abonnés, réunis sur convocations spéciales.

On rencontre dans l'établissement une salle ou plusieurs salles de conférences où, selon les circonstances, se font des lectures histode sa famille, et à défaut de famille, interné dans sa Commune natale, où, au lieu de lever la tête avec

riques ou poétiques, des récits, des chants, de la musique, etc. Il faut qu'on y trouve aussi une bibliothèque, des salles ou peuvent être données des leçons; enfin un gymnase couvert et découvert, et des jeux variés en plein air.

Programme.

Le 28 octobre 1868, M. J. S. faisait une intéressante communication à la Société industrielle de Mulhouse sur les *Working men's clubs,* et il offrait à cette honorable compagnie de mettre à à sa disposition une somme de cent mille francs si elle voulait réaliser la fondation d'un établissement de cette espèce à Mulhouse. Cette offre a été acceptée et réalisée. Un autre bienfaiteur, M. S., a offert dans le même but, à la même Société, un terrain. La création du cercle d'ouvriers, conçue par M. J. S., n'est plus douteuse dans une cité qui tient en France la tête de toutes les initiatives libérales ou bienfaisantes. Il est temps de préparer les études de l'édifice désiré.

L'établissement contiendra :

1° Une salle de conversation et de jeux pour les hommes au-dessus de vingt-deux ans. Elle pourra recevoir cent cinquante personnes. On y placera vingt tables de différentes grandeurs, avec de bons fauteuils en bois, ayant des dossiers confortables. C'est là qu'on jouera aux dominos, aux dames, aux échecs. On y mettra également deux grands billards, deux bagatelles, et tous les jeux qu'on prévoira pouvoir être agréables;

2° Une salle toute semblable pour les jeunes gens au-dessous de vingt-deux ans. Ici les billards pourront être remplacés par des jeux plus appropriés à l'activité de la jeunesse.

Nota. — On pourra fumer dans ces deux salles;

3° Quatre salles de cours de différentes grandeurs (40 mètres carrés à 100 mètres carrés);

4° Une petite bibliothèque (environ 50 mètres carrés);

5° Une salle de lecture pouvant contenir cent personnes. On y trouverait les journaux et les revues, comme dans tous les cercles;

6° Un gymnase couvert;

cynisme, il lui faudra la baisser pour cacher la rou-

7° Une salle de conférences pouvant contenir trois cents à quatre cents personnes.

Nota. — Ces deux derniers vaisseaux devront être facilement accessibles non-seulement à la clientèle du cercle, mais au public, la Société ayant l'intention de les louer, à certains jours et à certaines heures, à des professeurs ou à des conférences du dehors;

8° A l'entrée, dans un vestibule, un comptoir pour le contrôle des cartes d'abonnés, et dans le voisinage un buffet pour les consommations autorisées et mises à la disposition des abonnés;

9° Un petit logement pour le surveillant;

10° On devra, en outre, ménager une salle pour le comité de direction (environ 40 mètres carrés.)

11° *Cours et jardin.* Il sera convenable de placer dans l'espace non construit une gymnastique en plein air, un quillier, un jeu de boules, un jeu de balle ou de ballon, un jeu de *criquet*. On y ménagera l'étendue suffisante pour y installer des jeux courants. Enfin on disposera les localités de manière à pouvoir faire en hiver, avec les eaux de l'Ober-Ill, un bassin de patineurs. « La cour du cercle sera ainsi une véritable académie de jeux, où respireront le goût, le contentement et la bonne humeur, et où toutes les mauvaises pensées engendrées par le cabaret et l'oisiveté seront remplacées par cette satisfaction que tout homme éprouve à déployer sa force et son adresse et à s'amuser honnêtement. »

Le concours ouvrira le mardi 1er juin, à dix heures du matin.

Il sera clos le samedi 25 juillet, à cinq heures du soir.

Paris, le 26 mai 1869

Le Directeur de l'École centrale et spéciale d'architecture,

ÉMILE TRÉLAT.

Le mouvement qui s'est produit parmi les populations manufacturières de l'Angleterre pour la création de *clubs d'ouvriers* s'est également manifesté en Écosse.

A Greenock, à Édimbourg et à Glasgow, des clubs d'ouvriers ont été organisés, et le succès qu'ils ont obtenu dès le principe n'a fait que grandir.

Le but de ces réunions est de placer à la portée des travailleurs, de ceux surtout qui n'ont pas de famille, des récréations d'un ordre plus élevé que celles qu'ils étaient jusqu'à présent forcés d'aller geur de son front, à moins qu'il ne préfère « *abjurer la patrie* (1). »

chercher, à la fin d'une journée de travail, dans les débits de boissons.

Maintenant que les machines ont supprimé pour l'ouvrier la plus grossière partie du travail, ses occupations exigent de lui une certaine instruction qui le mette à même d'apprécier et même de désirer les distractions intellectuelles que peut lui offrir un club.

C'est là ce qui explique la faveur qu'a rencontrée de toutes parts l'idée évidemment moralisatrice qui a présidé à la création de ces établissements.

Les difficultés d'admission et de maintien, conséquemment d'honorabilité, sont de même nature dans ces clubs d'ouvriers que dans les autres clubs où il est tenu à honneur d'être admis. Il y a généralement une grande salle de réunion, et des salles de lecture et de jeux, tels que : billard, échecs, etc., un fumoir et des bureaux pour la direction. Les jeux de hasard n'y sont pas permis. A Glasgow, M. Corbett, le fondateur des restaurants économiques, s'est engagé à établir un de ses dépôts en communication immédiate avec le club qui s'est intitulé : *The central workingmen's Club and Institute*.

Les fonds nécessaires à la construction ont été obtenus par une souscription dont un capital de 15,000 fr. donné par les chefs d'usines du district a formé la base. Le comité a, en outre, réuni une somme de 6,250 fr., destinée à l'achat du mobilier par l'émission d'actions transférables de 6 fr. 25 c. chacune.

L'exemple une fois donné a trouvé bientôt de nombreux imitateurs. En 1869, une exposition ouvrière des arts et de l'industrie a eu lieu sous la direction exclusive d'un comité d'ouvriers, choisi par le *club central*, et sous le patronage des principaux personnages de la ville et du comté. Le duc d'Argyll a présidé à l'ouverture de cette solennité, et la reine a témoigné l'intérêt particulier qu'elle attachait au succès de cette entreprise.

(1) *Abjurer la patrie*. C'est la quitter pour n'y plus retourner, comme font les bannis et les proscrits. Chez les Anglais, celui qui se réfugiait dans une église ou quelque autre lieu craint, lorsqu'il faisait aveu de son crime était tenu d'*abjurer* le royaume et de désigner le port qu'il voulait choisir pour quitter le sol de l'Angleterre seulement. (ROYER-COLLARD.)

Comment! lorsqu'un individu perverti aurait tué ou volé, vous vous borneriez d'abord à constater sur son INSCRIPTION DE VIE qu'il a tué ou volé, et puis vous vous contenteriez de le placer sous la haute surveillance de sa famille, et à défaut de sa famille, de l'interner dans sa Commune, qui, l'une ou l'autre, vous en répondraient! Que deviendrait la sécurité de la société?

La société est-elle plus en sécurité quand elle libère, à l'expiration de leur peine, le repris de justice, le réclusionnaire, le forçat, après cinq ou dix ans d'existence commune avec les criminels les plus exercés et les plus incorrigibles? L'écume de la société, après qu'elle a été mêlée à la boue des bagnes et des prisons, est-elle donc moins impure? Ne l'est-elle pas, au contraire, encore beaucoup plus?

Mais quand j'insiste sur la nécessité, du moins, de supprimer la boue, si l'on ne peut supprimer l'écume, est-ce que je m'égare à la recherche du bizarre, et ne sachant rien du passé?

J. J. Rousseau, Montesquieu sont là pour affirmer le contraire.

J. J. Rousseau s'exprime ainsi :

Une chose qu'on ne peut assez admirer chez les premiers Romains, c'est que L'UNIQUE *punition portée par les lois des Douze Tables contre les plus grands criminels était d'être en* HORREUR A TOUS. On ne peut même concevoir combien le peuple était vertueux qu'en songeant que la haine ou l'estime publique y était une peine ou une récompense dispensée par les lois.

Montesquieu ajoute :

Presque toutes les lois de Sylla ne portaient que sur l'INTERDICTION DE L'EAU ET DU FEU. César y ajouta la confiscation des biens, parce que les riches gardant dans l'exil leur patrimoine, ils étaient plus hardis à commettre des crimes (1).

Les législateurs de Rome firent deux choses : ils permirent aux accusés de s'exiler avant le jugement, et ils voulurent que les biens du condamné fussent consacrés, pour que le peuple n'en eût pas la confiscation (2).

Nos pères, les Germains, n'admettaient guère que des peines pécuniaires. Ces hommes guerriers et libres estimaient que leur sang ne devait être versé que les armes à la main (3).

En donnant pour unique châtiment au *crime commis* le *crime inscrit,* que ferait la société?

Elle obligerait ainsi le coupable, redoutant plus que l'emprisonnement les justes reproches de sa famille légalement responsable, et à défaut de la famille, les regards sévères de tous les habitants de la Commune lieu de sa naissance; elle l'obligerait à fuir au bout du monde le lieu de sa faute, elle l'obligerait, non par un texte de loi, mais par l'impossibilité absolue de s'envelopper dans l'ombre.

En réalité et en résumé, qu'est-ce que je propose?

(1) MONTESQUIEU, *Esprit des lois,* liv. VI, ch. XIII.
(2) Idem, liv. VI, ch. V.
(3) Idem, liv. VI, ch. XVIII.

Je propose de condenser en un seul acte les pièces suivantes :

Acte de naissance ;

Acte de mariage;

Rôle des contributions;

Passe-port;

Livret;

Casier judiciaire ;

Police d'assurance.

Je propose de remplacer sept ressorts compliqués par un seul infiniment plus puissant en même temps qu'infiniment plus simple.

Je propose d'arriver, par le perfectionnement de l'administration, au même but qu'avaient atteint les lois des Douze Tables et les lois de Sylla. En effet, l'INSCRIPTION DE VIE ou *police d'assurance générale et spéciale* équivaudrait à l'interdiction de l'eau et du feu, puisque celui qui aurait une INSCRIPTION DE VIE qu'il aurait la honte et la crainte de montrer ne saurait où reposer sa tête. Peu d'années suffiraient alors pour écumer la société, pour l'épurer et peut-être pour la changer, si ces paroles de Beccaria sont vraies : « La persuasion de ne trouver aucun lieu » sur la terre où le crime puisse demeurer impuni » est le moyen le plus efficace de le prévenir. » Et comme je ne propose pas de supprimer les réparations pécuniaires, telles que l'amende et les dommages et intérêts, mais au contraire de leur conférer une augmentation de puissance en les rendant proportionnelles à la fortune (1) exactement constatée par l'impôt transformé en assurance, on ne saurait invoquer contre moi le précédent de César.

Ce que je propose, sous un autre nom, c'est le rétablissement de l'*exil volontaire*, tel qu'il exista à Spartes et à Athènes :

La législature crétoise autorise l'exil volontaire des citoyens qui craignent la poursuite des tribunaux. A Sparte,

(1) Voir plus haut, page 173, l'édit d'août 1669, par lequel Louis XIV punissait ceux qui donnaient un appel de SIX ANNÉES de *leur revenu*.

L'amende est une peine appréciable, divisible, rémissible, personnelle; elle réunit en théorie presque toutes les conditions d'une peine parfaite; mais *elle doit, pour être égale et juste, être proportionnée à la fortune de celui qu'elle frappe*. Or, comment le juge pourra-t-il connaître cette fortune? et, faute par lui de pouvoir faire cette appréciation, l'amende ne sera-t-elle pas illusoire pour l'homme riche ou accablante pour le pauvre? C'est là une difficulté d'exécution que l'on cherche en vain à résoudre d'une manière entièrement satisfaisante.

On a proposé, tantôt de déclarer que l'amende ne pourrait excéder la quatrième partie de la fortune du condamné (Livingston, *Code de la Louisiane*, art. 90), tantôt que l'amende serait proportionnée au revenu que le condamné retire de ses biens, de son emploi ou de son industrie (*Code du Brésil*, art. 55); quelques publicistes veulent qu'elle atteigne une quotité déterminée de la fortune du condamné, un cinquième, un dixième, un vingtième, au lieu de consister en une somme fixe; enfin plusieurs législations ont abandonné entièrement la fixation de l'amende à l'arbitraire du juge, en se contentant de dire qu'elle devait être proportionnée aux moyens du coupable (*Code d'Autriche, Législation anglaise*). Tous ces systèmes peuvent être bons; mais aucun ne résoud la difficulté d'exécution et ne donne au juge le moyen de connaître d'une manière exacte, soit un revenu, soit une fortune que le condamné le coupable s'exile, pour se soustraire à la punition encourue (1)

La législation athénienne, telle qu'elle vient d'être réformée par Solon, respirait l'humanité et la protection accordée au malheur, même mérité. Les citoyens accusés d'assassinat pouvaient toujours dérober leur vie aux rigueurs de la loi. Comme un temps assez long s'écoulait entre la citation et le jugement, il leur était loisible de s'enfuir s'ils craignaient une condamnation. *Cette faculté leur était donnée même pendant le jugement.* Mais la loi voulait qu'ils se condamnassent à l'exil, espèce de mort civile dans les républiques antiques.

Il n'est pas sans exemple qu'un accusé de crime capital, plutôt que de perdre, en même temps que le beau ciel d'Italie, son droit de liberté et de cité, c'est-à-dire cet ensemble de priviléges et d'habitudes qui composaient la vie morale, préférât à l'exil, qui l'eût dérobé au glaive de la justice, la périlleuse chance de la sentence de ses juges.

Si cette sentence était une condamnation à mort, il la subissait *comme esclave de sa peine, « servum pœnæ »*.

a intérêt à dissimuler. Nous ne pouvons en conclure cependant qu'il ne faille pas essayer d'établir cette égalité proportionnelle que la justice réclame, et que l'on doive renoncer même à en approcher, si l'on ne peut l'atteindre ; et nous voyons avec peine que ce soit là précisément ce qu'a fait la législation française. (Alauset, *Essai sur les peines et le système pénitentiaire.*)

L'impôt unique, l'impôt sur le capital, l'impôt sur l'actif *net*, l'impôt enfin transformé en prime d'assurance générale et spéciale, fait disparaître à cet égard toute difficulté.

Restait l'objection des insolvables ; cette objection tombe devant la responsabilité de la famille, et à défaut, devant la responsabilité de la Commune lieu de la naissance.

(1) Pastoret, *Histoire de la législation.*

Cette fiction singulière avait été inaugurée par les préteurs et les jurisconsultes pour détruire le caractère d'inviolabilité attaché à la personne du citoyen romain (1).

Ce que je propose, c'est le rétablissement indirect de la peine de *l'interdiction de l'eau et du feu*, telle que l'avait instituée la république romaine :

C'était l'exil prononcé sous une forme indirecte, laquelle témoignait encore du *respect pour l'inviolabilité du citoyen.* On ne le faisait pas appréhender au corps pour le conduire au lieu destiné, mais on lui interdisait l'eau et le feu, c'est-à-dire les choses nécessaires à la vie dans l'Italie entière. De là, pour le condamné, la nécessité de l'exil (2).

Plus tard, dans le monde catholique, les peines de l'*exil volontaire* et de l'*interdiction de l'eau et du feu* changèrent de nom sans changer de nature; elles prirent le nom d'*excommunication.*

La société chrétienne, livrée à elle-même (sous les empereurs romains), fut obligée de se constituer intérieurement avec force... En conséquence, pour éviter de paraître comme citoyens, comme plaignants, comme plaideurs devant ces tribunaux toujours disposés à les envoyer au supplice comme chrétiens, les disciples des apôtres se créèrent pour leurs affaires civiles une juridiction domestique et établirent entre eux, pour la répression des délits, une sorte de code pénal auquel ils furent tenus de se soumettre, non par la force, mais au nom de la foi qu'ils professaient.

(1) Albert du Boys, *Histoire du droit criminel.*

(2) Idem.

Cette juridiction n'a rien de coercitif; seulement celui qui répudie la juridiction de l'Église sait qu'il répudie par là l'Église elle-même, et s'attend à en être éternellement séparé (1).

Résoudre ainsi, par les moyens que j'emprunte à d'autres temps que le mien et à un autre pays que celui où je suis né, le problème des *libérés*, insoluble sous le régime de la pénalité telle que les lois l'ont corrompue, est-ce demander la liberté du crime?

Montesquieu répond :

Il y a deux genres de corruption : l'une, lorsque le peuple n'observe pas les lois; *l'autre, lorsqu'il est corrompu par les lois :* mal incurable, parce qu'il est dans le remède même.

Ce que je voudrais détruire, c'est précisément cette corruption du peuple par les lois, signalée par Montesquieu proclamant cette autre vérité :

Qu'on examine la cause de tous les relâchements, on verra qu'elle vient de l'impunité des crimes et non pas de la modération des peines.

Vérité également proclamée en ces termes par Beccaria :

Ce n'est pas la rigueur du supplice qui prévient le plus sûrement les crimes, c'est la *certitude du châtiment.* La perspective d'un châtiment modéré, mais *inévitable,* fera

(1) Albert du Boys.

toujours une impression plus forte que *la crainte vague d'un supplice terrible qui laisse quelque espoir d'impunité.*

Vérité ainsi reconnue par un éminent magistrat, M. Faustin Hélie :

Ce qu'il faut à la justice répressive, ce n'est pas la RIGUEUR, *c'est la* CERTITUDE DE LA PÉNALITÉ. Il importe assez peu, en résultat, que les peines prononcées soient de tel ou tel degré ; ce qui importe, c'est qu'elles soient prononcées. On ne doit attacher, sauf en ce qui touche les récidivistes, qu'un faible intérêt à la durée de la peine ; on doit en attacher un très-grave à ce que tout délit soit réprimé par un châtiment.

Ce que j'ai cherché, c'est à rendre le crime de plus en plus rare en dissipant toutes les ténèbres qui l'encouragent et le facilitent, et en lui ôtant tout espoir, toute chance de n'être pas découvert.

J'ai cherché plus encore, j'ai cherché à en étouffer, à en prévenir la pensée par la création d'une société de verre où tout soit transparent, où rien ne puisse rester caché, où la publicité soit ce qu'est le soleil quand il brille, où la publicité équivale enfin à la certitude pénale, si vainement poursuivie et jamais atteinte.

Il y avait à Rome, dans la loi Valérienne, une peine qui consistait à être RÉPUTÉ MÉCHANT (1); un jour, j'en ai la conviction, sous le régime du suffrage universel et de la conscience publique fonc-

(1) *Nihil ultra quam improbi* famam *adjecit*. TITE-LIVE.

tionnant librement comme jury spontané, cette peine sera la seule qui survivra; il n'y en aura jamais eu ni de plus cruelle ni de plus efficace.

Me dira-t-on que je m'abuse, et que la réforme que je réclame ne se réalisera jamais? C'est aussi ce que l'on disait à Voltaire lorsqu'il écrivait ce qui suit :

Nous verrons le temps où les lois seront plus claires et plus uniformes, où les juges motiveront leurs arrêts, où un seul homme n'interrogera plus secrètement un autre homme et ne se rendra plus le seul maître de ses paroles, de ses pensées, de sa vie et de sa mort; où les peines seront proportionnées aux délits; où les tortures, inventées autrefois par des voleurs, ne seront plus mises en usage au nom des princes. On forme encore ces vœux; celui qui les remplira sera béni du siècle présent et de la postérité.

Et qu'appelant l'affection de tous les penseurs et de tous les publicistes sur la nécessité d'étudier et d'agiter les questions de pénalité, il instituait un prix à décerner à l'auteur du meilleur mémoire sur ce triple objet :

1° Des crimes, et des peines proportionnées qu'il convient de leur appliquer; 2° de la nature et de la force des présomptions; 3° de la manière de les acquérir par la voie de la procédure criminelle; en sorte que la douceur de l'instruction et des peines soit conciliée avec la certitude d'un châtiment prompt et exemplaire, et que la société civile trouve la plus grande sûreté possible pour la liberté et l'humanité.

Inscrire le crime *commis* doit être désormais son seul châtiment; si le coupable le trouve trop dur et trop long, ce sera son affaire de chercher comment, ayant commis la faute, il pourra se la faire pardonner par une conduite devenue exemplaire et prononcer ainsi en la méritant sa propre amnistie.

Le jour où la publicité telle qu'elle peut être constituée fera luire la lumière dans cette nuit qu'on appelle *la société*, l'on n'aura plus besoin ni d'échafauds, ni de bagnes, ni de maisons de force et de correction, ni de code pénal, ni de jury.

Alors le devoir de la justice sera extrêmement simple, car il se bornera à inscrire que tel individu a commis tel jour, en tel lieu, tel meurtre, tel vol, tel faux, ou tel autre acte condamné par la conscience publique.

La peine de mort et toutes les peines corporelles pourront donc être abolies sans danger dès que la société sera administrée comme elle peut et comme elle doit l'être.

C'est dans l'indélébilité du crime inscrit que doit être la punition du crime commis.

Croyants en l'histoire sainte, ouvrez-la! Vous y verrez que c'est l'unique supplice qui fut infligé par Dieu au meurtrier d'Abel. Vous y verrez que le Dieu que vous adorez ne condamna pas Caïn à mourir, il le condamna à vivre.

Il ne voulut pas qu'il fût tué :

12. Vous serez *fugitif et vagabond sur la terre.*

13. Caïn répondit au Seigneur : Mon iniquité est trop grande pour en obtenir le pardon.

14. Vous me chassez aujourd'hui dessus la terre, et j'irai me cacher de devant votre face. Je serai fugitif et vagabond sur la terre. *Quiconque donc me trouvera me tuera.*

15. Le Seigneur lui répondit : Non, cela ne sera pas ; mais QUICONQUE TUERA CAÏN SERA PUNI TRÈS-SÉVÈREMENT. *Et le Seigneur mit un signe sur Caïn, afin que ceux qui le trouveraient ne le tuassent point.*

16. Caïn, s'étant retiré de devant la face du Seigneur, fut *vagabond sur la terre* (1).

Que fait la société? Elle fait ce que lui défend le Dieu devant qui elle s'agenouille dans d'innombrables églises. Elle tue Caïn. Donc, si cette parole de son Dieu était vraie, ce serait la société homicide qui devrait être punie très-sévèrement.

Amendes et dommages-intérêts ;

Haute surveillance de la famille légalement responsable ;

A défaut de famille, internat dans la Commune, lieu de la naissance ;

Option entre l'internat ou l'abjuration de la patrie :

Voilà comment, au moyen de l'INSCRIPTION DE VIE, c'est-à-dire d'une simple feuille de papier, imprimée sur l'une des trois couleurs adoptées, on pourrait arriver, sinon immédiatement, du moins très-rapidement, par le perfectionnement de l'administration publique, à l'abolition de toutes les

(1) *Genèse*, ch. IV.

peines corporelles, ce qui serait le remplacement de la pénalité légale par la publicité pénale.

La société sans pénalité corporelle, tel est le but que l'humanité doit se proposer sans relâche, ce qui ne veut pas nécessairement dire sans transitions.

S'il fallait absolument, à titre de transition, acheter la suppression de toutes les peines impliquant *la privation de la liberté* au prix de la conservation temporaire de la peine impliquant *la privation de la vie,* j'y consentirais non sans regret, mais sans hésitation, à la condition que l'engagement solennel déjà pris, le 4 brumaire an IV, par la Convention nationale, serait pris de nouveau, au nom de la civilisation, d'abolir la peine de mort à partir d'une époque qui ne pourrait être plus éloignée que la première année du siècle appelé à remplacer le nôtre. Ce serait un délai de vingt-neuf années. Mais cette fois, ce délai, il s'agirait de ne pas le laisser expirer en se croisant les bras dans l'insouciance et le désœuvrement!

Afin d'empêcher qu'il en soit ainsi, seraient immédiatement fermées toutes les prisons dites *maisons d'arrêt, maisons de force* et *maisons de correction.*

Quelques cellules d'arrêts suffiraient pour y renfermer, jusqu'au jour de leur condamnation en dernier ressort, les accusés d'homicide ou de tentatives d'homicide, auxquels serait appliquée la peine de mort *transitoirement et exceptionnellement maintenue,* sauf à rechercher si les exécutions publiques ne devraient pas être supprimées, et si l'échafaud, la guillotine, la potence ne pourraient pas être remplacés par un genre de mort qui n'exigerait pas la conservation et l'intervention du bourreau, de ce fonctionnaire qui, porté aux nues par Joseph de Maistre, pousse la susceptibilité de l'orgueil jusqu'à exiger qu'on l'appelle « Monsieur l'exécuteur des hautes œuvres. » O inconséquence humaine! La société qui punit de mort le meurtrier appointe le bourreau, lequel figure au budget des dépenses au même titre que les ministres et les juges. Cependant qu'est-ce que le bourreau, sinon un meurtrier à la solde de l'État?

Que propose Beccaria pour remplacer la peine de mort, dont il demande la suppression? — Il propose en ces termes l'esclavage perpétuel :

Pour qu'une peine soit juste, elle ne doit avoir que le degré de rigueur qui suffit pour détourner les hommes du crime. Or, il n'y a point d'homme qui puisse balancer entre le crime, quelque avantage qu'il lui promette, et le risque de perdre à jamais sa liberté.

Ainsi donc, l'esclavage perpétuel, substitué à la peine de mort, a toute la rigueur qu'il faut pour éloigner du crime l'esprit le plus déterminé.

Que proposait à l'Assemblée constituante Lepelletier Saint-Fargeau dans son rapport au nom des comités de constitution et de législation criminelle?

— Il proposait la détention dans un cachot obscur, précédée de l'exposition en public pendant trois jours ; le condamné devait être voué à une entière solitude, porter des fers, coucher sur la paille et n'être nourri que de pain et d'eau. Au-dessus de la porte de son cachot devaient être inscrits son nom et son crime, et un jour par mois il devait être montré comme une bête féroce au peuple attiré par l'horrible spectacle de ce long supplice. La durée de la peine ne devait ni être moindre de douze ans ni excéder vingt-quatre. Dans la première période, deux jours de travail par semaine, trois jours dans la seconde, devaient être accordés au condamné comme un stimulant et une consolation. Dans ces jours exceptionnels, ses fers devaient tomber ; il devait voir la lumière du ciel, il devait respirer l'air ; au pain et à l'eau, sa nourriture habituelle, il pourrait joindre quelques aliments plus substantiels, payés sur le produit de son travail, mais ce travail aurait lieu dans une solitude absolue. Cette proposition, il la motivait en ces termes dans son rapport :

C'est dans les privations multipliées des jouissances dont la nature a placé le désir dans le cœur de l'homme, que nous croyons convenable de chercher les moyens d'établir une peine efficace. Un des plus ardents désirs de l'homme, c'est d'être libre ; la perte de sa liberté sera le premier caractère de sa peine. La vue du ciel et de la lumière est une de ses plus douces jouissances : le condamné sera détenu dans un cachot obscur. La société et le commerce de ses semblables sont nécessaires à son bonheur : le condamné sera voué à une entière solitude. Son corps et ses membres porteront des fers ; du pain, de l'eau, de la paille lui fourniront pour sa nourriture et pour son pénible repos l'absolu nécessaire.

Que proposa plus tard **M. Dupin**, procureur général à la cour de cassation? — Dans son livre intitulé : *Observations sur plusieurs points importants de notre législation criminelle,* s'appropriant l'idée de Servin, avocat au parlement de Rouen (1), il

(1) Je désirerais qu'il y eût dans les lieux où la justice se rend souverainement une enceinte entourée de murs épais, et qui ne fût accessible que par une seule entrée, qui serait munie d'une triple grille de fer. Ce lieu présenterait un aspect lugubre, *les murs en seraient noircis intérieurement, et il y régnerait un silence éternel qui ne serait troublé que par le bruit des chaînes et les aboiements effroyables des chiens, qui en feraient la garde au-dedans.* C'est là que, couverts de haillons, nourris de pain et d'eau, privés de l'usage de la parole, les criminels, attachés à des poteaux, seraient forcés pendant le jour à un travail opiniâtre, et la nuit reposeraient sur la paille dans des loges séparées. Chacun porterait sur le front la marque de son crime, et l'atrocité des grands forfaits serait distinguée par l'horreur plus grande dont on aurait fait environner les coupables.

Je ne crains pas de dire que la vue de ce séjour ténébreux, où néanmoins on ne ferait souffrir aux criminels aucun tourment proprement dit, frapperait le peuple tout autrement que la vue des supplices vulgaires. Comme il serait continuellement à sa portée, il ferait sur lui une impression plus soutenue, parce que sa curiosité naturelle le porterait à la renouveler souvent. Cette impression serait aussi plus forte, par la raison que l'esprit pourrait saisir facilement et mesurer à loisir toute l'étendue des maux qu'on y souffrirait. Chacun en voyant ces misérables ferait nécessairement un retour involontaire sur soi-même, et partageant en idée l'horreur proposa l'incarcération perpétuelle en cellule noircie gardée par des chiens féroces.

Que proposait l'auteur des *Mystères de Paris*, M. Eugène Sue, élu en 1850 représentant du peuple à l'Assemblée législative? — Il proposait de crever les yeux au condamné, il proposait l'aveuglement.

Adversaire de la peine de mort, que propose M. Charles Lucas, inspecteur général des prisons, pour la remplacer? Persistant dans les observations qu'il a présentées le 16 mars 1867 à l'Académie des sciences morales et politiques, il propose de remplacer la torture du corps par la torture de l'âme, il propose en ces termes de remplacer la peine de mort par la peine perpétuelle de la réclusion solitaire dans une île lointaine :

Rien ne me semble plus téméraire et plus compromettant pour le succès de l'opinion abolitionniste, je le déclare hautement, que de venir demander à un gouvernement l'abolition immédiate et absolue de la peine de mort, en se bornant à lui substituer celle qui vient après elle dans les degrés de l'échelle pénale. Cette peine, qui n'a jamais joué qu'un rôle secondaire, ne saurait être sérieusement présentée comme l'équivalent d'un châtiment tel que celui de l'échafaud. C'est chose grave et ardue que d'arracher des codes pénaux cette peine séculaire dont les racines sont si profondes. Il faut une peine nouvelle qui frappe

de leur position, frémirait de crainte de s'y voir un jour réellement associé. (*De la législation criminelle*, par M. Servin, avocat au Parlement de Rouen, Basle, 1782.)

l'imagination du peuple et soit de nature à lui causer une grande impression.

Pour procéder avec prudence et maturité, toute proposition abolitionniste doit, selon nous, remplir les trois conditions suivantes :

D'abord indiquer la *peine nouvelle* qui peut avantageusement remplacer la peine de mort;

Ensuite demander la *révision du code pénal*, afin de réaliser dans l'échelle et la graduation des différents degrés de la répression les modifications exigées par la suppression de la peine de mort et l'introduction de la peine nouvelle qui doit la remplacer;

Enfin demander encore que cette révision s'inspire des principes de la réforme pénitentiaire sans sacrifier les intérêts et les besoins légitimes de l'intimidation.

Ces conditions sont celles que nous demandions en 1827, et que nous ne faisons que reproduire aujourd'hui.

Ce n'est pas ici le moment de définir *la peine de la réclusion solitaire* telle que nous la proposons, ni de la comparer à la peine de mort, afin de montrer que, sous tous les rapports de la proximité et de la certitude de l'exécution, elle offre des avantages qui ne sauraient appartenir à la peine de mort, tandis que, au point de vue de l'exemplarité et de l'irréparabilité, elle n'en a pas les graves et déplorables inconvénients.

Je dirai seulement que *la réclusion solitaire dont il s'agit ne cherche pas à faire souffrir le corps, mais l'âme du condamné* qui, mort pour sa famille comme pour sa patrie qu'il ne reverra plus, doit aller dans une *île lointaine* passer le reste de sa vie, dans l'étroit espace occupé par une cellule pourvue comme celle du chartreux d'une petite cour. Il n'y sera privé ni d'air, ni de lumière, ni même de travail; mais, à l'exception du directeur, du médecin et de l'aumônier de l'établissement et du gardien préposé à sa surveillance, il ne verra personne, et sera irrésistiblement entraîné par la solitude à la réflexion, par la réflexion à descendre au fond de sa conscience, et à en voir surgir la souffrance du remords, qui peut seul commencer en ce monde l'expiation réservée à l'autre vie et à la justice de Dieu.

L'échafaud ne saurait jamais qu'ôter une seule fois la vie au scélérat convaincu de plusieurs assassinats; mais le remords n'est pas réduit à l'impuissance du bourreau. Plus l'âme du coupable est souillée de crimes, plus en pénétrant dans sa conscience, le remords y porte ses coups redoublés, ses angoisses poignantes, et l'énergie de la souffrance morale embrasse toute la vie du criminel et s'étend à tous ses forfaits.

Je n'approuve aucune de ces propositions, qui sont, à mon avis, de la fausse humanité sous laquelle se déguise la pire des cruautés, la cruauté ingénieuse, car lorsqu'elle se met à inventer des peines, nul ne sait et ne peut prévoir où s'arrêtera l'imagination humaine. Le *Dictionnaire de la pénalité,* en cinq volumes, est là pour l'attester.

Je le déclare hautement, l'assassin ne m'inspire aucune pitié.

Ce n'est pas par compassion pour lui que je tends finalement à l'abolition de la peine de mort; de ma part cette tendance dérive d'un autre ordre de préoccupations; ce qui me préoccupe uniquement, c'est la nécessité d'épurer la société, que le bourreau et le geôlier entretiennent dans la coupable et funeste insouciance qui l'empêche de remonter de l'effet à la cause.

J'ai la conviction profonde que le jour où elle y sera impérieusement contrainte par la nécessité, que le jour où elle se mettra résolûment à l'œuvre, la société tarira l'assassinat dans sa source, en commençant par le rendre de plus en plus rare, ce qui le fera paraître de plus en plus monstrueux.

Ma conviction sur ce point est si ferme que, s'il s'agissait de moi seul, je ferais sans aucune crainte, sans aucune hésitation, je le répète, l'expérience immédiate de l'abolition de toutes les peines corporelles sans une seule exception; mais comme il y a une part qu'il peut être prudent et nécessaire d'accorder à certaines résistances afin de les rendre moins invincibles, le châtiment que j'admettrais à titre transitoire, ce serait celui qui consisterait à faire que le condamné à mort fût son propre bourreau.

Au lieu de persister dans l'usage stupidement consacré qui consiste à veiller jour et nuit sur le condamné à la peine capitale, afin de l'empêcher de se dérober à la mort par la main du bourreau en se donnant la mort de sa propre main, je lui en laisserais au contraire l'entière liberté. Après l'arrêt irrévocable, le condamné à mort serait enfermé dans une cellule; il y serait placé dans l'inévitable alternative soit d'expirer lentement dans les tortures de la faim, soit d'en abréger les souffrances par le poison le plus rapide dont il aurait la libre disposition (1). Si *transitoirement* et exceptionnellement, afin de donner satisfaction à certaines défiances de l'opinion pnblique, il était nécessaire de constater la mort du condamné, rien n'empêcherait que l'exposition de son corps eût lieu sur la dalle où sont placés les noyés, les suicidés, etc., dont il y a lieu de rechercher ou de constater l'identité.

Rationnellement, logiquement, la société n'est pas tenue de fournir des aliments au meurtrier dont la garde nécessiterait des gardiens qui ne tarderaient point à ne pas valoir beaucoup mieux que lui. L'expérience atteste que tout système pénitentiaire, quel qu'il soit, a pour effet de démoraliser les gardiens, qu'il rend cruels et tyranniques, sans moraliser les détenus, qu'il rend cyniques ou hypocrites.

Évidemment ce ne serait pas encore la société

(1 Chez les Hébreux, chez les Romains, il n'y avait point de bourreau institué; les accusateurs, les témoins étaient eux-mêmes les exécuteurs des coupables.

Il y a des peuples chez qui le magistrat ordonne aux criminels de se tuer eux-mêmes, comme autrefois parmi les Éthiopiens, au dire de Diodore de Sicile, liv. III, chap. v. En Lithuanie les criminels se dressaient eux-mêmes la potence où ils se pendaient.

PUFFENDORFF.

Au treizième siècle, sous Édouard Ier, l'ouvrier qui volait pour la troisième fois dans les mines d'étain de Derby avait la main droite clouée à une table sur laquelle était placé un couteau, n'ayant que cette alternative ou de se couper lui-même le poignet ou de mourir de faim.

sans pénalité corporelle, mais incontestablement ce serait un immense pas en avant fait vers la société de l'an 1900, vers la société n'ayant plus d'autre pénalité que la publicité pénale et que la pénalité pécuniaire succédant à la pénalité légale et à la pénalité corporelle.

De toutes les sources de dépravation, la plus abondante serait tarie ; de toutes les écoles de tyrannie et de cruauté, la plus dangereuse serait fermée.

CHAPITRE II.

LA SOCIÉTÉ SANS PÉNALITÉ CORPORELLE.

Les républiques anciennes n'avaient pas de lois judiciaires pour punir les crimes et réprimer les violences.

ARISTOTE.

La première fois que les Athéniens condamnèrent un homme à mort, ce fut pour faire périr un scélérat, et ils finirent par faire boire la ciguë à Socrate.

PLUTARQUE.

Anciennement, la punition, même des plus grands crimes, était légère; mais comme par la succession des temps on a méprisé ces petits châtiments, on en est venu à la mort.

THUCYDIDE.

A Rome, les peines des lois royales et celles des lois des Douze Tables furent presque toutes ôtées dans la République, soit par une suite de la loi Valérienne, soit par une conséquence de la loi Porcia. On ne remarqua pas que la République en fût plus mal réglée.

MONTESQUIEU.

Les peines sèment la guerre et la haine.

ÉVANGILE.

La vérité est, si l'on en croit ceux qui vivent avec les prisonniers, qu'en général les condamnés ne sont pas plus mauvais que le reste de la société.

ED. LABOULAYE.

Flétri par la loi, le condamné n'a pas d'autre refuge que le crime, et c'est la loi elle-même qui l'y précipite.

FAUSTIN HÉLIE.

L'expérience démontre avec toute l'évidence possible cette opinion qui pourra paraître paradoxale au premier abord, que c'est la société qui prépare le crime, et que le coupable n'est que l'instrument qui l'exécute.

QUETELET.

Si des témoignages que j'ai accumulés il résulte que, soit qu'on les aggrave ou soit qu'on les atténue, les peines en vigueur sont toutes inefficaces; que toutes sont également impuissantes, soit qu'elles se proposent d'amender le condamné, soit qu'elles se proposent de l'intimider, la conséquence qu'en devra tirer la logique, ne sera-ce pas qu'il convient de chercher une autre voie que celle dans laquelle la société s'est égarée depuis tant de siècles pour s'être obstinée à marcher en sens contraire de l'humanité ?

Selon moi, l'erreur profonde de la société, qui a fini par considérer cette erreur invétérée comme une vérité hors de toute discussion, c'est d'avoir pensé qu'en rejetant de son sein et qu'en formant une classe à part composée de toutes les natures perverses tombées sous les coups de la loi pénale, de tous « les esclaves de la peine », elle en diminuerait le danger. Loin de le diminuer, elle l'a augmenté, ainsi que de l'excès de condensation de la vapeur naît le risque d'explosion.

Qu'y avait-il à faire? — Le contraire juste de ce qu'on a fait. Au lieu de concentrer les malfaiteurs, il fallait les disséminer; il fallait oser en noyer le petit nombre relatif dans l'immensité de la population, en les plaçant sous la haute surveillance de leur famille pécuniairement responsable, et à défaut de famille, en les internant dans la Commune lieu de leur naissance (1). Au lieu de s'appliquer à con-

(1) J'ai dû me demander dans quel lieu je réunirais les renseignements judiciaires qui peuvent concerner chaque individu.

Le lieu du domicile se présentait tout d'abord : c'est là, en effet, que toute personne peut le plus souvent être poursuivie;

struire à grands frais des prisons selon des modes ne différant entre eux que par la diversité des vices inhérents à tous les régimes pénitentiaires (1) quels

c'est là qu'elle peut être appelée à faire partie du jury ou à exercer tout autre droit politique; c'est là, en un mot, qu'il semble tout d'abord qu'il y ait le plus d'intérêt à connaître sa conduite, ses mœurs, ses antécédents. Mais une grave objection s'élevait contre ce système. Le domicile résulte, d'après notre législation même, d'éléments assez vagues, assez divers, et il n'est pas toujours facile de bien déterminer quel est le domicile réel de chaque individu; de plus, le domicile est essentiellement mobile et changeant. Si l'on s'était décidé à placer les renseignements judiciaires sur chaque individu au lieu de son domicile, il aurait fallu qu'ils le suivissent dans le lieu de sa résidence nouvelle aussi souvent qu'il aurait voulu en changer.

Le lieu du domicile devait donc être écarté.

Je me suis arrêté au *lieu de la naissance*. — Pour lui rien de vague, rien d'incertain, rien de mobile, c'est un fait qui saisit l'homme à son entrée dans la société, et qui l'y suit jusqu'à la mort; le lieu de naissance est d'ailleurs aussi celui du domicile pour la plus grande masse des individus, qui naissent, vivent et meurent sans être sortis souvent des limites de leur commune; quant à ceux qui s'en éloignent, ils y conservent encore le plus souvent des relations de famille et d'intérêt qui les y rattachent toujours; enfin, à l'égard de ces hommes, ASSEZ PEU NOMBREUX D'AILLEURS, qui vivent dans un état de vagabondage continuel, la statistique démontre qu'il est presque toujours assez facile de retrouver leur lieu de naissance, *quand les magistrats y apportent le soin nécessaire.*

ROUHER, *ministre de la justice.* Circulaire du 6 novembre 1850, prescrivant l'établissement des casiers judiciaires.

(1) Nul doute que l'isolement produise l'échange d'un vice dégradant contre un autre qui ne l'est pas moins, et dont les conséquences sont bien plus graves pour la santé de ceux qui s'y livrent.

AUBANEL, *directeur du pénitencier de Genève.*

Je n'ai pas remarqué qu'aucun des condamnés mis à l'isolement en ait éprouvé un avantage personnel. L'isolement les a généralement abrutis et endurcis. Ils n'y sont devenus que plus qu'ils soient, — régime de Pittsburg et de Cherry-Hill ou régime d'Auburn, — ce qu'il y avait à faire, c'était de s'appliquer à constituer la Commune telle qu'elle doit être pour mériter ce nom et remplir son rôle salutaire de diviseur nécessaire de tous les risques sociaux.

Qu'il s'agisse des condamnés, qu'il s'agisse des libérés, qu'il s'agisse des aliénés, qu'il s'agisse des enfants abandonnés, qu'il s'agisse des orphelins pauvres, qu'il s'agisse des invalides du travail ou des ouvriers privés de travail par une cause indépendante de leur volonté, qu'il s'agisse de ces divers problèmes ou de tout autre problème social, il n'en est pas un seul que ne puisse, venant après la famille et la suppléant, résoudre la Commune normale. Sans elle je n'en connais aucun dont la solution soit possible, même au prix des efforts et des sacrifices les plus grands. C'est en cela qu'était juste et qu'eût été féconde l'idée phalanstérienne si elle n'eût pas été faussée par des complications regrettables et des exagérations fâcheuses qui ont trouvé des dé-

vicieux et plus méchants. Je n'ai pas même corrigé la paresse. Ils ont porté jusqu'à l'excès, jusqu'à la fureur même, le vice solitaire, et à un âge où l'homme se livre rarement à de pareilles habitudes. DIEY, *directeur de la prison de Beaulieu.*

Il est donc bien avéré que c'est le régime cellulaire qui fait naître ou qui fait accroître et porter outre mesure les habitudes vicieuses qui perdent la santé autant que le moral de l'homme Il devrait assurément suffire d'un tel résultat, aussi certainement constaté, pour obliger à abandonner un tel régime.

DE LA ROCHEFOUCAULT-LIANCOURT.

fenseurs sérieux, notamment parmi d'anciens élèves de l'École polytechnique, ingénieurs et officiers distingués, ce qui serait inexplicable si toutes les idolâtries n'avaient eu leurs prêtres, toutes les écoles leurs disciples, toutes les erreurs leurs apôtres, même leurs martyrs. Le tour de ce qui est simple est toujours et partout ce qui arrive le dernier. Ainsi l'idée de donner un nom aux rues d'une ville et un numéro aux maisons d'une rue n'est venue que fort tard (1). Proposez ce qu'il y a de plus simple, proposez de compléter l'idée, proposez d'inscrire à chaque étage de l'escalier le numéro de l'étage, et à la porte de chaque appartement le nom de la personne qui l'habite, et vous verrez comment cette proposition sera reçue et par quelles absurdes objections elle sera combattue ! Jusqu'à ce que cela ait été fait, il n'y aura qu'une voix pour s'écrier, comme en 1726, lors du numérotage des maisons, que cela n'est pas faisable. S'il ne se trouvait pas

(1) La première trace de l'intervention administrative en cette matière se trouve dans l'article 3 de la déclaration du 29 janvier 1726 ; mais cette mesure fut lettre morte, et dans le Guide de Paris de 1762 on voit encore des adresses comme celles-ci : *Bureau de papier timbré, rue Cloche-Perche, la porte cochère après le cabaret ; bureau de parchemins timbrés, rue du Harlay, à côté de la grille du Palais, l'allée du pâtissier, au premier,* etc.

Ce sont les grands qui se montrèrent hostiles à cette mesure, et qui refusèrent de s'y soumettre. « En effet, comment soumettre l'hôtel de M. le conseiller, de M. le fermier général ou de Mgr l'évêque, à un vil numéro comme la boutique d'à côté? Cela imprimerait un air d'égalité qu'il faut bien se garder d'établir. »

MERCIER. *Tableau de Paris.*

quelques oseurs pour prendre l'initiative, ce serait à croire que l'homme ne sait qu'imiter, et qu'entre lui et le singe il y a moins de distance qu'on ne le croit communément.

Assurément, s'il y a une idée fausse autant qu'elle est funeste à la liberté et nuisible au progrès, c'est l'idée qui, à l'ombre de ce grand mot : *la centralisation*, consiste à surcharger l'État d'attributions sous le poids desquelles il est condamné à l'immobilité. La centralisation, c'est la concentration de toutes les difficultés, c'est leur multiplication à l'infini l'une par l'autre, c'est l'élévation de chacune d'elles à sa plus haute puissance. L'idée opposée à l'État accapareur et tuteur, c'est la Commune en pleine possession d'elle-même et de tout ce qui compose son actif et son passif, ses avantages et ses charges; c'est la Commune libre dans l'État *libéré*, car l'État centralisateur, c'est l'État condamné à perpétuité aux travaux forcés. Loin de moi toute pensée d'ériger la Commune en phalanstère; ce que je propose uniquement, c'est que la Commune soit ce qu'elle doit être, tout ce qu'elle doit être, et rien que ce qu'elle doit être (1). Au passé ce qui appartient au passé : au passé se nommant la Révolution, les *États généraux;* à l'avenir ce qui appartient à l'avenir : à

(1) Écrit en 1868, conséquemment trois ans avant que les événements du 18 mars au 27 mai 1871 eussent jeté le discrédit et l'odieux sur ce mot : la Commune.

l'avenir se nommant la Civilisation, les *États communaux*, ouvrant l'ère nouvelle de la *Politique intercommunale*. Une chaîne n'est rien par elle-même; elle ne sert et ne pèse que par les anneaux qui la forment. C'est sous cette image qu'État et Commune m'apparaissent. Les Communes sont les anneaux, l'État est la chaîne. De combien d'anneaux, c'est-à-dire de Communes, la chaîne, c'est-à-dire l'État, devra-t-il se composer? Là est toute la question. De même qu'il faut que chaque anneau ait la force de résistance nécessaire à l'effort de traction qu'il aura à subir, de même il faut que chaque État communal soit doué de toutes les facultés nécessaires à l'accomplissement de tous ses devoirs. Si le territoire, la population, le revenu de la France ne comportent que cinq mille Communes, qu'elle en réduise le nombre à ce chiffre, ayant pour fractions les anciennes communes, désormais désignées sous le nom de sections !

Supposez par la pensée que l'État, empêché de se mouvoir par l'excès de sa taille et de sa pesanteur, ait fait place aux *États communaux*, luttant entre eux d'émulation et d'activité, le problème pénitentiaire devient immédiatement ce qu'il y a de plus simple à résoudre.

Je vais le démontrer autrement que par des mots;

je vais le démontrer par des chiffres. Ces chiffres seront officiels.

La statistique des maisons centrales et des établissements pénitentiaires, que j'ai sous les yeux, celle de 1866, pnbliée en 1868, établit ainsi ce qu'elle appelle le *mouvement de l'effectif :*

Au 1er janvier 1866, ces établissements renferment 18,385 condamnés des deux sexes, divisés en cinq catégories :

		Hommes.	Femmes.	Total.
CONDAMNÉS.	Travaux forcés.	187	1,296	1,483
	Détention. . . .	4	»	»
	Réclusion. . . .	3,911	328	4,239
	Emprisonnement correctionnel.	10,879	11,767	12,646
	Fers.	13	»	13

La classification des condamnés, selon les peines encourues, donne les nombres proportionnels suivants par catégorie :

Travaux forcés.	8,06	pour 100	de l'effectif.
Détention.	0,02	—	—
Réclusion.	23,05	—	—
Emprisonnement. . . .	68,78	—	—
Fers.	0,07	—	—

Au point de vue de la durée de la peine, chaque catégorie présente les nombres ci-après :

	HOMMES.	FEMMES.	TOTAUX.
1° *Condamnés aux travaux forcés.*			
De 5 à 10 ans.	24	441	465
De 10 à 20 ans. . . .	112	591	703
A perpétuité.	51	264	415
2° *A la détention.* . .	4	»	4
3° *A la réclusion.*			
De 5 à 7 ans.	2,322	167	2,489
De 7 à 10 ans et au-dessus.	1,589	161	1,750
4° *A l'emprisonnement correctionnel.*			
De 1 à 2 ans.	3,376	773	4,149
De 2 à 3 ans.	2,208	353	2,561
De 3 à 4 ans.	1,542	176	1,718
De 4 à 5 ans.	1,168	180	1,348
De 5 ans et au-dessus.	2,585	285	2,870
5° *Aux fers.* . . .	13	»	13

Si vous divisez ce chiffre centralisé de 18,385 condamnés par le chiffre de 5,000 Communes érigées en *États communaux,* quel chiffre aurez-vous? La moyenne sera au-dessous de 4 par Commune. Est-ce donc là un chiffre dont il y ait lieu de s'épouvanter, alors surtout qu'on a sous les yeux la décomposition de ce total de 18,385 détenus et qu'on voit pour quelle faible proportion y entrent les condamnés (hommes) aux travaux forcés?

Lorsqu'on discute dans le vague des grandes phrases sonores sans être ramené à la vérité des faits par l'inflexibilité des chiffres, ne semblerait-il pas que si les portes des bagnes et des maisons centrales s'ouvraient tout à coup comme des digues rompues, la France serait envahie par un flot de forçats et de réclusionnaires?

De forçats, combien y en a-t-il? Regardez! Il y en a 1,483, sur lesquels 1,296 femmes, ce qui réduit à 187 le chiffre des hommes.

De réclusionnaires, combien y en a-t-il? Regardez encore! Hommes et femmes, il y en a 4,239.

Ce serait, hommes et femmes, forçats, réclusionnaires et condamnés à plus d'une année de prison, environ 1 interné par commune, soumis à sa haute surveillance à défaut de celle de la famille, pécuniairement responsable.

Une telle surveillance serait-elle donc difficile à exercer?

Et encore, lorsque je pose cette question, je prends la société telle qu'elle est au moment où j'écris, et non la société telle qu'elle ne tarderait pas à se réformer de la base au faîte et du faîte à la base sous l'empire d'une idée à côté de laquelle sont passés deux inspecteurs généraux des prisons, M. Léon Vidal et M. Charles Lucas, et l'auteur d'un livre très-remarquable intitulé : *De l'abolition de l'emprisonnement*, M. Édouard Desprez, docteur en droit, sans se douter, conséquemment sans se rendre compte de tout ce qu'il y avait en elle.

Dans une brochure intitulée : *Coup-d'œil sur la science pénitentiaire*, M. Léon Vidal s'exprime ainsi :

Quant à ces pupilles de la justice et de l'administration pénitentiaire, on pourrait peut-être essayer plus largement qu'on ne le fait encore *les moyens de les* DISSÉMINER *chez les paysans, presqu'aussitôt après leur jugement, au lieu de les* AGGLOMÉRER *longtemps dans des établissements spéciaux.*

Les vices de cette agglomération sont relevés en ces termes excellents par M. Édouard Desprez :

Il y a assez d'infamie dans la condamnation elle-même; on doit se garder d'y rien ajouter puisqu'on a la prétention de réformer, de régénérer le condamné. Plus bas on le fait descendre, plus on a de peine à le relever.

Les moyens qui détruiraient une société libre ne sauraient être employés à réformer une société criminelle. On ne guérit pas les malades avec des remèdes qui tueraient des gens bien portants.

Il faut en première ligne supprimer du régime pénal le célibat forcé, qui refuse au condamné toute possibilité d'affection honnête. Dans la prison, toutes les passions oisives qui ne savent où s'attacher, où se réfugier, engendrent une démoralisation qui n'a plus de limites.

L'AGGLOMÉRATION des condamnés, le travail industriel et sédentaire, sont les plus mauvaises conditions physiques et morales qu'on puisse imaginer pour le châtiment et la réforme des criminels.

Quelle est sa conclusion ? Conclut-il logiquement à la dissémination des condamnés (1)? Non, il con-

(1) Il y a quelques années, alors que M. Dupuy était directeur des prisons, un certain nombre de jeunes détenus ont été confiés à un fabricant de coutellerie de Nogent (Haute-Marne), qui en occupe aujourd'hui cent cinquante environ dans ses ateliers.

Il était venu les chercher à la prison de la Roquette; et seul, sans surveillants, il les avait emmenés par le chemin de l'Est, de Paris à Foulain; puis, à la descente des wagons, et avant de se mettre en route pour se rendre à pied de la station de Foulain à son usine de Courcelles, près de Nogent, il leur avait adressé l'allocution suivante :

« Enfants, vous voilà rendus à la liberté. Je vous conduis dans » une fabrique où il n'y a ni murailles ni verrous. Là vous appren- » drez un état; vous serez nourris, vêtus et logés beaucoup mieux » que ne le sont la plupart des ouvriers. Lorsque vos parents vien- » dront vous visiter, vous pourrez communiquer avec eux libre- » ment. Aussitôt que vous aurez acquis une certaine habileté vous » recevrez un salaire, qui, mis en réserve, deviendra votre pro- » priété le jour où vous quitterez l'établissement. La discipline à » laquelle vous serez soumis n'est pas plus sévère que celle d'un » pensionnat de garçons. Je suis votre protecteur et votre ami plu- » tôt qu'un maître. Je réclame de vous la soumission que tout su- » bordonné doit aux ordres de son supérieur. Dans un instant vous » allez rencontrer des camarades, autrefois prisonniers comme » vous, qui viennent vous souhaiter la bienvenue. En les voyant » vous pourrez comparer leur position avec ce qu'était la vôtre hier » encore ! Éloignez de votre pensée toute tentative de fuir, parce » que je n'ai aucun moyen de m'y opposer : vous seriez d'ailleurs » arrêtés promptement, et je ne vous réclamerais pas ; vous auriez » encouru une aggravation de peine, et il serait à craindre que » tout moyen de vous réhabiliter vous fût désormais refusé. En » route donc, enfants, et que Dieu vous soit en aide ! »

Après cette allocution, la bande joyeuse se met en marche en clut au maintien de leur agglomération, sous un autre nom. Elle ne s'appelle plus maisons centrales, elle s'appelle colonies agricoles.

Présentant, en avril 1853, à l'Académie des sciences morales et politiques, des *Observations sur l'état permanent de la déportation en Angleterre*, la vérité conduit, les yeux fermés, M. Charles Lucas à cette conclusion, qui, se rencontrant avec une

chantant. Après deux heures de marche, elle arrive à la fabrique, où l'installation a lieu immédiatement, et, dès le lendemain, les nouveaux venus sont répartis dans les ateliers. Au bout de six mois la plupart sont d'excellents apprentis; au bout de deux ans d'excellents ouvriers.

Les sujets de cette petite colonie circulent journellement en toute liberté dans les rues de Nogent, et la population leur est très-sympathique. Les résultats obtenus ont dépassé toutes les espérances, ainsi que l'on peut s'en convaincre en visitant l'établissement de MM. Sommelet et Wichard. Les produits de leur coutellerie modèle méritent la renommée qu'ils ont acquise.

Cette heureuse expérience que j'ignorais atteste une fois de plus la justesse des idées dont la paternité adoptive est la seule que je revendique, car elle est la seule qui m'appartienne! De toutes les idées, je le répète, que je me suis efforcé de coordonner, il n'y en a pas une seule qui n'ait été déjà appliquée, soit dans un autre temps, soit dans un autre pays.

En 1868, l'Impératrice avait conçu un projet de réforme pénitentiaire qui eût consisté dans le choix de familles villageoises honnêtes, auxquelles eût été confié à chacune d'elles, moyennant indemnité, un « *réfractaire* », afin que, se retrempant dans une vie laborieuse et probe, le jeune mauvais sujet se laissât gagner au bien par le spectacle des vertus domestiques et par l'émulation.

Il est à regretter que ce projet de l'Impératrice, annoncé en octobre 1868, n'ait pas eu le temps de recevoir la consécration de l'expérience. Agglomérer les «réfractaires» est l'idée fausse; les disséminer est l'idée juste. L'Impératrice l'avait compris.

pensée que je mûrissais depuis longues années, ne pouvait manquer de me frapper fortement :

D'après le recensement général de la population de la France en 1844, le nombre sur 1,000 est de 454 mariés et 546 célibataires.

D'après le compte rendu de la justice criminelle, sur 1,000 criminels le nombre est de :

Célibataires		563
Mariés ayant enfants	314	349
Veufs ayant enfants	35	
Mariés sans enfants	78	88
Veufs sans enfants	10	

Voilà donc, sans compter les veufs, 314 condamnés sur 1,000, à l'égard desquels se retrouvent tous les éléments de la famille, père, mère et enfants; pour lesquels, en un mot, il y a famille et domicile.

Sans doute on rencontre malheureusement beaucoup d'immoralité au sein de plusieurs de ces familles ; mais aussi il en est un grand nombre qui ont conservé des traditions et des sentiments de probité. Pour s'en convaincre, il suffit de se dire deux choses : la première, c'est que, d'après le compte de la justice criminelle, les trois *cinquièmes* des accusés, qui ont un domicile, habitaient des communes rurales dont la population proportionnelle en France est de près des quatre cinquièmes ; la seconde chose, c'est qu'il y a une ligne de démarcation qui sépare en général les délits contre les personnes des délits contre les propriétés, et qui dénote presque toujours chez ces derniers une perversité plus profonde et surtout plus contagieuse.

Or, la population rurale, chez laquelle l'esprit de famille s'est le moins altéré, étant précisément celle qui prend la plus large part aux délits contre les personnes, il faut en conclure qu'*il n'y a pas en France de meilleur système d'*ASSIGNATION *pour un grand nombre de condamnés de la population rurale que de les* RENVOYER A LEUR COMMUNE ET A LEUR FAMILLE ; *au lieu de chercher à briser les liens qui les y rappellent, il faut au contraire s'attacher à les renouer et à les entretenir.*

Comparer la conclusion renfermée dans ces dernières lignes à ce que le gland est au chêne, dont la cime atteindra la hauteur des nues, à ce que l'œuf est à l'aigle, qui déploiera ses ailes dans les airs, dont il sera le roi, ce n'est tomber dans aucune exagération. Comment M. Charles Lucas, ayant rencontré sous sa plume un germe aussi précieux que celui du « RENVOI DES CONDAMNÉS A LEUR COMMUNE ET A LEUR FAMILLE », n'a-t-il pas vu que ce germe fécond contenait en lui tout le nouveau monde pénitentiaire?

La preuve qu'il ne s'en est pas aperçu, c'est qu'après avoir écrit ces lignes : « *Au lieu de chercher à » briser les liens qui rappellent les condamnés* A LEUR » COMMUNE ET A LEUR FAMILLE, *il faut au contraire s'at» tacher à les renouer et à les entretenir* », il insiste, quelques pages plus loin, sur la nécessité d'organiser, « à l'instar du refuge établi près de la maison » centrale de Montpellier, un patronage après *leur » libération.* »

Que parlez-vous de patronage *après leur libération!*

C'est atteler la charrue devant les bœufs, au lieu d'atteler les bœufs devant la charrue. Ce patronage, ce n'est pas après la chute, lorsque la réparer est difficile, qu'il faut l'instituer, c'est avant, lorsque la prévenir serait plus facile. Le patronage le plus naturel, le plus simple, le seul qui serait efficace, c'est celui de la famille, qui, hors le cas où il s'agit d'hériter, n'est communément qu'un mot qui sonne le vide. Il ne faut pas craindre de lui faire sonner le plein; il ne faut pas craindre de lui faire sonner la responsabilité. Cette responsabilité, que toutes les familles l'acceptent en principe et en fait, ou bien qu'en principe et en fait elles trouvent juste et simple que l'héritage soit restreint à la ligne directe, à la ligne ne se composant plus que des descendants et des ascendants (1). Les deux choses sont insépa-

(1) L'individualité est inexorable pour réclamer la succession en ligne directe. Demande-t-elle aussi instamment la succession en ligne collatérale?... Il est clair que non. Qu'il y ait plusieurs frères dans une famille, que chacun prenne femme, ait des enfants : voilà de nouvelles familles fondées, des individualités nouvelles au sein de la société. Si Paul, qui a prospéré, recueille les biens de son frère qui est mort sans enfants, on ne voit pas clairement le devoir de l'association, de maintenir pour toujours la succession de Pierre au profit de Paul; non que l'individualité soit nécessairement dans ce cas entièrement sans droit; mais combien ce droit est faible, si on le rapporte à l'hérédité en ligne directe! Aussi la société admettra sans effroi des discussions sur la succession collatérale; elle en pèsera les raisons et les inconvénients; rien dans cette révision ne saurait blesser la nature des choses. Bien plus, *quand nous supposerions que la succession en ligne collatérale fût amendée, même supprimée*, que la succession déférée aux ascendants serait encore restreinte, y aurait-il là un affaiblissement mortel de

rables. La famille n'est pas un lien : qu'elle en soit un! Que le cousin au dernier degré successible sache que si l'un de ses cousins est judiciairement condamné à une réparation pécuniaire à laquelle ce dernier échappe par l'insolvabilité, ce cousin, si éloigné qu'il soit, en sera solidairement responsable dans le même ordre que celui où il aurait été appelé à hériter s'il y avait eu un héritage à recueillir. Qu'à défaut de la famille éteinte, absente, inconnue ou impuissante, la Commune sache que la solidarité s'étendra jusqu'à elle, et lorsqu'un enfant naîtra, cet enfant ne sera plus exposé à ce que son éducation et son instruction soient négligées. Ce sera à qui les surveillera; s'il a une aptitude qui s'annonce, ce sera à qui la développera, car les parents et la Commune auront ce que présentement ils n'ont pas: ils auront voix au chapitre et droit à l'intervention. Si les ascendants font défaut à leur tâche et manquent aux devoirs que ces noms leur imposent (1); si

l'individualité et de l'esprit de famille? Point, car cet esprit doublerait d'énergie en se concentrant tout entier dans la ligne directe. Au moment où l'association française opérerait ces réformes, elle sentirait le besoin de reconnaître, par un hommage solennel, le droit sacré de l'individualité en ce qui touche les rapports de père et de fils, l'héritage en ligne directe; et la famille, plus resserrée, deviendrait au sein de l'État plus chère encore et plus inébranlable. LHERMINIER, *Philosophie du droit.*

(1) On punit à la Chine les pères pour les fautes de leurs enfants. C'était l'usage du Pérou. On punit à la Chine les pères pour

la misère, l'ignorance, l'inconduite, l'ivrognerie les ont abrutis à ce point qu'il soit impossible de les tirer de leur abrutissement et de vaincre leur insouciance, apparaîtront alors dans toute leur force et dans toute leur étendue le devoir et le droit des collatéraux; le plus intéressé, ou, à son défaut, le plus diligent d'entre eux convoquera le conseil de famille, lequel délibérera, avisera, et, au besoin, réclamera le concours de la Commune mère, de la Commune lieu de naissance de l'enfant, de la Commune, dont le droit n'apparaîtra et ne s'exercera que si le droit de la famille n'a pas apparu et ne s'est pas exercé tel qu'il aura été maintenu ou tel qu'il aura été modifié. S'il était reconnu équitable qu'en retour et en compensation de ce droit onéreux une part déterminée fût faite à la Commune dans l'héritage de tous ceux qui seraient nés sur son territoire, ce ne serait pas moi qui ferais opposition à cette idée, car il y a vingt ans que je l'ai émise dans la forme précise d'un projet de loi dont l'adoption serait ce qu'il y a de plus simple. Ce projet de loi supprime la branche collatérale et ne laisse subsister que la ligne directe, en conférant à la Commune et à l'État, conjointement, ce que j'ai nommé *une*

n'avoir pas fait usage de ce pouvoir paternel que la nature a établi et que les lois y ont augmenté.

MONTESQUIEU. *Esprit des lois*, liv. VI, ch. XX.

Le père doit être responsable des fautes de ses enfants.

BENTHAM.

part d'enfant (1). Ce droit communal à l'héritage ne serait en réalité que la perception de la prime d'as-

(1) PROJET DE LOI AYANT POUR OBJET DES MODIFICATIONS ET DES ADDITIONS AU TITRE Ier DU LIVRE III DU CODE CIVIL.

A partir du jour de la promulgation de la présente loi, le titre Ier du livre III du Code civil sera modifié et réformé conformément aux dispositions suivantes :

ARTICLE 1er.

La Commune, lieu de la naissance du défunt, dite *Commune mère*, et l'État, comptant ensemble pour une tête et partageant par égale moitié, le conjoint survivant comptant également pour une tête, succèdent au même titre que les enfants * ou leurs descendants.

ARTICLE 2.

Si le défunt a laissé un conjoint, mais n'a pas laissé de postérité, la succession se divise ainsi par parts égales : un quart au conjoint survivant, un quart aux ascendants de la ligne paternelle, un quart aux ascendants de la ligne maternelle, et le dernier quart subsidiairement par moitié entre la Commune mère et l'État.

ARTICLE 3.

Si le défunt n'a pas laissé de conjoint ni de postérité, la succession se divise par parts égales; savoir : un tiers aux ascendants de la ligne paternelle, et le dernier tiers subdivisé par moitié entre la Commune mère et l'État.

Si le défunt n'a laissé d'ascendants que dans une seule ligne, la succession se divise par parts égales, savoir : la moitié aux ascendants de la ligne survivante et l'autre moitié partagée également entre la Commune mère et l'État.

Si enfin le défunt n'a laissé ni descendants ni ascendants, la suc-

* S'il n'est fait ici aucune différence entre les *enfants légitimes* et naturels reconnus et les *enfants illégitimes*, c'est que cette dernière catégorie d'enfants, création arbitraire de la loi, est appelée à disparaître le jour où *l'égalité des enfants devant la mère* aura passé du domaine des principes dans le domaine des faits. Voir la *Politique universelle*, livre VII.

surance proportionnelle au risque. Si des charges nouvelles sont imposées à la Commune, il n'est pas seulement juste, il est impérieusement nécessaire que des ressources nouvelles correspondantes soient créées, afin que l'équilibre s'établisse entre elles, celles-là par celles-ci.

Ou ma pensée, manquant soit de précision, soit de développements, s'est mal dégagée de mon cerveau qui la renfermait, ou, après ce qui précède, il doit être clair que ce que je propose, c'est d'attaquer dans leur nid le meurtre et le vol, ces oiseaux de proie, avant qu'ils aient grandi, avant que les ailes leur aient poussé, avant que l'audace leur soit venue, avant que la honte les ait quittés, avant que l'ignominie les ait couverts, avant que la peine les ait flétris, avant que le bagne et la prison aient achevé de les pervertir; c'est de tarir dans leur source l'ignorance et la misère.

Pour que cette idée fût fausse, il faudrait qu'il ne fût pas vrai que la criminalité qui tombe sous les coups de la cour d'assises et de la police correc-

cession se partage par moitié entre la Commune mère et l'État.
A l'égard des enfants nés à l'étranger de père et de mère français, la Commune où est née leur mère sera considérée comme la Commune mère de l'enfant; à l'égard des enfants nés à l'étranger, d'une mère étrangère et de père français, la Commune où est né le père sera considérée comme la Commune mère de l'enfant; à l'égard de l'étranger qui demandera à être naturalisé français, il devra préalablement justifier de l'adoption de la Commune qu'il aura désignée comme devant lui tenir lieu de Commune mère.

tionnelle soit plus rare parmi ceux qui savent lire et écrire que parmi ceux qui ne savent ni lire ni écrire, parmi ceux qui raisonnent que parmi ceux qui ne raisonnent pas, parmi ceux qui ont le bien-être que parmi ceux à qui il manque.

A la hauteur à laquelle s'est élevée déjà la civilisation par toutes les applications des sciences mécaniques, physiques et chimiques; à la hauteur beaucoup plus grande encore à laquelle l'élèveront les progrès de la science économique appelée à transformer l'impôt forcé en prime volontaire d'assurance, à multiplier le travail par la consommation, à fortifier le crédit par l'épargne, à le rendre accessible à tous les ouvriers vaillants, est-il chimérique de penser que des temps viendront où il n'y aura plus dans un État civilisé un seul adulte qui ne sache lire et écrire, calculer et raisonner, à moins qu'il ne soit un idiot incurable; un seul adulte qui n'ait appris à s'assurer contre tous les risques comportant une réparation pécuniaire; un seul adulte qui n'ait acquis la certitude que de tous les moyens d'arriver au bien-être, le travail et la probité ne sont pas seulement les plus sûrs, qu'ils sont aussi ceux qui exigent le moins d'efforts? La probité a l'exactitude d'une science; donc la probité peut s'enseigner.

Qu'est-ce que le vol? Si le vol est l'appropriation sans travail du bien que l'on convoite, moins le travail deviendra pénible et plus le vol deviendra rare.

On peut donc transformer le vol. Il est l'appropriation par la force ou par la ruse; il peut devenir l'appropriation par l'activité ou par la supériorité.

Plus le vol sera rare, et proportionnellement moins il y aura de risques de meurtre. Ainsi, l'on voit que tout se tient et s'enchaîne quand on remonte des effets aux causes. Mais les causes, qui les étudie, qui les approfondit?

Au nombre des pensées de Pascal, aussi grand géomètre que grand écrivain, se trouve celle-ci :

On n'apprend pas aux hommes à être honnêtes gens, et on leur apprend tout le reste, et cependant ils ne se piquent de rien tant que de cela. Ainsi ils ne se piquent de savoir que la seule chose qu'ils n'apprennent pas.

Avant Pascal, déjà Platon avait dit :

A moins d'être doué d'une nature extraordinaire, nul ne saurait devenir vertueux si dès l'enfance le beau et l'honnête n'ont occupé ses yeux et si, ensuite, il n'en a pas fait une étude sérieuse.

L'instruction donnée aux militaires en fait des hommes pensant et agissant autrement que s'ils étaient restés à la charrue, à l'atelier, au magasin. Elle en fait des meurtriers sans hésitation, sans scrupule et sans remords. Apprenez aux hommes à être honnêtes comme vous leur apprenez à être braves, et ils le seront. Si beaucoup ne le sont pas, c'est que vous ne leur avez pas appris à l'être, comme il fallait le leur enseigner en s'adressant non à leur conscience mais à leur intérêt. Ne vous en prenez pas à eux, mais à vous ! Ce n'est pas leur ignorance qu'il faut accuser, mais votre négligence.

Où l'on tue, où l'on se bat, où l'on vole, où l'on trompe, où l'on calomnie, c'est que la civilisation n'a encore dissipé la barbarie qu'imparfaitement.

Ce qu'il faut, c'est étudier le meurtre, le vol, la fraude dans leurs causes, comme on a étudié dans leurs causes les incendies par la chute de la foudre, les explosions par la fuite du gaz ou par la pression de la vapeur.

Ce n'est point en fermant les cabarets qu'on détruit l'ivrognerie : c'est en faisant monter le niveau du bien-être ; le bien-être acquis change les habitudes et en fait contracter de nouvelles. Qui peut aller au café ne va plus au cabaret ; qui a un salon ne va pas au café. Qui est membre d'un cercle a la crainte d'en être exclu. Chaque cercle fait la police de ses membres ; le nombre des cercles ne saurait donc être trop encouragé. C'est un puissant moyen de moralisation. Qui appartient à une corporation a deux freins qui le retiennent : la solidarité qui pèserait sur la corporation et la surveillance que cette solidarité lui donne le droit d'exercer, surveillance que j'appellerai le patronage préventif. Toute profession devrait donc être érigée en corporation locale et générale. Remplacer l'échelle de la pénalité par l'échelle de la civilisation, voilà la tâche qu'il s'agit d'accomplir.

Le jour où il sera reconnu qu'il n'y a *moralement* ni bien ni mal, qu'il n'y a matériellement que des risques, que peu importe d'être tué par un meurtrier ou par une tuile (1), noyé par un malfaiteur ou par une vague, visé derrière une borne ou derrière un canon, blessé par la main d'un homme ou par la corne d'un bœuf : ce jour-là on ne prendra plus l'ombre pour la proie; on ne parodiera plus Xerxès faisant châtier l'Hellespont à coups de verges; mais on appliquera à la société les règles qu'on applique à la construction du navire qui doit affronter la tempête ou de la maison qui doit défier l'incendie.

Lorsque je vois persister à punir corporellement l'individu, au lieu de travailler à réformer rationnellement la société, il me semble que j'ai sous les yeux l'enfant que le précepteur fouettait jusqu'au sang pour la faute qu'avait commise le prince près duquel cet enfant était élevé.

Si la pénalité corporelle instituée par la loi existe sans droit, si elle n'a pour elle ni la légitimité ni l'utilité, si elle n'est ni la délégation du droit divin ni l'exercice du droit personnel; si elle n'a pour fondement ni la sûreté publique ni la défense légitime; si elle ne repose que sur l'arbitraire, à quel titre continuerait-elle de subsister? La barbarie a

(1) A Athènes et à Rome, quand une tuile tombée sur un homme l'avait tué ou blessé, un procès en règle était fait à la tuile. (Voir plus haut pages 225 et suivantes.)

été son berceau, pourquoi la civilisation ne serait-elle pas son tombeau?

Le courage le plus rare, ce n'est pas, après avoir lancé un défi téméraire, d'oser affronter le péril de la mort; c'est, après avoir posé un principe, d'oser en déduire et en accepter toutes les conséquences, sans en excepter, sans en décliner une seule.

J'ai ce courage qui consiste à nier qu'il soit au pouvoir de ce qui est logique de devenir absurde et de ce qui est vrai de devenir faux. Se prolongeât-elle d'un pôle à l'autre, ce ne serait pas en raison de sa longueur extrême qu'une droite deviendrait une courbe; ce serait parce qu'elle aurait changé de nature. Il en est ainsi de la vérité et de l'erreur. Où l'une finit, l'autre commence.

A quelque titre qu'on admette la pénalité corporelle, que ce soit à titre d'expiation ou de rétribution, d'intimidation ou de correction, l'admettre à demi, l'admettre sans toutes ses rigueurs, est une inconséquence qui se trahit par l'incertitude de ses tâtonnements et le nombre de ses essais, tous successivement condamnés par l'expérience, aussi bien dans le nouveau monde que dans l'ancien; aussi bien en Amérique qu'en Europe; aussi bien en Angleterre, où la liberté est garantie, qu'en France, où elle ne l'est pas.

A aucun degré, sous aucun nom, sous aucune forme, je n'admets dans l'avenir, au delà d'un terme solennellement assigné et consciencieusement respecté, le maintien de la pénalité corporelle.

Est-ce à dire cependant que je conteste que le meurtre soit le meurtre et que le vol soit le vol? Non! mais, au lieu de les qualifier crimes et délits tombant sous le coup de la loi positive, je les qualifie risques devant tomber exclusivement sous le coup de la science appliquée. A mes yeux, ces risques ne sont pas plus redoutables que ceux de la foudre quand elle éclate, de la grêle quand elle ravage, des fleuves quand ils débordent, du feu quand il incendie, de la pluie quand il faudrait de la sécheresse et de la sécheresse quand il faudrait de la pluie, du gaz quand il fait explosion, du chemin de fer quand il sort du rail, etc., etc. (1); ces risques sont incomparablement moins funestes que

(1) De 1835 à 1863, on a compté en France 2,238 personnes tuées par le tonnerre.

M. l'abbé MOIGNO, *la Science vulgarisée.*

Explosion en France des appareils à vapeur pendant l'année 1864 :

Nombre total d'accidents.		16
Nombre de victimes. . .	Morts.	40
	Blessés.	15

Explosion en France des appareils à vapeur pendant l'année 1867 :

Nombre total d'explosions.		19
Nombre de victimes :	Blessés.	36
	Morts.	27

Morts accidentelles pendant l'année 1867 :

En 1867, 4,582 personnes sont mortes par submersion; 1,211

la guerre et la conquête, auxquels cependant en tout temps et en tout pays des arcs de triomphe ont été dressés. Dire explicitement que je déteste et que je méprise la guerre et la conquête, c'est dire implicitement que je méprise et que je déteste pareillement le meurtre et le vol. Je ne distingue pas entre eux. Ceux-ci procèdent de ceux-là. Que la guerre et la conquête cessent d'exister de peuple

sous les roues des voitures; 68 par suite d'incendies; 1,345 en tombant d'échafaudages; 412 ensevelies sous des éboulements; 449 par suite d'excès alcooliques.

(*Compte rendu de la justice criminelle*, 30 mars 1869.)

Morts accidentelles pendant l'année 1868 :

Une heureuse réduction s'était manifestée en 1867, sur le nombre des morts volontaires et accidentelles. J'ai le regret de constater que l'augmentation survenue en 1868 porte le nombre de ces faits à un chiffre qui n'avait jamais été atteint.

Ainsi on relève 14,095 morts accidentelles, qui ont frappé 11,915 hommes et 2,183 femmes. L'accroissement par rapport à 1867 est de 794. On y voit figurer un excédant de 343 individus morts subitement sur la voie publique, et de 356 noyés, notamment dans des naufrages.

(*Compte rendu de la justice criminelle*, 30 mars 1870.)

Morts accidentelles pendant l'année 1869 :

Le nombre des morts accidentelles constatées par procès-verbaux transmis au ministère public est à 21 près, en moins, le même en 1869 qu'en 1868 : 14,074 au lieu de 14,095. Leur répartition suivant le genre de mort est aussi presque semblable. L'asphyxie par submersion est toujours la cause la plus fréquente des morts accidentelles (4,618 ou un tiers). On regrette d'avoir encore à signaler une recrudescence des décès causés par l'abus des liqueurs alcooliques, 587 ; il n y en avait eu que 503 en 1868 et 449 en 1867. (*Compte rendu de la justice criminelle*, août 1871.)

à peuple, le meurtre et le vol ne tarderont pas à s'effacer d'homme à homme. Changez le milieu social, *le milieu réel,* et l'homme changera de lui-même. Je suis à cet égard de l'avis de Ménandre, qui disait : « Les cuisiniers ont fait bien plus qu'Or- » phée pour apprendre aux hommes à ne pas se » nourrir de chair humaine. » Je compare la société, au milieu de laquelle je regrette d'être venu un siècle trop tôt, soit à une ville bloquée, assiégée et affamée, soit à un navire en détresse ayant épuisé tous ses vivres : les plus délicats finissent par s'y nourrir de rats, et les moins cruels par y manger leurs semblables tirés au sort. La misère bloque la société, l'ignorance la submerge. Que l'ignorance et la misère cessent de la submerger et de la bloquer, et le meurtre et le vol disparaîtront, comme a disparu l'anthropophagie partout où la barbarie a fait place à la civilisation et aussitôt que du pain s'est offert à la faim. S'il me fallait des témoignages officiels, j'aurais d'abord celui d'un ancien garde des sceaux, ministre de la justice, M. Barthe, s'exprimant ainsi le 31 août 1831 :

En consultant les tristes annales des crimes privés, vous reconnaîtrez que si quelques grands attentats sont enfantés par ces passions impétueuses qui semblent se faire un jeu des pénalités les plus terribles, l'ignorance et le besoin sont les deux causes réelles de cette multiplicité de crimes qui fournit un déplorable aliment à la justice criminelle. Le plus grand nombre des condamnés est privé des notions les plus simples de l'instruction primaire.

Le législateur punit le crime, mais une administration protectrice, favorable au perfectionnement des mœurs, au développement de l'intelligence et de la raison dans les classes pauvres, s'attachera à le prévenir.

J'aurais ensuite cet autre témoignage d'un directeur des prisons et des établissements pénitentiaires, M. Dupuy :

Tous les écarts considérables dans le cours du blé s'accusent d'une manière aussi sensible dans le plus ou moins grand nombre des détenus.

Toutes les fois que des mouvements de hausse ou de baisse dans le cours du froment se sont manifestés avec une intensité permanente, la criminalité a suivi une marche identique.

Il y a là un sujet d'études que j'ai cru devoir signaler.

Le meurtre et le vol sont des risques étroitement limités; la peur se les exagère, ainsi que l'attestent les chiffres suivants, relevés par M. le docteur Lélut, membre de l'Institut :

Pour ce qui est des atteintes à *la propriété,* je réunis en un même chiffre tout ce que me donne à cet égard la statistique criminelle de 1847, sous les titres divers de vols et abus de confiance domestiques et non domestiques ; de vols sur les chemins publics et autres vols qualifiés ; d'incendie, de fausse monnaie, de faux divers, d'escroquerie, de vols simples, et j'arrive à un total de 50,986 atteintes annuelles à la propriété, à répartir sur le total de la population de la France, que j'abaisserai, pour ne pas tenir compte de certaines non-valeurs dans la question qui nous occupe, au chiffre de 30 millions. Il en résultera que chacun de nous, chacun des membres de cette population, aura annuellement une chance à peu près sur six cents (600) d'être atteint dans quelqu'une des parties ou des espèces de sa propriété.

Je prends de même, pour ce qui est des attentats à *la personne,* à la vie, tout ce que la même statistique de 1847 m'offre de crimes de ce genre, sous les titres divers d'empoisonnement, d'assassinat, de meurtre. Je trouve ainsi un total de 561 attentats à la vie, à répartir sur le même chiffre total de 30 millions de la population attaquable de la France. D'où il résulte que chacun de nous aurait approximativement, dans un an, une chance sur 60,000 d'être, pour peu ou pour beaucoup, victime d'un empoisonnement, d'un meurtre, d'un assassinat.

Si maintenant on veut bien se rappeler que les deux cinquièmes au plus, le quart de ces attaques à la propriété et à la personne, est l'œuvre des criminels récidivistes, on descendra, pour ces deux ordres d'attentats, aux deux proportions ou propositions approximatives suivantes :

Chaque habitant de la France a annuellement et en moyenne : 1° une chance sur 2,400 d'être lésé dans son avoir par des criminels récidivistes ; 2° une chance sur 240,000 d'être atteint dans sa personne, dans sa vie, n'importe de quelle façon, par ces mêmes récidivistes.

Assurément il vaudrait mieux que ces proportions, ces mauvaises chances, fussent moindres de moitié, des deux tiers, des trois quarts, et la société et son gouvernement doivent tout faire pour approcher de ce résultat. Mais telles que les voilà, ces chances sont-elles donc si exorbitantes, si effrayantes?

Si l'homme tient tant à la conservation de sa vie

et de ce qu'il possède, que ne commence-t-il par le commencement et par le principal ! Que ne commence-t-il par renoncer au meurtre et au vol de nation à nation, meurtre et vol impunis, qu'il serait maintenant si facile d'abolir sans retour ! Si longue que soit la liste des assassins, depuis Caïn tuant Abel jusqu'au dernier meurtrier qui a été guillotiné ou pendu, on peut affirmer que c'est à peine si le sang qu'ils ont versé est au sang que les conquérants ont fait couler ce qu'est à l'Océan la goutte d'eau. Mais n'eût-il été versé qu'une seule goutte de sang par un bras fratricide, que ce serait déjà assez pour qu'elle fût la honte et la douleur de l'humanité. Déshabituer l'homme du meurtre, le déshabituer du vol, les lui faire prendre en horreur, en dégoût, en mépris : voilà quelle devrait être la tâche de la société. Cette tâche, comment la remplit-elle ? Au moyen de bourreaux et de geôliers qui tuent le meurtrier et qui emprisonnent le voleur, mais qui laissent paisiblement subsister dans leurs causes le meurtre et le vol.

Présentement, la société trouve cela si simple qu'elle ne saurait imaginer qu'il puisse en être autrement. Elle ne comprend que ce qui est, uniquement parce que cela est. Ce qui n'a pas encore été n'entre pas dans son esprit ; ce qui a cessé d'être, elle ne le comprend plus. Elle croit rêver quand elle lit que chez les Grecs le Prytanée jugeait et condamnait les animaux qui avaient tué ou blessé un homme, une femme ou un enfant; elle croit rêver quand elle lit qu'il en était ainsi en Europe aux quatorzième, quinzième et seizième siècles. Alors le procès s'instruisait en règle contre l'animal accusé d'homicide ou de tentative d'homicide (1). Alors la société trouvait tout simples ces procès, qui maintenant lui paraissent monstrueux. Alors qui eût osé n'être pas de cet avis eût fort risqué de payer chèrement cette audace. La société a renoncé à juger, à condamner, à punir juridiquement l'animal; un pas de plus, et l'homme renoncera à punir corporellement son semblable.

Ainsi qu'on l'a vu dans le chapitre précédent, je ne propose pas qu'elle y renonce brusquement, sans transitions et sans précautions.

Ce que je voudrais, ce serait que, mettant à profit le présent pour faire avec prudence et équité la part entre le passé, qui ne lui appartient plus, et l'avenir, qui lui appartient encore, la société prît avec elle-même, sans aucun retard, l'engagement solennel d'abolir, à dater d'une époque fixée, qui pourrait être l'an 1900, toute pénalité corporelle, toute servitude pénale; puis, sans perdre un jour, une heure, une minute, se mît à l'œuvre et se préparât efficacement à cet affranchissement suprême qui ouvrirait une ère toute nouvelle.

Dans cet ordre d'idées, quels seraient l'ensemble

(1) Voir plus haut pages 225 et suivantes.

et la succession des mesures qui devraient être adoptées ?

Je vais les indiquer sommairement et méthodiquement, telles qu'elles résultent de trente années d'observations, de méditations et d'études ; de plus habiles compléteront cette énumération, s'ils la trouvent incomplète :

I. — Extinction de la guerre, réduction graduelle, jusqu'à son abolition finale, de l'armée, cette école du meurtre s'appelant la guerre, et du vol s'appelant la conquête; augmentation considérable du nombre des gendarmes et des sergents de ville, ces sentinelles de la paix et de l'ordre.

II. — Extinction de l'ignorance populaire en prenant sur les fonds désormais libres du budget de la guerre toutes les sommes nécessaires au budget de l'instruction publique, puissamment dotée, jusqu'à ce que ce budget disparaisse lui-même à son tour; l'instruction primaire, secondaire et supérieure, devant dans l'avenir n'être plus qu'une dépense exclusivement personnelle et tout au plus communale.

III. — Extinction de la misère invétérée, de la misère héréditaire, de la misère imméritée, en appliquant à sa destruction toutes les forces, toutes les ressources, toutes les combinaisons que parvient toujours à trouver en elle toute société, dès qu'elle est placée sous la pression d'une nécessité impérieuse.

IV. — Responsabilité pécuniaire des parents au même titre qu'ils héritent et dans l'ordre qui leur est assigné par les articles 733, 734, 735, 736, 737, 738 du Code Napoléon, livre III, titre Ier. Mais ce qui serait plus simple et plus efficace, ce serait de limiter l'héritage à la ligne directe descendante et ascendante, avec adjonction de l'État et de la Commune, selon le projet de loi précité.

V. — Responsabilité pécuniaire de la Commune mère à défaut de la famille éteinte, inconnue ou insolvable ; cette responsabilité pécuniaire découlant de la *part d'enfant* attribuée, conjointement avec l'État, à la Commune dans l'héritage de tous les individus nés sur son territoire.

VI. — Réduction du nombre des Communes constituées en *États communaux,* la Commune ayant pour base de sa constitution un minimum de population et de revenu, ce qui ne tarderait pas à entraîner la suppression du département, de l'arrondissement et du canton, démarcations et superfétations administratives appelées à disparaître aussitôt que la liberté aura succédé à l'arbitraire.

VII. — Irresponsabilité de l'État, l'État ayant

restitué à la Commune ce qui appartient à la Commune et à l'Individu ce qui appartient à l'Individu, et ce qui ne saurait leur être dérobé sans jeter la légalité et la pénalité dans d'innombrables complications.

VIII. — Transformation de l'impôt forcé en prime volontaire d'assurance étendue à tous les risques pouvant être prévus et évalués, avec la préemption pour sanction mutuelle et commune.

IX. — Transformation du passe-port et du livret en INSCRIPTION DE VIE ou *police générale et spéciale* d'assurance, véritable warrant étendu de la chose à la personne.

X. — Constitution de la prévoyance sociale au moyen de la retenue centralisée d'un centime par heure de travail, retenue opérée et versée non par le travailleur, mais par l'entrepreneur, le patron, la compagnie ou l'association.

XI. — Constitution du crédit mutuel découlant naturellement, logiquement, immanquablement, de l'adoption et de la réalisation des §§ VIII, IX et X ci-dessus, cette constitution du crédit mutuel étant à la fois l'abaissement de l'intérêt de l'argent et l'enterrement des banques d'émission fondées sur le mensonge.

XIII. — Constitution du crédit immobilier, donnant aux fermiers la possibilité de devenir propriétaires au moyen d'une très-faible somme, ce qui, étant la suppression du fermage (1), aurait pour conséquence de convertir, à leur choix, les propriétaires ruraux en rentiers de l'État, en actionnaires de grandes entreprises d'utilité publique ou en commanditaires de l'industrie.

XIV. — Remplacement à titre transitoire de l'échelle pénale actuelle par une autre échelle pénale, de laquelle seraient retranchées les peines suivantes :

(1) *Il y a un motif qui pousse le paysan à acquérir* : il sait que toutes les améliorations du fonds, toute la plus-value que le sol acquiert par la culture et par mille circonstances extérieures, demeurent entre les mains du cultivateur-propriétaire, au lieu qu'en cas de bail à ferme, ces améliorations, cette plus-value, passent, à l'expiration du bail, entre les mains du propriétaire, qui en profite immédiatement pour demander au fermier un fermage plus élevé.

MAUNY DE MORNAY, *inspecteur général de l'agriculture.*
Conseil d'État. Enquête sur le Crédit foncier.

Si l'acquéreur d'un immeuble rural pouvait emprunter les neuf dixièmes de son prix à un taux qui n'excédât pas ou qui excédât peu le revenu net fixé ci-dessus de 2 1/2 0/0 à 3 0/0, il suffirait que l'agriculteur laborieux et expérimenté possédât une somme liquide de 5 à 10,000 fr. pour acquérir un immeuble rural de 50,000 à 100,000 fr., puisqu'il n'aurait à débourser que le montant du risque de dépréciation possible, y compris les frais justement réduits d'expropriation simplifiée ou d'acquisition amiable.

Ce serait la suppression naturelle du fermier et la substitution progressive et pacifique du propriétaire *actif* au propriétaire *passif;* en d'autres termes, du travailleur qui épargne sans consommer suffisamment à l'oisif qui dépense sans rien produire.

(Voir QUESTIONS DE MON TEMPS, t. X, p. 445 et suiv.)

L'emprisonnement ;
La réclusion ;
La détention ;
Les travaux forcés à temps ;
La déportation ;
Les travaux forcés à perpétuité ;
Le bannissement ;
La dégradation civique ;
Le renvoi sous la surveillance spéciale de la haute police.

Seraient maintenues :

L'amende ;
La déchéance de certains droits civiques, civils et de famille ;
Et temporairement, jusqu'à une époque solennellement déterminée, la peine de mort.

Le renvoi sous la surveillance spéciale de la haute police serait remplacé par le renvoi sous la haute surveillance de la famille, et, à défaut de la famille, par l'internement dans la Commune lieu de la naissance, dite *Commune mère,* avec option de l'abjuration de la patrie.

Continueraient d'être de droit :

Les restitutions et les dommages et intérêts.

En entreprenant ce travail, dont la pensée me

poursuit depuis vingt ans, travail qui, je ne m'abuse pas, m'expose à passer moins pour un penseur que pour un rêveur, moins pour un homme d'État que pour un homme d'utopie, l'unique mobile auquel j'ai cédé a été celui d'une conviction profonde.

Cette conviction profonde est que le jour où la société ne serait plus plongée dans une dangereuse léthargie par ces deux narcotiques qui se nomment le bourreau et le geôlier, où, au contraire, elle serait aiguillonnée par la crainte salutaire que lui inspireront les malfaiteurs, Particuliers, Commune et État feraient énergiquement et concurremment, à tout prix et sans rien épargner, ce qu'il y aurait à faire pour tarir la misère et l'ignorance, qui donnent naissance au crime. L'effort serait en proportion du danger. Si le danger était grand, l'effort serait grand ; si le danger était faible, l'effort serait faible. Naturellement, celui qui aurait le plus à perdre serait à la fois le premier à donner et celui qui donnerait le plus.

Vérifions cette conviction par une hypothèse : supposons qu'une révolution sociale s'est accomplie par le suffrage universel qui la mûrit, et que l'opinion personnelle que je soutiens a prévalu : que verrait-on ?

On verrait les familles qui n'accomplissent que par exception leurs devoirs les plus stricts les remplir désormais avec vigilance. L'internat dans les familles est une idée dont la puissance bienfaisante, déjà constatée par la médecine (1), ne saurait être trop soigneusement vérifiée.

On verrait les villes redoubler d'ardeur et de sacrifices pour faire disparaître encore plus vite les quartiers insalubres et ces tristes logements plus démoralisateurs encore que malsains, où, privés d'air, de jour et d'espace, père, mère, enfants, frères, sœurs, couchent pêle-mêle dans l'étroite pièce qui leur a servi de cuisine avant de leur servir de dortoir.

On verrait les maisons borgnes tomber pour mettre à découvert les malfaiteurs et faire place à des maisons neuves, où le travailleur, payant un loyer en juste rapport avec son salaire et son budget, serait logé comme il faut absolument qu'il le soit, si l'on veut qu'il puisse élever convenablement ses enfants, qu'il leur fasse contracter des habitudes de propreté et de pudeur, et qu'il préfère son intérieur au cabaret ou à l'estaminet. A Lyon, il existe un grand nombre de maisons où chacun des habitants de chacune de ces maisons est *propriétaire* de son étage. Ce serait un excellent usage à généraliser partout au moyen de la création d'une société spéciale de crédit qui convertirait en annuité le prix

(1) Contre le suicide des aliénés l'expérience nous a conseillé surtout la *vie de famille*, que nous regardons comme un véritable progrès, et que nous appliquons aux aliénés depuis vingt-cinq ans.
Le Dr A. Brierre de Boismont. *Du Suicide et de la Folie suicide.*

du loyer faiblement augmenté. Plus on aidera les prolétaires à devenir propriétaires et plus on diminuera le nombre des malfaiteurs et des perturbateurs.

On verrait — l'emprunt et l'impôt se prêtant un mutuel appui — s'élargir les rues et se multiplier les squares, ces vraies crèches, ces véritables salles d'asile en plein air, qui, celles-là, ne séparent pas l'enfant de la mère ; car en même temps qu'elle le surveille elle peut coudre.

On verrait de toutes parts les esprits se mettre activement à la recherche de ce qu'il y aurait de mieux à faire pour déshabituer les voleurs du vol en les en décourageant par le peu de profit qu'ils en retireraient proportionnellement à la peine qu'ils seraient contraints de se donner.

Qu'on ne se hâte pas de dire que c'est là un paradoxe!

Où les routes sont bonnes et très-fréquentées, les voleurs de diligences, autrefois si nombreux, sont devenus de plus en plus rares.

Où les chemins de fer ont remplacé les diligences, le risque de vol est devenu plus rare encore.

Où les rues, quoique parcimonieusement, sont éclairées à l'huile par des réverbères, il se commet moins de vols que dans les rues où l'on marchait son falot à la main.

Où l'éclairage à l'huile dans les rues a fait place à l'éclairage au gaz, qui donne plus abondamment la lumière, le chiffre des vols s'est de nouveau abaissé (1).

(1) Il n'y a pas deux siècles que les rues de Paris sont éclairées d'une façon permanente.

Jusqu'au milieu du dix-septième siècle, Paris ne fut éclairé la nuit que dans des circonstances extraordinaires, lorsque la sûreté publique était menacée. Ainsi, il existe des ordonnances de François Ier qui, pour garantir les Parisiens des attaques nocturnes des *mauvais garçons*, prescrivent à tout propriétaire de tenir, après neuf heures du soir, une lanterne allumée sur une fenêtre du premier étage. En 1558 eut lieu le premier essai d'éclairage permanent; la chambre des vacations ordonna de placer au coin de chaque rue, et au milieu quand elle était longue, des falots qui devaient brûler depuis dix heures du soir jusqu'à quatre heures du matin; mais, dès l'année suivante, tout le matériel était vendu au profit des pauvres.

Paris continua donc à rester pendant près d'un siècle sans être éclairé la nuit; aussi les gens attardés étaient-ils ordinairement munis d'une lanterne ou précédés par des porte-flambeaux. Ceci dura jusqu'en 1666. Cette année-là, M. de la Reynie, alors lieutenant de police, commença à faire éclairer Paris, et trente ans après une ordonnance étendit ce système à toutes les villes du royaume. L'éclairage d'alors consistait en lanternes carrées accrochées à des potences, où l'on mettait des chandelles de quatre à la livre. C'étaient les habitants qui étaient chargés à tour de rôle de l'allumage et de l'entretien des appareils de leur rue.

Quelque imparfait que fût ce luminaire, il excitait pourtant l'admiration des étrangers; et voici ce qu'en disait en 1700 le médecin attaché à l'ambassade anglaise :

« Les rues de Paris sont éclairées pendant tout l'hiver, aussi bien quand il y a clair de lune que pendant les autres phases de cet astre, et je l'ai d'autant mieux remarqué que j'ai toujours été blessé de l'usage impertinent de la police de Londres, qui retire les lumières la moitié de l'année, sous prétexte que la lune brille. Les lanternes de Paris brûlent encore passé minuit; les dépenses de cet éclairage sont de 1,200,000 livres pour l'hiver. »

Ce système primitif dura tel quel jusqu'en 1767, époque où Bourgeois de Châteaublanc et l'abbé Matherot de Peignet, stimulés par la récompense qu'avait promise M. de Sartines à quiconque

Plus on rendra le vol difficile et périlleux et plus on diminuera le nombre des voleurs, sans avoir besoin de les emprisonner.

Les voleurs sont des paresseux qui calculent le risque auquel ils s'exposent en le comparant à la peine qu'ils seraient obligés de se donner pour se

perfectionnerait le service d'éclairage, inventèrent les réverbères, dont le succès fut prodigieux. Ce réverbère, aujourd'hui dédaigné, excitait alors l'enthousiasme au point d'avoir ses poëtes, notamment Dassoucy, s'exprimant ainsi en rimes redoublées : « Maintenant, le gagne-denier et le marchand de draps ne craignent plus les filous ni le fameux Bras-d'Acier » (célèbre brigand de l'époque).

Bien que déclaré splendide, cet éclairage était si insuffisant qu'il ne dispensait pas les habitants aisés de Paris de la précaution nécessaire de se munir de lanternes pour sortir le soir, et bientôt une compagnie de porte-falots fut créée. Les porteurs de falots étaient munis d'une lanterne numérotée comme nos fiacres, et stationnaient à certains endroits désignés où on allait les prendre. Le porteur vous conduisait à votre domicile et vous donnait de la lumière pour rentrer chez vous, le tout moyennant 6, 8 ou 12 sols, selon la longueur de la course. Déjà une entreprise semblable avait été faite sous Louis XIV (1662), mais la spéculation n'avait pas réussi.

Quant aux réverbères, leur nombre allait toujours croissant : en 1769, Paris en comptait 3,500 ; en 1809, il y en avait 11,000, et en 1821, 12,672.

Cependant, dès 1811, l'ingénieur Lebon avait fait une découverte qui devait faire une révolution dans l'éclairage ; il avait découvert les propriétés de certains gaz ; mais les choses les meilleures ont tant de difficulté à se produire, que ce fut seulement sous le règne de Louis XVIII, et pendant l'administration préfectorale de M. Chabrol de Volvic, que les premiers becs furent établis. Depuis lors, ce système a détrôné le réverbère, tant prôné il y a quatre-vingt-dix-neuf ans, et les becs de gaz les ont à peu près partout remplacés. Le nombre des becs d'éclairage, qui était de 19,000 en 1860, dépasse maintenant 25,000.

procurer par le travail la même jouissance. Il n'y a qu'à calculer mieux qu'eux ; si les choses sont telles qu'ils aient plus de profit à travailler qu'à voler, le plus grand nombre cessera de voler pour se mettre à travailler ; mais alors faut-il que le travail leur soit possible ! Or, quel travail voudra-on leur confier à leur sortie de la prison ? Qu'on ne s'y trompe pas ! le problème des *récidivistes* n'est que le petit côté de la question ; le grand côté est celui des *libérés.*

L'extrême difficulté, on peut dire l'impossibilité de réintégrer ces derniers dans la société, qui les a impitoyablement rejetés, qui les a inexorablement frappés, qui les a flétris, qui les a emprisonnés, qui les a voués à la misère perpétuelle par l'impuissance de se relever, où elle les a fatalement placés par suite de leur incorporation forcée dans la grande armée de la perversité disciplinée et aguerrie, cette impossibilité est la condamnation souveraine de la servitude pénale.

L'esclavage de la peine corporelle ne peut plus subsister.

Tout ce qu'on dira pour le perpétuer sera aussi faux et aussi vain que tout ce que disait Aristote lorsqu'il déclarait qu'il ne saurait y avoir de société sans le maintien de l'esclavage tel qu'il existait de son temps.

L'esclavage antique et plus tard le servage féodal ont disparu sans entraîner dans leur chute la société, qui en a été quitte pour changer les conditions du travail.

Mais que serait une société sans pénalité corporelle ?

A cette question des Aristote de mon siècle, je réponds :

Une société sans pénalité corporelle serait, en résumé, une société où la civilisation accélérerait son mouvement et prendrait le train de grande vitesse ; ce serait une société qui escompterait l'avenir pour racheter le présent et le sauver d'une révolution nouvelle, accomplie celle-ci non avec des balles de fusil, mais avec des bulletins de vote.

Il est trop tard de crier : *Au feu! au feu!* lorsque l'incendie a tout dévoré.

Il sera trop tard de crier : *A l'ignorance! à l'ignorance! A la misère! à la misère!* lorsque la misère et l'ignorance, ayant pour guides tous les esclaves de la peine, libérés, récidivistes, détenus mis en liberté, auront tout bouleversé sans rien réformer (1).

La barbarie et la civilisation sont deux ennemies mortelles ; dès que la seconde s'arrête, la première avance.

Si toutes les forces accumulées déjà acquises par la civilisation étaient laborieusement et judicieusement employées à la culture de l'homme, à cet art, le premier des arts, que j'ai appelé la *viriculture*,

(1) Écrit en 1868, justifié en 1871 par le massacre des otages et la tentative d'incendier Paris tout entier.

qui pourrait mesurer les forces nouvelles, les forces immenses que ne tarderait pas à acquérir la civilisation ! qui pourrait limiter les rapides et prodigieux progrès qu'elle accomplirait !

C'était la conviction de Condorcet, qui l'exprimait ainsi :

L'intérêt mal entendu n'est-il pas la cause la plus fréquente des actions contraires au bien général ? La violence des passions n'est-elle pas souvent l'effet d'habitudes auxquelles on ne s'abandonne que par un faux calcul, ou de l'ignorance des moyens de résister à leurs premiers mouvements, de les adoucir, d'en détourner, d'en diriger l'action ?

L'habitude de réfléchir sur sa propre conduite, d'interroger et d'écouter sur elle sa raison et sa conscience, et l'habitude des sentiments doux qui confondent votre bonheur avec celui des autres, ne sont-elles pas une suite nécessaire de l'étude de la morale bien dirigée, d'une plus grande égalité dans les conditions du pacte social ? Cette confiance de sa dignité qui appartient à l'homme libre, une éducation fondée sur une connaissance approfondie de votre constitution morale, ne doivent-elles pas rendre communs à presque tous les hommes ces principes d'une justice rigoureuse et pure, ces mouvements d'une bienveillance active, éclairée, d'une sensibilité délicate et généreuse, dont la nature a placé le germe dans tous les cœurs, et qui n'attendent pour les développer que la douce influence des lumières et de la liberté ?

Le perfectionnement des lois, des institutions publiques, suite du progrès des sciences morales et politiques, n'a-t-il point pour effet d'identifier l'intérêt de chaque homme avec l'intérêt de tous?... Et le pays dont la constitution et les lois se conformeront le plus exactement au vœu de la nature, n'est-il pas celui où la vertu sera le plus facile, où les tentations de s'écarter seront les plus rares et les plus faibles?

Le degré de vertu auquel un homme peut atteindre un jour est aussi inconcevable pour nous que celui auquel la force du génie peut être portée. Qui sait, par exemple, s'il n'arrivera pas un temps où nos intérêts et nos passions n'auront sur les jugements qui dirigent la volonté pas plus d'influence que nous ne les voyons en avoir aujourd'hui sur nos opinions scientifiques, où toute action contraire au droit d'un autre sera aussi physiquement impossible qu'une barbarie commise de sang-froid l'est aujourd'hui à la plupart des hommes!

Cette conviction de Condorcet, c'est aussi la mienne.

Une société d'où le droit de punir aurait disparu serait-elle une société? Serait-ce le déclin ou serait-ce le progrès? Serait-ce la barbarie ou serait-ce la civilisation? Serait-ce le retour aux lois primitives appelées : *la vengeance du sang, le talion,* ou serait-ce l'application de ce précepte évangélique : *Faire à autrui ce que l'on voudrait qu'il vous fît; rendre le bien pour le mal?* Il faut être conséquent : ou ce précepte est vrai, ou il est faux. S'il est faux, pourquoi l'enseigne-t-on, pourquoi le prêche-t-on, pourquoi le divinise-t-on? S'il est vrai, pourquoi ne le pratique-t-on pas, pourquoi n'est-il pas la loi, toute la loi, rien que la loi? Pourquoi les lois positives et pénales en sont-elles la transgression manifeste, la violation flagrante? Si l'homme qui a été assez fort pour se défendre a tort de se venger, s'il a tort de rendre le sang pour le sang, comment la loi peut-elle avoir raison de faire, au nom de la société, ce qu'elle défend de faire à l'individu? Est-ce qu'on peut déléguer le pouvoir qu'on n'a pas? Est-ce que, si l'individu, sous le prétexte de se défendre, n'a pas le droit de se venger, la société, sous ce même prétexte de le défendre, a le droit de le venger en donnant à ce droit un autre nom, en l'appelant le droit de punir? Est-ce qu'on peut à la fois admettre et glorifier la vengeance collective, repousser et flétrir la vengeance individuelle? Est-ce que le raisonnement, qui est une balance, peut avoir ainsi deux poids inégaux pour peser la même action : un poids pour l'individu et un poids pour la société? Si l'individu, sous prétexte de défense, n'a pas le droit de vengeance, à quel titre la société a-t-elle le droit de punir, celui-ci procédant de celui-là? Le droit de punir ne peut se justifier, il ne peut continuer de s'exercer qu'en prouvant que, s'il cessait d'exister, la société cesserait de subsister, que sans lui il n'y a point de société possible, qu'il en est le lien nécessaire, qu'il en est la sanction inévitable. Mais l'affirmer ne suffit pas, il faut le démontrer, car il n'y a pas un progrès qui n'ait été un démenti donné à une affirmation, il n'y a pas un progrès qui n'ait commencé par être dédaigneusement traité d'erreur par l'erreur superbe s'intitulant la vérité et n'étant que l'imposture.

L'homme naissant sociable, je n'admets pas la distinction communément établie entre *l'état de nature* et *l'état de société;* cette distinction est fausse; ces deux états n'en font qu'un; la distinction vraie est celle qui s'exprime par ces deux termes très-différents : *l'état de barbarie* et *l'état de civilisation.* Dans l'état d'entière barbarie, il n'y a point de crimes, il n'y a point de délits. Dans l'état d'entière barbarie, l'homme qui tue son semblable, soit qu'il l'attaque ou soit qu'il se défende, use de sa force : il fait ce que feront plus tard le guerrier et le monarque; il personnifie le droit du plus fort; il se conduit en souverain. Dans l'état d'entière barbarie, l'homme qui s'approprie ce qui lui manque ne vole pas : il prend ce qui n'est encore devenu par le travail la propriété de personne; le droit en vertu duquel il agit ainsi est toujours le même droit, le droit du plus fort. Conséquemment, dans l'état d'entière barbarie, le mal et le bien n'existent pas, ou, s'ils existent, le bien c'est d'être le plus fort, le mal c'est d'être le plus faible. Le bien et le mal n'existent que dans l'état de civilisation plus ou moins développée; le bien et le mal n'existent pas relativement à la force, ils n'existent que relativement à la raison. Sous le régime de la force, il n'y a ni bien ni mal; il n'y a de mal et de bien que sous le régime du raisonnement, ils n'existent pas abstraitement, ils n'existent pas naturellement; ils n'existent que relativement, ils n'existent que socialement; donc, ils ne sont que des risques sociaux; donc, c'est à la civilisation de les prévenir, de les écarter, de les combattre, de les diminuer, de les réparer, de les anéantir, mais sans qu'elle soit jamais fondée à porter atteinte à l'inviolabilité, corps et esprit, de la personnalité humaine, qui lui est antérieure et supérieure, sous peine, cette civilisation, de n'être encore que la barbarie; sous peine, cette civilisation, de n'être encore que le régime de la force devançant le régime du raisonnement.

Sans le droit de punir, la société peut-elle subsister? En d'autres termes, peut-on substituer la culture de l'homme par l'homme à la punition de l'homme par l'homme, laquelle n'est possible que par la domination de l'homme sur l'homme?

Telle est la question que j'ai posée.

Dans mon esprit, cette question n'en est plus une. En la creusant, le doute qui était à la surface en a disparu; mais je comprends que le doute demeure dans les esprits qui ne se sont pas livrés au même examen, et qu'ils me posent sommairement cette question : Comment, sans lois pénales, asseoir une société ?

Comment ? — Je vais le dire :

En vérifiant successivement, prudemment, logiquement, par l'expérience, la justesse des réformes que j'ai exposées en 1852, il y a vingt ans, dans *la Politique universelle*, réformes qui toutes procèdent de la nécessité de garantir efficacement l'entier développement de la puissance individuelle.

En commençant par la réforme du budget et de l'impôt, sur lesquels le risque de guerre prélève en France plus de 500 millions par an; en anéantissant ce risque, plus facile à anéantir qu'à prévenir; en appliquant à la *viriculture*, culture de l'homme, les neuf dixièmes de ce que l'État dépense annuellement pour apprendre, en neuf années, à neuf cent mille hommes à marcher régulièrement au pas derrière le tambour, l'arme au bras, et, au commandement de : *En joue, feu!* à tirer sans sourciller sur leurs semblables, sur leurs frères; en ne conservant de l'armée que le corps de la gendarmerie, augmenté s'il le faut, et fondu dans la garde municipale, dont il prendrait le nom; enfin en substituant au *recrutement corporel*, qui s'exerce sur de si grandes proportions, le *recrutement intellectuel*, organisé sur la plus vaste échelle; à l'esprit de *rivalité* l'esprit de *réciprocité;* à la paix *armée* la paix *assurée,* au *nationalisme* le *rationalisme;* à l'ancienne et vieille politique la politique *internationale,* la nouvelle et jeune politique : la politique *intercommunale.*

En établissant entre l'individu et la commune lieu de sa naissance le lien sans lequel l'ordre sera toujours la compression sociale, jamais l'expansion individuelle; toujours la répression, jamais la prévoyance; toujours la tutelle, jamais la raison; moins un fait qu'un mot, et moins un principe qu'un fait; en se servant de la mortalité, cette loi générale que nul ne peut enfreindre ni éluder, afin d'assurer à chaque Commune le revenu qui lui est nécessaire pour s'élever du rang de fraction impuissante au rang d'unité féconde, et devenir ainsi l'institution sociale appelée à résoudre tant de problèmes réputés insolubles, à dénouer tant de nœuds qui ne présentent de difficultés que parce que l'on ne commence point par le premier d'entre eux.

En faisant de la Corporation, cette commune professionnelle, un puissant auxiliaire de la Commune, cette corporation locale. En Russie, les *arteltschiks* forment une compagnie d'assurance mutuelle de probité. Ils répondent les uns pour les autres, et restituent à frais communs les valeurs que l'un d'eux pourrait soustraire. En France, il a été remarqué et constaté que les charpentiers, qui sont de tous les ouvriers ceux que l'esprit de corporation unit le plus étroitement et soutient le plus fortement, sont aussi ceux qu'on voit le plus rarement s'asseoir sur les bancs de la police correctionnelle et de la cour d'assises.

En agissant par voie d'épuration, selon le moyen que j'ai indiqué et qui consisterait à transporter aux frais de leur famille et, à défaut de famille, aux frais de leur Commune, les individus qui, placés dans cette alternative, ou d'être mis sous la haute surveillance de leur famille, et, à défaut de famille, d'être internés dans leur Commune, préféreraient abjurer la patrie.

En commençant par abolir la peine des travaux forcés à perpétuité, la peine de la déportation, la peine des travaux forcés à temps, la peine de la détention, la peine de la réclusion, et surtout la peine de l'emprisonnement, que l'on prodigue, ce qui a pour effet de l'émousser et de jeter encore dans la société plus d'obscurité et de confusion.

En universalisant l'épargne individuelle, devenant ainsi l'épargne collective, et constituant une force sociale dont il ne semble pas qu'on ait entrevu encore toute l'immense puissance. Cependant, par l'épargne individuelle, ce cautionnement de chacun donné à tous, par l'épargne collective, ce cautionnement de tous donné à chacun, il n'y aurait plus d'*assuré* qui ne fût en même temps *assureur;* il n'y aurait plus d'individu qui ne fût rattaché à la société par un lien plus étroit et plus sûr que celui de l'intimidation, le lien de l'intérêt personnel.

En nivelant par le bien-être ces deux inégalités trop fortes : le luxe et la misère.

En replaçant la politique à la hauteur où les penseurs l'ont fait monter, et d'où les ignorants, aidés des poltrons, l'ont fait descendre par l'épithète de *théories*, injurieusement donnée à tout ce qui venait contrarier l'abus ou la routine, épithète bêtement acceptée, bêtement répétée par la foule, ce qui explique comment, en matière de principes, de réformes, de solutions, tout ayant été pensé et écrit, rien ou presque rien ne soit appliqué; comment le faux qui paraît vrai est préféré au vrai qui paraît faux; comment on se défie dans les lois de ce qu'on admire dans les livres; comment on fait ce que ferait un laboureur qui, pour récolter du blé, sèmerait de l'ivraie au lieu de l'arracher; comment, pour le gouvernement des sociétés, les hommes qui ne savent et qui ne pensent pas l'emportent toujours et partout sur ceux qui savent et qui pensent; comment aussi, prenant de tels pilotes, le navire s'égare à tous les vents, touche à tous les écueils et sombre si souvent.

Enfin en fermant l'ère caduque de la tyrannie

des lois positives et de l'arbitraire des lois pénales, pour ouvrir l'ère nouvelle de l'observation des lois proprement dites, de ces lois qui, selon l'expression consacrée de Montesquieu, sont les rapports nécessaires qui dérivent de la nature des choses. Les choses comme les hommes, les hommes comme les choses, ont leurs lois, sans lesquelles ni les hommes ni les choses n'existeraient. Pourquoi ne pas s'en tenir à ces lois, qui suffisent pleinement à l'existence et à la conservation de tous les autres êtres vivants, l'homme excepté? Pourquoi en chercher, pourquoi en inventer d'autres moins bonnes et moins certaines? Si les lois positives n'ont pas d'autre cause que celle que leur assignent Montesquieu et Herder, l'état de guerre, il n'y a, pour les rendre inutiles et les faire tomber en désuétude, qu'à changer cet état, aussi nuisible à tous, individus et peuples, qu'il est contraire à la loi naturelle, qui fait la supériorité de l'homme sur tous les autres êtres vivants et non pensants; il n'y a qu'à substituer la force mentale à la force brutale; le raisonnement qui conclut à la réciprocité, et laisse à chacun la liberté, à la force, qui n'admet pas de victoire sans défaite et de défaite sans oppression.

Pour défendre le maintien des lois positives, alléguera-t-on les passions de l'homme et la nécessité d'y mettre un frein? Je répondrai que les passions de l'homme sont étroitement bornées, et qu'elles ont en elles-mêmes leur frein, comme le ruisseau, la rivière, le fleuve, l'Océan ont leurs rives. Ces passions de l'homme, dont on fait tant de bruit, quelles sont-elles? Où commencent-elles? Où s'arrêtent-elles? Quand débordent-elles? L'homme est plus routinier qu'il ne le croit; celui qui l'est le moins l'est encore beaucoup. Habitué à des réalités effrayantes, il n'en a pas peur, et il s'effraye de fantômes qu'il s'est habitué à ne jamais regarder en face. Sa pusillanimité, comme sa témérité, n'est le plus souvent que routine; élevé dans la persuasion qu'il naît avec des passions formidables, il le croit, et cette croyance, mêlée d'épouvante et de candeur, cette croyance, où il entre plus de présomption que d'humilité, plus d'erreur que de vérité, il la transmet comme il la reçoit, sans réflexion, sans examen; c'est ainsi qu'il la perpétue. Il serait temps de la combattre et de la détruire, car elle est à la société ce que le moule est à l'objet moulé. Passions de l'homme, vous vous vantez ou vous vous décriez! vous n'êtes ni formidables ni innombrables; vous n'êtes ni un gouffre sans fond, ni un horizon sans limites, ni une force sans frein. Il n'y a qu'à vous voir à l'œuvre pour en être certain. Sans changer de nature, vous changez d'objets selon les temps et selon les lieux; donc, il suffit de changer ces objets sans qu'il soit besoin de vous étouffer, même de vous dompter. La destructivité fût-elle une passion, qu'elle pourrait être utilement appliquée à la destruction de tout ce qui est nuisible.

Sans les passions de l'homme, contre lesquelles il est d'usage de déclamer, sans ces passions, qu'on accuse au lieu d'accuser uniquement l'ignorance et la peur, sans ces passions, qui portent la responsabilité d'actes dont elles ne sont la cause qu'en apparence, que serait la société? que ferait-elle? Elles sont les lois de son développement, comme une des lois de la force de projection est de dépasser le but pour l'atteindre.

L'habitude que nous contractons dès l'enfance de vivre la tête courbée sous le joug des lois positives et des lois pénales est ce qui fait croire à l'impossibilité de s'en passer, comme si la société était autre chose qu'une lente succession de transformations continues; comme si, pour en citer un exemple, la société française que nous avons sous les yeux, ressemblait à la société romaine au temps où la puissance paternelle était absolue; où l'enfant était assujetti depuis le jour de sa naissance jusqu'à la fin de sa vie; où le père pouvait le mettre à mort, pourvu qu'il eût plus de trois ans, le vendre jusqu'à trois fois, l'enchaîner et le faire travailler avec les esclaves; où le fils de famille, même après avoir revêtu la robe virile, même après avoir été promu aux premiers emplois de la cité, ne cessait jamais d'être mineur à l'égard de l'auteur de son existence; où les filles cadettes pouvaient être exposées, tuées; où les enfants difformes pouvaient, après que cinq voisins avaient été consultés, être étouffés, noyés; — au temps où la puissance maritale était suprême; où la femme était considérée comme la propriété, comme la *chose* du mari; où, dès qu'elle était entrée dans la maison conjugale, il devenait son maître, son juge, pouvant la condamner à mort, non-seulement pour le fait d'adultère, mais pour des faits tels que d'avoir bu du vin ou dérobé des clefs; où enfin la mère de famille n'était regardée que comme la sœur de son fils; — au temps où l'autorité du père s'étendait sur tous les membres inférieurs de la *gens*, sur les clients et les colons qui s'étaient groupés sous la protection de sa lance et de ses pénates; où l'étranger, en quelque sorte forcé de mendier une humble place au foyer quiritaire, n'obtenait le patronage d'un *père* qu'en se soumettant à sa sainte et imprescriptible autorité; où ce père pouvait frapper tout membre de sa famille qu'il jugeait coupable; où il pouvait présider lui-même, suivant les rites sacrés, à l'exécution de ses arrêts domestiques; — au temps où la torture, depuis appelée *question*, était regardée comme inséparable de toute instruction criminelle dans laquelle des esclaves étaient entendus, car les esclaves qui étaient appelés à donner des renseignements à la justice n'étaient crus que sur la foi des tourments de la question, la torture seule imprimant à leur témoignage le sceau de la vérité légale; où l'accusé offrait lui-même ses esclaves à la question pour faire présumer son innocence; où, s'il ne faisait pas cette offre et se refusait à exposer la vie de ses esclaves, l'accusation n'avait qu'à fournir caution du prix auquel on les évaluait en cas qu'ils mourussent dans les tourments qu'elle avait le droit de leur faire infliger; où la question était donnée à l'esclave par le maître, qui convoquait pour y assister ses amis et ses hôtes, lesquels signaient le procès-verbal des réponses faites par le patient, procès-verbal qui était écrit sur des tablettes qu'on fermait pour les produire le jour du jugement; où les esclaves, tous considérés comme complices du crime dont l'auteur n'avait pas été découvert, tous considérés comme solidaires les uns des autres, étaient tous mis à mort; où les plus graves questions de paix, de guerre, de législation se décidaient, sans rire, soit d'après le chant des oiseaux, *ab avium garritu,* soit selon l'observation de leur vol, *ab ave spicendia;* où la désobéissance aux augures était un crime capital et où le droit augural était célébré en ces termes par Cicéron : « Quelle puissance que » cette faculté de tout interrompre par cette seule » parole augurale : *A un autre jour!* Quel droit ma- » gnifique que celui d'ordonner que les consuls » abdiquent! Quel pouvoir plus saint que celui » d'abolir la loi! »

Ni la puissance paternelle, ni la puissance maritale, ni la puissance domestique, ni la puissance publique, ni même la pénalité, ne sont plus maintenant ce qu'elles étaient en ces temps que je viens de rappeler sommairement, où ce qui nous paraît maintenant d'incroyables atrocités était alors considéré comme de justes punitions, comme de légitimes nécessités par des hommes tels que Cicéron et Tacite, par des jurisconsultes tels que Paul et Ulpien.

La société s'est déjà transformée; elle se transformera encore. Elle n'est plus ce qu'elle fut; elle n'est pas ce qu'elle sera. Elle n'est pas ce qu'elle serait déjà si, n'étant plus hérissée de lois pénales, elle était contrainte de puiser sa force, sa durée, sa sécurité dans son propre perfectionnement, et de demander plus laborieusement, j'en conviens, au progrès des choses ce qu'elle se contente, avec trop d'insouciance, de demander au châtiment des hommes.

Ce qu'elle a fait pour les lépreux, qu'elle a cessé de punir dès qu'elle a commencé à les guérir, ce qu'elle a fait pour les aliénés, qu'elle a cessé de martyriser dès qu'elle s'est rendu plus justement compte des causes de leur folie (1), pourquoi n'entrepren-

(1) Jusqu'à la fin du dix-huitième siècle, la législation ne s'était guère occupée des aliénés que pour protéger la société contre ces

drait-elle pas fermement de le faire pour les malfaiteurs, dont la plupart ne sont, en réalité, coupables que des crimes de misère et d'ignorance?

Je ne crois pas au progrès de l'homme, mais je crois au progrès de la société. C'est ce progrès qui s'appelle civilisation. Je m'explique : l'homme supérieur qui naît dans notre siècle ne naît pas supérieur

malheureux, traités alors à l'égal des *animaux dangereux*, *que chacun, sous peine de punition, devait tenir renfermés.*

La première mesure charitable qui fut prise à leur égard est due à l'administration de l'Hôpital général, qui ouvrit les portes des deux grands hospices de Bicêtre et de la Salpêtrière aux aliénés jugés incurables, ceux que l'on croyait susceptibles d'un traitement étant reçus à l'Hôtel-Dieu. Mais on peut donner une idée de ce qu'était alors ce traitement, en disant que ces malheureux étaient placés dans les salles destinées *aux hydrophobes*, et qu'on les couchait plusieurs dans un lit où ils étaient garrottés.

Déjà néanmoins l'Hôpital général exerçait sur les aliénés reçus dans les hospices un droit de tutelle qui lui fut confirmé par plusieurs arrêts du Parlement.

En 1801, le Conseil des hôpitaux et hospices de Paris succéda à l'administration de l'Hôpital général, ainsi qu'à ses droits de tutelle; et c'est de cette époque que datent les réels et importants progrès que pouvaient inspirer un sentiment éclairé d'humanité et les conseils de la science.

Si la mission était belle, la tâche était rude : on avait à lutter non-seulement contre le manque de ressources, *mais contre les préjugés qui voyaient un danger dans toute émancipation du pauvre aliéné*. On avait cessé, peut-être, de croire à la nécessité de l'enchaîner pour le protéger contre lui-même, et pour protéger ses gardiens, mais on le renfermait encore dans des sortes de cages; on jugeait inutile d'entretenir ses vêtements, dans la persuasion qu'il les détruirait toujours; on n'osait lui donner des aliments dans d'autre vase qu'une sébile de bois; et, de peur qu'il se blessât, on le privait de couteau, de fourchette et de tout autre instrument!

à l'homme des premiers siècles, se nommant Homère, Aristote, Platon, Sophocle, Euripide, Démosthène, Eschine, Phidias, Praxitèle, Archimède, Pythagore, Euclide, Hippocrate, Alcibiade, Alexandre. L'homme n'est donc pas en progrès sur lui-même. Par lui-même, il n'est pas supérieur; par lui-même, il n'est pas meilleur; par lui-même, il n'a pas acquis de facultés nouvelles; par lui-

On a peine a croire aujourd'hui que tout changement à ces habitudes ait pu être regardé comme un danger sérieux, et cependant rien n'est plus exact.

Ces obstacles, heureusement, ne purent décourager le Conseil général des hospices, et les mémoires publiés successivement, depuis plus de soixante ans, témoignent assez de sa persévérante sollicitude pour ses pauvres pupilles.

Au lieu de les regarder comme des êtres dangereux, le Conseil général entreprend de les soigner comme des malades ou des infirmes dignes de toute commiseration; dans ce but, il supprime le service de l'Hôtel-Dieu, et centralise le traitement de l'aliénation dans des quartiers séparés, à Bicêtre et à la Salpêtrière : puis, continuant a avancer dans la voie des améliorations, il remplace les cachots par des cellules salubres et commodes, aménage des dortoirs pour les malades les plus tranquilles, se préoccupe des vêtements, de la nourriture, fait prendre les repas au réfectoire, prescrit d occuper les hommes à un travail de culture, les femmes à des travaux d'aiguille dans de grands ouvroirs; et il arrive, enfin, de nos jours, à obtenir assez de calme d'un grand nombre de ces pauvres déshérités de la nature, pour qu'il devienne possible de les faire assister aux exercices religieux du dimanche, et à des matinées de musique ou de lecture.

Ces résultats, dus à l'ancienne administration, étonnèrent vivement a l'époque où ils purent se produire, et la justice demande qu'ils soient appréciés aujourd'hui, non d'après ce qu'on a pu accomplir depuis, mais en se rappelant le point d'où l'on était parti.

BLONDEL, *directeur de l'Assistance publique.* Rapport sur le service des aliénés. Novembre 1871.

même, il ne voit pas plus loin, il ne marche pas plus vite; par lui-même, il n'a ni plus de génie, ni plus d'esprit, ni plus de bonté. Je distingue entre le progrès *direct* de l'homme, progrès que je n'admets pas, et le progrès *indirect* de l'homme, progrès que j'admets. Par le perfectionnement des choses, on peut changer le milieu social; par le changement du milieu social, on peut modifier l'homme en cela que, sans être moins cruel, il ne commettra plus les mêmes actes de cruauté; que, sans être moins intolérant, il ne tombera plus dans les mêmes excès d'intolérance; que, sans être moins avide, cette avidité se satisfera autrement; qu'enfin, sans valoir mieux pris abstraitement et humainement, étant plus civilisé, conséquemment moins nuisible, il vaudra mieux considéré relativement et socialement. Mais qu'on ne s'y trompe point : ce ne sera pas l'être *subjectif,* l'être abstrait qui sera amélioré, ce sera l'être *objectif*, l'être relatif; ce ne sera même pas celui-ci, ce sera le milieu social, ce sera l'ensemble des choses constituant le progrès continu. Dire que l'homme civilisé est supérieur à l'homme barbare, ce n'est pas dire que l'homme est supérieur à l'homme; c'est dire que la civilisation est supérieure à la barbarie, que l'instruction vaut mieux que l'ignorance. Ainsi, quelque chemin que je prenne, tout chemin me ramène toujours à mon point de départ et à ma conclusion, comme tous les rayons d'un cercle aboutissent à la fois au centre et à la circonférence. Mon point de départ et ma conclusion sont que tout gouvernement devrait s'appliquer sans relâche, à perfectionner sans fin les instruments de culture de l'homme, à rendre de plus en plus complet l'atelier social. L'exercice et le travail sont de puissants modificateurs. Ce que l'exercice et le travail font pour les forces musculaires de l'homme, dont ils accroissent considérablement la vigueur et la souplesse, l'étude et la pratique le peuvent faire non moins puissamment pour ses forces mentales. Combien il s'en faut que la civilisation tire encore de l'homme tout ce qui est en lui, corporellement et intellectuellement! Il suffit de comparer entre eux les individus appartenant à des professions différentes pour acquérir la conviction, plus que la conviction, la certitude que l'homme dépend moins de lui-même que de ce qui l'entoure, et que les choses qui lui sont extérieures exercent sur lui une influence si grande qu'elles peuvent changer sa constitution, et non-seulement sa constitution physique, mais aussi sa constitution intellectuelle, c'est-à-dire faire naître en lui d'autres idées, lui faire contracter d'autres habitudes, changer ses goûts, ses mœurs. C'est un fait acquis à la science que le mode d'alimentation de l'enfant qui vient de naître décide de la formation de sa charpente osseuse, et que le rachitisme a le plus souvent pour cause une alimentation insuffisante. C'est également un fait acquis à l'observation que, par la gymnastique, par le régime, par cette éducation du corps nommée *entraînement* et *condition,* on peut donner à l'enfant, à l'adulte, à l'homme, presque à volonté, cette force, cette souplesse qui nous paraissent extraordinaires, prodigieuses, surnaturelles, dans les athlètes de profession, et qui cependant ne sont que le développement dans leur plénitude de la force et de la souplesse dont le principe est en nous tous. Ce que Backwell, ce grand statuaire de la nature vivante, qui fait de la chair, du sang, des nerfs, ce que Backwell fait du corps de l'animal, ce que Clésinger fait de la terre, du marbre, du bronze, la civilisation pourrait le faire du corps et de l'esprit de l'homme, si elle s'y appliquait, si elle assignait ce but à ses efforts. Quel but plus digne d'elle peut-on lui proposer? Réformer ainsi rationnellement l'homme, ne serait-ce pas mieux que de le punir judiciairement? Lui donner toute la force, toute la santé, toute la beauté, toute la longévité qu'il est susceptible d'acquérir, ne serait-ce pas plus utile que de déplacer telle limite internationale au prix de tout le sang et de tout l'argent que coûtent la guerre et la victoire? Que gagne l'humanité à ce que tel État s'agrandisse aux dépens de tel autre, à ce que tel peuple vaincu soit asservi par tel peuple vainqueur? Oppresseur et opprimé en sont-ils plus robustes, plus instruits, plus heureux, plus libres, plus civilisés? En sont-ils mieux conformés? En vivent-ils plus longtemps? Ne vaudrait-il pas mieux conquérir des années que des provinces? Ne vaudrait-il pas mieux faire des centenaires que des opprimés? En Europe, l'homme ne vit moyennement que trente-cinq ans, lorsqu'il pourrait vivre quatre-vingt-dix ou cent ans (1). Il ne meurt pas, il se tue (2). Au lieu d'apprendre aux hommes à s'entr'égorger, ne vaudrait-il pas mieux leur apprendre à vivre de toute leur double vie corporelle et intellectuelle? Si cela est possible, pourquoi ne pas l'entreprendre? Pourquoi ne pas s'efforcer de sortir des deux ornières creusées dans le passé des siècles, l'une par le poids des bagages de guerre, l'autre par le nombre des instruments de supplice? Pourquoi ne pas s'appliquer à compléter l'œuvre de rénovation sociale, si puissamment commencée déjà par l'application de la vapeur à la locomotion et de l'électricité à la télégraphie? Assurément, c'est beaucoup que la rapidité des communications, des échanges des dépêches; mais ce n'est pas tout! Il y a encore autre chose à faire que de transporter des hommes d'un bout du monde

(1) « L'homme qui ne meurt pas de maladies accidentelles vit partout quatre-vingt-dix ou cent ans. BUFFON.

(2) « La durée normale de la vie de l'homme est d'un siècle. Une vie séculaire, voilà donc ce que la Providence a voulu donner à l'homme. Peu d'hommes, il est vrai, arrivent à ce grand terme; mais aussi combien peu d'hommes font-ils ce qu'il faudrait faire pour y arriver? Avec nos mœurs, nos passions, nos misères, l'homme ne meurt pas, il se tue. » FLOURENS.

à l'autre : c'est d'obtenir d'eux, par la culture, par la civilisation, tout ce qui est en eux. C'est ce qu'on devrait faire, c'est ce qu'on ne fait pas. Il n'est point un gouvernement qui y songe. Parlez aux gouvernements de la conquête d'un peuple, parlez-leur de la punition de l'homme, ils vous écouteront, ils vous comprendront ! Mais ne leur parlez point de la culture de l'homme ! Ils ne vous écouteraient ni ne vous comprendraient. C'est un langage encore trop nouveau pour eux.

Lorsque parut, en 1764, le livre du marquis César Beccaria, le sénat de Venise, épouvanté, paya aussitôt des réfutateurs, entre autres le moine Fachinei, qui préconisa en ces termes, dans son pamphlet, l'Inquisition, le conseil des Dix, les délégations secrètes et les tortures en usage :

Je ne crains pas d'affirmer que le juge italien, commençant par se servir de la torture et exigeant d'abord la confession des coupables, est plus favorable aux accusés, plus prudent, plus sûr, moins exposé à errer que ce juge anglais qui procède à la condamnation sans autres preuves que la déposition des témoins et la simple vérification du corps de délit... Je tiens pour zéro les convulsions que peuvent souffrir quelques scélérats (*ou même quelques innocents*) auprès de l'avantage qui résulte — pour *toute la société,* pour tous les coupables dignes de la mort, même pour ceux qui sont mis à la torture et qui y résistent — de la *méthode italienne* de condamner.

De tous les tribunaux, le plus utile et le plus bienfaisant

pour tous les États, le chef-d'œuvre de la politique humaine, est certainement une belle magistrature instituée pour recevoir les accusations secrètes de délits contre l'État, ne révélant jamais le nom des accusateurs, les récompensant même, au risque de trouver quelques calomniateurs et de *causer la ruine de quelques innocents !*

Seize ans plus tard, l'auteur de l'ouvrage in-folio publié à Paris en 1780, chez Benoît Morin, intitulé : *Les lois criminelles de la France dans leur ordre naturel,* dédiées au roi, M. Muyart de Vouglans, conseiller au grand criminel, prenait en ces termes, dans sa réfutation du livre *Des Délits et des peines,* la défense de la torture contre Beccaria, qui avait eu l'audace de l'attaquer :

L'on pourrait encore apporter plusieurs autres exemples où l'expérience a fait voir pareillement L'UTILITÉ DE LA TORTURE, si cette utilité ne se trouvait pas d'ailleurs suffisamment justifiée et *par l'avantage particulier qu'y trouve l'accusé lui-même, en ce qu'on le rend par là juge dans sa propre cause et le maître d'éviter la peine capitale attachée au crime dont il est prévenu, et par l'impossibilité où l'on a été jusqu'ici d'y suppléer par quelque moyen aussi efficace et sujet à moins d'inconvénients, et enfin par l'ancienneté et l'universalité de cet usage, qui remonte aux premiers âges du monde, et qui a été adopté, comme l'on sait, par toutes les nations et par les Romains eux-mêmes,* qui, quoique dans les premiers temps ils ne l'aient employée ordinairement que pour les esclaves, n'ont pas laissé que de l'étendre dans la suite aux personnages libres, tellement qu'ils n'en exceptaient que les personnes illustres, les magistrats et les soldats, et encore y assujettissaient-ils ces derniers en fait de crime de lèse-majesté.

Neuf ans après la publication de cette apologie de la torture, éclatait la révolution de 1789.

Une déclaration du 24 août 1780 avait aboli la question préparatoire; mais la question préalable n'avait point été effacée de nos lois, et ses tourments continuaient à être infligés aux condamnés à mort. Huit années plus tard la déclaration du 1er mai 1788 vint l'atteindre; mais pour qu'elle disparût des procès criminels, il fallut un décret de l'Assemblée constituante.

Au mois d'août 1788, dans un lit de justice, le roi, dont la tête devait tomber le 21 janvier 1793, sous le couperet de la guillotine, avait forcé le Parlement à enregistrer trois édits qui sont l'honneur de sa mémoire et la condamnation de ses juges.

Le premier était destiné à accélérer la distribution de la justice criminelle par l'établissement de quarante-sept grands bailliages appelés à juger en dernier ressort toutes les affaires criminelles, sauf celles concernant les ecclésiastiques, les gentilshommes et autres privilégiés.

Le second supprimait les tribunaux d'exception.

Le troisième, le plus important, annonçait la révision de l'ordonnance de 1670; invitait tous les sujets du roi à envoyer leurs observations sur cette matière au garde des sceaux; abolissait la sellette ; enjoignait aux juges de ne plus employer dans les arrêts de condamnation la formule vague « pour les cas résultant du procès », et d'énoncer expressément les crimes et les délits dont l'accusé avait été convaincu; portait à trois voix, au lieu de deux, la majorité nécessaire pour les condamnations à mort ; ordonnait un sursis d'un mois entre la condamnation et l'exécution, afin que le droit de grâce ne fût plus illusoire ; accordait aux accusés acquittés l'affiche de leur arrêt d'acquittement aux frais du domaine; enfin interdisait l'emploi de la question préalable.

Le Parlement se refusa à exécuter ces édits.

La torture, l'écartèlement, et cette variété de supplices sans lesquels il semblait alors que la société ne pourrait subsister, ont disparu. On ne verse plus ni plomb fondu ni résine bouillante dans les plaies du patient, et cependant la société est toujours debout, comme elle continuera d'y être encore, alors qu'auront également disparu l'emprisonnement, la réclusion, la détention, les travaux forcés à perpétuité et à temps, la déportation, et enfin, en l'an 1er du siècle prochain, la peine de mort.

CHAPITRE III.

APPEL A LA CONTROVERSE.

Un nouveau système est à substituer à notre système pénitentiaire, que j'appellerai, moi, notre système *pénal.* Nous avons à opérer une grande réforme; le problème est ardu : il s'agit d'une des plus graves questions de l'ordre moral et politique!

GUIZOT, président du conseil des ministres. Chambre des députés, 26 mars 1847.

Le crime est un mal pour la société, parce qu'il en est un pour celui de ses membres qui est offensé; mais le châtiment par la même raison doit être aussi un mal pour elle, car il en est un pour l'individu puni.

Chaque condamnation dès lors ne répare pas, mais double le mal de la société, puisqu'au lieu d'un de ses membres qui souffrait avant, il y en a deux après : l'un par le crime, l'autre par le châtiment; ainsi le vol avait ruiné un homme et l'emprisonnement en ruine un autre. Un homme était mort assassiné, un autre meurt guillotiné. Encore une fois, où est l'avantage pour elle?

BERNARD (du Var), Chambre des députés, 23 novembre 1831.

Avant 1848, nos marins étaient soumis à des peines corporelles. Ces peines avaient toujours existé. Aussi les disait-on indispensables au maintien de la discipline. La République y a supprimé le fouet et la discipline y est restée la même. D'ESCAYRAC DE LAUTURE.

Après l'expérience que j'ai acquise, je puis certifier que je n'ai jamais pu découvrir en quoi une classe de prisonniers traités convenablement serait inférieure pour le cœur ou pour l'esprit à un nombre égal de personnes libres appartenant à la même condition sociale.

M. ORGAN, l'un des directeurs de l'établissement pénitencier de Lusk Common, en Irlande.

Quoiqu'il soit le fruit de longues méditations et de nombreuses lectures, ce livre ne doit être considéré que comme un appel à la controverse, sans laquelle, à défaut de mise en application, il est impossible de savoir exactement ce qu'une idée non encore expérimentée contient de parties justes et contient de parties fausses, et si le progrès exige qu'elle soit laborieusement poursuivie, ou si, au contraire, le bon sens conseille qu'elle soit abandonnée.

La controverse est et doit être aux idées neuves, ce qu'est aux ponts et viaducs qui viennent d'être construits, l'épreuve décisive à laquelle la prudence les soumet avant d'autoriser qu'ils soient livrés à la circulation.

Pour connaître le degré de solidité d'une idée nouvelle, il est pareillement nécessaire qu'elle ait résisté au poids accumulé de toutes les objections judicieuses. Loin de les éviter ou de les repousser, j'ai pour habitude et pour règle, non de les défier comme des ennemies, mais de les convier comme des auxiliaires. Il est rare que je ne leur aie pas dû le redressement d'inconséquences ou le comblement de lacunes qui m'avaient échappé. Cette fois, plus que jamais, je compte sur le concours de la contradiction sérieuse. Le sujet est digne d'elle.

La seule prière que je lui adresserai, ce sera de ne pas trop s'arrêter aux pages de ce livre où la guerre est représentée comme la source la plus intarissable de la criminalité humaine. Ces pages ont été écrites avant que l'infidélité de la victoire eût fait descendre la France du rang suprême qu'elle occupait en Europe pour y faire monter la Prusse. Le sentiment qui se résume dans ce seul mot, « *la Revanche* », en sera certainement contrarié, peut-être même blessé, mais comme jamais elles ne furent plus vraies et plus vivantes, je les ai laissées subsister sans y rien changer.

Du mois d'août 1870 au mois de janvier 1871, à combien de victimes, par centaines de mille, cette guerre de six mois, qui compte moins de batailles que de capitulations, n'a-t-elle pas coûté la vie! A combien d'innombrables journées de travail pourraient s'évaluer ses désastres! Quels torrents de larmes elle a fait couler! Quel immense gouffre de misère, conséquemment de crimes, elle a creusé! Quels sont les exemples de cruauté qu'elle n'ait pas donnés! Quels sont les vols effrontés et les vols clandestins qu'elle n'ait pas commis? Quels sont les viols à la tentation desquels elle ait résisté? Par quels actes de sauvagerie n'a-t-elle pas été souillée? Quelles sont enfin les lois humaines et les vérités réputées divines qu'elle n'ait pas outragées et noyées dans le sang?

Lorsque l'on met en regard ce que la guerre appelle la gloire et ce que la loi appelle le crime, et qu'on dresse leur compte, comment ne pas s'écrier :

Conscience, Raison, Justice, qu'êtes-vous donc, sinon trois impostures!

En 1860, quand elle a vu la France et l'Angleterre se tendre cordialement la main et ouvrir l'ère civilisatrice du libre échange, l'Europe a dû croire que l'ère barbare de la guerre allait se fermer, et qu'au règne de la rivalité, qui engendre la misère et le crime, allait succéder le règne de la réciprocité, qui sème le bien-être par le travail, et la moralisation par l'épargne.

Imprévoyante Europe! tu avais compté sans M. de Bismarck.

Mais aussi, à cette époque, comment prévoir qu'en 1865 la Prusse et l'Autriche se ligueraient contre le Danemark pour l'égorger et le dépouiller; qu'en 1866, la Prusse et l'Italie s'allieraient contre l'Autriche pour lui faire subir le même sort qu'au Danemark; qu'en 1870, la Prusse, assurée tout au moins de la neutralité comminatoire de la Russie, dicterait à la France envahie des conditions infiniment plus dures que celles imposées à l'Autriche?

C'est cependant ce qui a eu lieu : l'improbable s'est accompli.

Lorsque la France, qui s'était si heureusement

relevée de ses deux invasions de 1814 et 1815, vient d'être de nouveau si mortellement frappée, peut-elle avoir une autre pensée que celle de se relever plus forte qu'avant la défaite afin de la venger sûrement? La détourner si peu que ce soit de cette tâche, n'est-ce pas manquer de patriotisme?

C'est l'interrogatoire que le scrupule a fait subir à ma conscience, et, sans hésitation comme sans regret, j'eusse renoncé à faire paraître ce livre qui eût été intempestif, si le sinistre incendie qui a failli, en mai 1871, dévorer Paris tout entier, n'était venu rendre à mes préoccupations profondément sociales leur cours un moment interrompu.

Cet horrible incendie a fait apparaître à tous les regards, même les moins vigilants, que des deux grands périls qui menacent la France, celui d'une nouvelle guerre et celui d'une nouvelle révolution, le plus redoutable et le plus proche n'est pas le premier.

La France, il est douloureux de le penser, encore plus douloureux de l'écrire, a perdu l'Alsace, la Lorraine, et sa dernière clef, Metz; mais il lui reste un immense littoral et d'admirables ports sur deux mers : l'Océan et la Méditerranée. Si, à moins d'une occasion propice, il ne lui est pas permis, sans témérité, d'aspirer à reprendre en Europe son ancien rôle de puissance territoriale, prépondérante, rien ne lui interdit d'appliquer toutes ses forces à donner à son industrie, à son commerce, à sa marine, leur plus grand développement, leur plus grand essor. Ce but assigné par la France à son activité, loin de porter ombrage à l'Allemagne victorieuse, la tranquilliserait plutôt, tout en nous refaisant dans le monde une nouvelle situation, différente de celle que nous avons perdue, mais au moins égale en importance et supérieure en consistance, car ce qui a contribué à faire déchoir la France de son rang, ce qui a été pour elle une cause de réelle faiblesse, c'est qu'ayant toujours voulu être à la fois une grande puissance territoriale et une grande puissance maritime, elle n'a jamais été invinciblement ni l'une ni l'autre.

Donc, une nouvelle guerre de la France contre l'Empire germanique est un danger qu'il dépend d'elle non-seulement d'éloigner, mais peut-être d'anéantir. En est-il ainsi des risques d'une nouvelle révolution, aux aguets de la première occasion favorable que lui présentera la rivalité des partis qui siégent à Versaillles sur les bancs de l'Assemblée nationale élue le 8 février 1871 par le suffrage universel? C'est une illusion à laquelle se refuse ma clairvoyance.

Le danger d'une nouvelle révolution est d'autant plus certain que ceux qu'il effraye ferment les yeux pour ne pas le voir, au lieu de les ouvrir pour le mesurer et s'efforcer de le conjurer.

Tout problème dont la solution s'ajourne est une menace qui s'aggrave.

Au temps où nous vivons, dès qu'un problème social, dès qu'un problème politique, dès qu'un problème économique se pose, le résoudre devrait être la pensée fixe et la tâche de tous les esprits vigilants; car tous les problèmes sociaux, politiques, économiques, sont les anneaux d'une même chaîne.

Plongez au fond du problème de la misère, vous mettrez la main sur le problème de la pénalité; plongez au fond du problème de la pénalité, vous heurterez, non-seulement le problème de la misère, mais aussi le problème de la souveraineté numérique, rivé au problème du suffrage universel, et celui-ci rivé au problème d'une forme gouvernementale qui allie la stabilité à la liberté !

Ce qui m'épouvante, j'ose l'avouer, c'est l'ignorance et le prolétarisme qui veulent tout détruire, aux prises avec l'aveuglement et l'immobilisme qui veulent tout conserver.

Il ne faut ni tout conserver ni tout détruire, mais il faut presque tout transformer. C'est ce que la violence est impuissante à faire; mais ce que la violence ne sait, la science le peut.

Je ne prétends pas que la tâche soit facile; ce que j'ai vérifié, c'est qu'il n'en est aucune dont ne puisse venir à bout, sans perte ni de temps ni de force, le puissant levier de la division du travail.

Ce levier, auquel l'atelier industriel est redevable de tous les prodiges qu'il a accomplis, de tous les triomphes qu'il a remportés sur des résistances qui passaient pour invincibles, ce levier, quand donc l'atelier gouvernemental, qui semble n'avoir pour but que d'être la perte organisée du temps et de la force, se décidera-t-il enfin à l'adopter? Quand donc la France, nation centralisée jusqu'à l'excès, n'aura-t-elle plus que trois ministres donnant l'impulsion à cent directeurs généraux, contre-maîtres politiques, opérant chacun dans la liberté de son initiative et dans la plénitude de sa responsabilité?

Si urgent qu'il soit, c'est un progrès sur lequel il serait déraisonnable de compter quand on voit que le contraire de ce que conseillent l'expérience et l'évidence est ce que plus que jamais l'on persiste à faire, puisque l'administration des prisons et des établissements pénitentiaires, qui fut une direction générale, n'est plus qu'une simple division du ministère de l'intérieur, écrasé sous le poids de ses attributions.

Si toutes nos révolutions périodiques, si tous nos changements de gouvernement, si tous nos changements de cabinet ont constamment déçu les espérances dont ils devaient être la réalisation, c'est que quelques hommes ont toujours voulu tout faire à eux tout seuls.

Voulant exclusivement tout faire à eux tout seuls, ils n'ont finalement rien fait.

Comment résoudre une question si on ne l'a pas approfondie, et comment l'approfondir si on ne voue pas à son étude tout le temps que cette étude exige, sous peine de n'être que superficielle ?

Je prends pour exemple la question qui est le sujet de ce livre. A peine toute la vie d'un homme laborieux et judicieux, ayant sous ses ordres tous les hommes spéciaux et sous la main tous les documents nécessaires, ayant tout vu par lui-même, suffirait-elle à la connaître ; c'est parce que je n'ai eu le temps que de l'effleurer, que j'appelle à mon aide la controverse!

Les inconséquences que j'ai pu commettre, elle les combattra; les ombres que j'ai pu laisser, elle les dissipera. Ce que je lui promets, c'est de ne laisser sans examen et sans réponse aucune de ses objections fondées.

APPENDICE.

APPENDICE.

PEINES ET SUPPLICES EN USAGE EN FRANCE AVANT 1789.

I.

LES CINQ PEINES CAPITALES.

En France, les peines capitales sont au nombre de cinq.

1° *L'écartèlement.*

Le criminel, après avoir été appliqué à la question ordinaire et extraordinaire, et avoir fait amende honorable, est conduit nu en chemise, dans un tombereau, au lieu du supplice, où l'on a précédemment construit, au milieu d'un parc entouré de palis, assez étendu pour que les chevaux aient une place suffisante pour tirer, un échafaud haut de trois ou quatre pieds, sur lequel le criminel est posé à plat sur le dos, et attaché avec des liens de fer, dont un lui entoure la poitrine vers le cou, et l'autre les hanches vers le bas-ventre. Ces liens sont vissés dans le bois de l'échafaud, afin que son corps ne cède pas à l'effort des chevaux, que l'exécuteur achète au moyen d'une somme qui lui est délivrée, et qui sont harnachés comme les chevaux qui tirent les bateaux.

L'exécuteur lie ensuite l'arme homicide dont il s'est servi à la main du criminel, et la lui brûle avec du soufre. On lui arrache ensuite avec des tenailles des morceaux de chair aux mamelles, aux cuisses et aux gras des jambes, et l'on asperge ses plaies d'une composition de plomb, huile, pois-résine, cire et soufre fondus ensemble. On attache ensuite une corde à chaque membre du patient, savoir, aux jambes, depuis le genou jusqu'au pied, et aux bras, depuis l'épaule jusqu'au poignet, par trois nœuds d'emballage qu'on fait faire à la corde. Le bout de chaque corde s'attache au palonnier de chaque cheval, qu'on fait ensuite tirer *par plusieurs petites secousses*. On se détermine enfin à faire tirer les chevaux de toutes leurs forces, en tout sens, pour écarteler tous les membres. Mais, comme il arrive ordinairement que les tendons et les ligaments résistent et ne quittent point, malgré l'effort des quatre chevaux, ni même d'un plus grand nombre, on est enfin obligé de couper les ligaments vis-à-vis la jointure des os. Alors les chevaux entraînent chacun son membre; et après les avoir détachés de la corde et du tronc de l'échafaud, l'on jette le tout sur un bûcher qu'on allume sur-le-champ; et quand le tout est réduit en cendres, on jette les cendres en l'air avec des pelles. Le supplice de Damiens a duré deux heures, lui vivant. Il avait été appliqué à la question pendant deux heures un quart. M. de Machault rougissait au feu le fer des pincettes que lui-même appliquait sur les jambes nues du régicide.

Ce supplice n'a lieu ordinairement que pour les crimes de lèse-majesté au premier chef, quoique cependant il ait été employé quelquefois pour punir les attentats faits à la personne des princes du sang, comme on le fit, en 1582, à l'égard de Salcède, pour avoir *attenté* à la personne du duc d'Anjou, frère du roi; et, en 1563, contre Jean Poltrot, pour avoir assassiné le duc de Guise. On l'emploie même quelquefois contre les chefs de conjuration, ainsi qu'il s'est pratiqué, en l'année 1548, contre Lavergne, l'un des principaux chefs de la conjuration de Bordeaux (1).

(1) Jousse, *Traité de la justice criminelle en France*. Paris, 1771.

2° *La peine du feu vif.*

Elle s'emploie ordinairement contre les coupables de sacriléges, de parricides, de crimes contre nature; les empoisonneurs et incendiaires... Le sacrilége comprend : le blasphème, l'athéisme, la magie, le sortilége, l'hérésie, etc. Quant à la manière dont cette peine s'exécute, on plante au milieu d'une place un poteau de sept à huit pieds de haut, autour duquel, laissant la place d'un homme, on construit un bûcher en carré, composé alternativement de fagots, de bûches et de paille. On place ainsi autour du bas du poteau un premier rang de fagots et un second de bûches, en observant de laisser à ce bûcher une issue pour arriver au poteau.

Le patient étant arrivé au lieu du supplice, l'exécuteur, après l'avoir fait déshabiller, lui met une chemise de soufre, et puis le fait monter sur le rang de fagots et de gros bois, l'attache au poteau par trois liens différents, l'un au cou, l'autre aux pieds avec des cordes, et le troisième au milieu du corps avec une chaîne de fer. Comme les exécuteurs se servent ordinairement, pour la construction du bûcher, de crocs dont le fer a deux pointes, une droite et l'autre crochue, ils en ajustent un en fermant le bûcher de *façon que la pointe se trouve vis-à-vis du cœur du patient*, et aussitôt que le feu est mis au bûcher de toutes parts, *un des exécuteurs pousse avec force le manche de ce croc* qui déborde le bûcher, *dont la pointe perce le cœur du patient*, qui meurt sur-le-champ.

Il arrive néanmoins quelquefois que les cours jugent à propos de tempérer la rigueur de ce supplice en ordonnant que le criminel sera auparavant étranglé secrètement par l'exécuteur. Ce qu'elles font par un *retentum* qui se met au bas de l'arrêt, et dont l'on donne seulement communication à l'exécuteur.

L'exécution étant faite, et aussitôt que l'exécuteur peut approcher de l'endroit où le patient a été mis, il prend une pelletée de cendres qu'il jette au vent, ainsi qu'il est ordonné par l'arrêt.

3° *La roue.*

Cette peine a été introduite en France par l'édit de 1534 de François Ier. Pour son exécution, on dresse un échafaud sur le milieu duquel est attachée à plat une croix de Saint-André, faite avec deux solives en forme oblique, assemblées au milieu où elles se croisent, sur lesquelles il y a des entailles qui répondent au milieu des cuisses, des jambes, du haut et du bas des bras. Le criminel, nu en chemise, étendu sur cette croix, le visage tourné vers le ciel, l'exécuteur ayant relevé sa chemise aux bras et aux cuisses, l'attache à la croix avec des cordes à toutes les jointures, et lui met la tête sur une pierre. En cet état, armé d'une barre de fer carrée, large d'un pouce et demi, arrondie avec un bouton à la poignée, il en donne un coup violent entre chaque ligature, vis-à-vis de chaque hoche, et finit par deux ou trois coups sur l'estomac.

Quand le patient ne doit pas être rompu *vif*, suivant le *retentum* porté par l'arrêt et qui ordonne parfois que le condamne sera étranglé secrètement, sans même sentir de coups vifs, ou bien après en avoir senti un, on a précédemment construit sous l'échafaud, à l'endroit où le patient a la tête, un moulinet composé de deux montants arrêtés en haut sous l'échafaud et en bas dans la terre, que deux traverses assemblent; et au milieu est le moulinet rond percé de trois trous, comme on le voit derrière les charrettes et chariots, et une corde passée en cravate sur le cou du criminel se va rendre à ce moulinet, et, se roulant autour par le moyen de leviers que deux hommes abaissent l'un après l'autre, elle serre vigoureusement le cou du patient et l'étrangle sur-le-champ.

Après l'expédition faite, le corps du criminel est porté sur une petite roue de carrosse dont on a scié les moyeux en dehors, et qui est placée horizontalement sur un pivot. L'exécuteur, après lui avoir plié les cuisses en dessous, de façon que ses talons touchent au derrière de sa tête, l'attache à cette roue, en le liant de toutes parts aux jantes, et le laisse ainsi exposé au public plus ou moins de temps. Quelquefois on l'expose ainsi sur un grand chemin, où on le laisse pour toujours.

4° *La potence.*

Elle s'inflige pour tous les cas où la peine de mort est simplement ordonnée par la loi, sans en désigner le genre. Elle s'emploie principalement contre les roturiers, pour les mêmes cas auxquels la peine de la décollation ou de la tête tranchée s'emploie à l'égard des nobles (1).

Cette peine s'exécute ainsi. Après que l'on a attaché au cou du criminel trois cordes, savoir les deux *tortouses*, qui sont des cordes grosses comme le petit doigt, ayant chacune un nœud coulant, et le *jet*, ainsi appelé parce qu'il ne sert qu'à aider à jeter le criminel hors de l'échelle, on le fait monter sur la charrette de l'exécuteur, où il est assis sur une planche de traverse, le dos tourné au cheval, le confesseur à côté de lui, et l'exécuteur derrière. Arrivé à la potence, où est appuyée et liée une échelle, l'exécu-

(1) En crimes qui méritent la mort, le vilain sera pendu et le noble décapité. (Loysel, liv. VI, titre 2, max. 28.)

teur monte le premier, à reculons, et aide, au moyen des cordes, au criminel à monter de même.

Le confesseur monte ensuite du bon sens, et pendant qu'il exhorte le patient, l'exécuteur attache les tortouses au bras de la potence, et lorsque le confesseur commence à descendre, l'exécuteur, d'un coup de genou, aidé du jet, fait quitter l'échelle au patient, qui se trouve suspendu en l'air, les nœuds coulants des tortouses lui serrant le cou. Alors l'exécuteur, se tenant des mains au bras de la potence, monte sur les mains liées du patient, et *à force de coups de genoux dans l'estomac* et de secousses, il termine le supplice par la mort du patient. Il y a des parlements où l'exécuteur, laissant les tortouses plus longues, monte sur les épaules du patient, et *à coups de talon dans l'estomac,* en faisant faire quatre tours au patient, il termine plus promptement son supplice.

5° *La décollation.*

Nous plaçons cette peine dans le dernier ordre des peines de mort, non-seulement parce qu'elle paraît la moins rigoureuse, mais parce qu'elle n'emporte point parmi nous la note d'infamie, comme les précédentes. C'est pour cela qu'elle est principalement réservée pour les personnes nobles.

Cette peine, qui était connue à Rome sous le nom du *glaive,* s'exécute parmi nous de la manière suivante : on élève un échafaud ou plancher de dix ou douze pieds en carré et de six ou sept de haut; quand le patient est monté on lui ôte son habit. Étant en chemise et le cou découvert, les mains liées par devant, à genoux, l'exécuteur lui coupe les cheveux, s'il en a, et lui fait baisser un instant la tête sur un billot d'un pied en carré, haut d'environ huit pouces, assez près de lui pour voir le point, puis, le confesseur retiré, il prend son sabre, et, d'un coup de revers, il abat la tête du patient. *S'il manque son coup, il achève de la couper sur le billot à coups de hache* (1).

II.

LES ONZE PEINES CORPORELLES.

Les peines corporelles sont au nombre de onze :

1° La question ou torture; 2° les galères; 3° le fouet, avec la marque ou flétrissure; 4° le poing coupé; 5° la langue percée ou coupée; 6° d'être pendu sous les aisselles; 7° d'assister à la potence; 8° d'être traîné sur la claie; 9° d'être promené par les rues sur un âne; 10° le carcan et le pilori; 11° l'amende honorable.

1° *Question ou torture.*

L'on distingue deux sortes de question, suivant l'ordonnance : la *préparatoire,* ainsi appelée parce qu'elle se donne dans le cours de l'instruction et avant le jugement; et la *question préalable,* qui s'ordonne par le jugement de condamnation à mort, et se donne immédiatement avant l'exécution de ce jugement. Celle-ci a principalement pour objet la découverte des complices des accusés, au lieu que la première ne s'ordonne que pour obliger l'accusé à faire lui-même l'aveu de son crime... On ne peut pas nier que la question ne soit une nouvelle peine, et même une peine des plus rigoureuses, en ce que l'expérience fait voir *qu'elle cause souvent la mort de celui qui la subit...*

(1) Muvart de Vouglans, *Les lois criminelles de la France dans leur ordre naturel,* dédiées au Roi. 1780.

Il se donne deux sortes de question dans le ressort du parlement de Paris : l'une à l'eau, l'autre aux brodequins. Voici de quelle manière on procède à l'exécution de l'une et de l'autre :

Pour donner la question à l'eau, l'on fait asseoir l'accusé (après lui avoir fait lecture du jugement qui ordonne la torture) sur une espèce de tabouret de pierre ; on lui attache les poignets à deux anneaux de fer distants l'un de l'autre, tenant à un mur derrière son dos, et les deux pieds à deux autres anneaux qui tiennent à un mur devant lui ; on tend toutes les cordes avec force, et lorsque le corps du patient commence à ne plus s'étendre, on lui passe un tréteau sous les reins ; ensuite, *on tend encore les cordes* jusqu'à ce que le corps soit bien en extension. Alors le questionnaire tient d'une main une corne de bœuf creuse, de l'autre il verse de l'eau dans la corne, et en fait avaler au patient *quatre pintes* pour la question ordinaire, et *huit pintes* pour l'extraordinaire. Un chirurgien, qui tient le pouls du patient, fait arrêter pour un instant, suivant qu'il le sent faiblir ; et, pendant ces intervalles, on interroge le patient.

Pour donner la question aux brodequins, qui est aujourd'hui la plus usitée, on fait asseoir le criminel, et, après lui avoir attaché les bras, on fait tenir les jambes d'aplomb ; puis on lui place le long des deux côtés de chaque jambe deux planches, l'une en dedans et l'autre en dehors, qu'on serre contre la jambe en les liant sous le genou et au-dessus de la cheville. Ensuite, ayant placé les jambes près l'une de l'autre, on les lie toutes deux ensemble avec de pareilles cordes, placées aux mêmes endroits. Alors on frappe des coins de bois entre les deux planches au milieu des genoux, et par en bas entre les deux pieds, qui serrent les planches de chaque jambe. La question ordinaire est de quatre coins, et l'extraordinaire de huit.

Le mode de question varie du reste suivant les juridictions. Au bailliage d'Orléans, pour la question ordinaire, on met une clef entre les revers des deux mains du condamné, liées avec force l'une sur l'autre, derrière le dos; ensuite, avec un câble passé dans une poulie pendante au plancher, on élève à un pied de terre l'accusé, portant un poids de cent quatre-vingts livres attaché au pied droit. Pour l'extraordinaire, on le lève jusqu'au plancher, avec un poids de deux cent cinquante livres, et on lui donne trois fortes secousses en forme d'estrapade, en sorte que ceux qui y sont appliqués y perdent presque toujours connaissance. Le parlement de Paris ordonna le 18 janvier 1697, que les officiers de ce bailliage donneraient la question à l'eau et aux brodequins, l'autre paraissant trop rigoureuse (1).

Dans le ressort du parlement de Dijon on brûle les pieds du torturé avec de l'huile bouillante, et presque toujours le patient est estropié pour le reste de sa vie.

Au parlement de Bretagne on donne la question au feu, à celui de Rouen on serre le pouce ou un autre doigt de la jambe de l'accusé avec une machine de fer ou valet; on lui serre les deux pouces pour la question extraordinaire.

2° *Galères.*

Cette condamnation comporte la fustigation et la marque au fer chaud.

(1) Serpillon, *Code criminel*, t. II, p. 910.

3° *Fouet avec marque.*

On distingue deux sortes de fouet suivant notre jurisprudence ; l'un qui s'inflige publiquement par la main du bourreau, l'autre qui s'inflige dans l'intérieur de la prison, par les mains du questionnaire ou geôlier : celui-ci, qu'on appelle autrement *fouet sous la custode*, ne s'emploie qu'envers *les enfants au-dessous de la puberté*. Ce dernier étant, par cette raison, moins regardé comme une peine que comme une simple correction, il n'emporte point par conséquent la note d'infamie comme le précédent, dont il diffère d'ailleurs en ce que celui-ci est toujours accompagné de la marque ou flétrissure avec un fer chaud sur lequel est imprimé ou une fleur de lis ou quelques lettres, telles que celles de G A L pour les condamnés aux galères et la lettre V pour les condamnés en fait de vol.

Cette marque se faisait autrefois sur le front ou au visage... On se *contente* aujourd'hui de l'appliquer sur les épaules nues, dont on amortit auparavant la chair pour que les trous que laisse le fer chaud, se remplissant de sang meurtri, y laissent des traces qui ne s'effacent jamais.

4° *Poing coupé.*
5° *Langue coupée ou percée.*

Ces peines, qui se prononcent comme accessoires aux principales, contre les sacriléges, les blasphémateurs, les faussaires et les parricides, sont toujours précédées d'amende honorable. 1° La peine de la langue coupée se fait par l'exécuteur avec un couteau ; celle de la langue percée se fait avec un fer rouge pointu ou avec un canif, suivant la disposition de l'arrêt; enfin celle du poing coupé s'exécute ainsi : on fait mettre au patient, étant à genoux, la main sur un billot haut d'un pied et demi, et l'exécuteur, d'un coup de hache ou de couperet, lui fait sauter la main et met tout de suite le moignon dans un sac rempli de son, qu'il lie pour arrêter le sang.

6° *Assister à la potence.*

C'est encore une des peines corporelles établies dans notre jurisprudence. Elle s'inflige ordinairement contre les complices d'un condamné à la potence, et qui seraient dans le cas de subir eux-mêmes cette peine sans de certaines considérations tirées de l'âge ou de l'infirmité.

A cette peine on joint ordinairement celle des galères ou du bannissement.

7° *Traîné sur la claie.*

Cette peine, qui est aussi du nombre de celles établies par notre jurisprudence, a lieu singulièrement contre le cadavre de ceux qui se sont défaits ou homicidés eux-mêmes. Elle s'exécute en faisant traîner le cadavre dans les rues, attaché par les pieds à une charrette ou tombereau, qui le conduit ensuite à la voirie (1).

Cette peine se trouve toujours accompagnée de celle de la condamnation de la mémoire.

8° *Pendu sous les aisselles.*

Cette peine, qui a été introduite dans notre jurisprudence, ne s'emploie que contre les impubères et non

(1) Le corps du désespéré est traîné à la justice, comme convaincu et condamné. (Loysel, liv. VI, tit. 2, max. 18.)

adultes qui ont participé à des crimes graves, pour lesquels ils seraient dans le cas de subir le dernier supplice s'ils étaient d'un âge plus avancé. Mais pour que cette peine ne devienne pas mortelle, les juges doivent avoir attention de ne l'ordonner que pour durer une heure tout au plus. Le jeune frère de Cartouche, qui y fut appliqué pendant deux heures, en mourut. Cependant Bruneau rapporte un arrêt du 22 décembre 1683 qui condamne à la même peine pendant deux heures un petit garçon de la Ferté-Bernard, lequel n'en mourut point et fut renfermé à l'Hôpital général.

9° *Promené par les rues.*

Cette peine a singulièrement lieu, suivant notre jurisprudence, pour crime de débauche publique, comme le fait d'avoir favorisé la prostitution.

Voici de quelle manière elle s'exécute : Si c'est un homme bigame, après qu'il est attaché au carcan, on lui met deux quenouilles, avec un écriteau sur la poitrine portant le mot « bigame » ; et s'il est polygame on lui met autant de quenouilles qu'il a de femmes, et il reste dans cet état pendant le temps marqué par l'arrêt, qui est ordinairement de trois heures, pendant trois jours consécutifs, en différents carrefours de la ville. Cette peine est ordinairement suivie de celle des galères ou du bannissement.

Si c'est une femme bigame, elle est pareillement attachée au carcan avec le même écriteau pour y rester le même temps. Mais au lieu de quenouilles on lui met un chapeau de paille, et au lieu des galères elle est condamnée au bannissement ou à la détention en une maison de force.

Enfin, si c'est pour crime d'avoir aidé à la prostitution, l'usage est (comme il paraît par un dernier arrêt rendu le 17 janvier 1756 contre la nommée Thérèse Legrand) de conduire la coupable montée sur un âne, le visage tourné vers la queue, avec un chapeau de paille et un écriteau, dans tous les carrefours de la ville, où elle est fouettée par l'exécuteur, et ensuite bannie ou envoyée dans une maison de force.

10° *Du carcan et du pilori.*

Ces peines ont principalement lieu, savoir : celle du carcan pour des crimes qui, sans être capitaux, ont néanmoins causé un scandale public, de manière qu'il importe à la société d'en connaître les auteurs, et celle du pilori pour cause de banqueroute frauduleuse.

La peine du carcan s'exécute ainsi : Celui qui y est condamné est conduit à pied, les deux mains liées en devant, et attaché au derrière de la charrette de l'exécuteur, jusqu'au poteau planté dans la place publique, auquel est attachée une chaîne au bout de laquelle pend un collier de fer de trois doigts de large ayant une charnière pour l'ouvrir. L'exécuteur fait entrer le cou nu du patient dans ce collier, qu'il ferme ensuite avec un cadenas. Celui-ci a quelquefois un écriteau devant et derrière, où est marquée la qualité de son crime. Il reste dans cet état plus ou moins d'heures et y est remis deux ou trois jours, aux termes de son arrêt.

A l'égard du pilori, l'on entend sous ce nom un petit bâtiment carré, muré jusqu'à la moitié de la hauteur du patient ; le surplus est à jour, n'y ayant que des piliers de charpente pour soutenir le toit. Le pilori de Paris a au centre une poutrelle debout qui tourne sur son pivot, laquelle soutient un plancher rond, entouré d'une espèce de balcon, où il y a trois ronds pour faire passer la tête et les bras du condamné. L'on fait de temps en temps tourner le pivot, et le patient, pris par la tête et les mains, tourne avec et présente sa face de tous côtés. Ce pilori est au milieu des halles de Paris. Il y a une pareille loge à Rouen où il n'y a pas de pivot tournant.

11° *Amende honorable.*

On distingue deux sortes d'amende honorable, l'une qui se fait publiquement et qu'on appelle autrement l'amende *in figuris,* à cause de l'appareil ignominieux qui y est attaché ; l'autre, qui se fait seulement dans la chambre du conseil et à huis clos, est connue, en termes de jurisprudence, sous le nom d'amende honorable *sèche,* parce que celui qui la subit est conduit par le geôlier au lieu de l'être par l'exécuteur; qu'il n'est pas en chemise ni pieds nus; qu'il n'a ni torche à la main ni corde au cou ; qu'en un mot elle ne se fait point publiquement, mais seulement en présence des juges assemblés et devant les parties offensées.

Quant à la manière dont s'inflige cette peine, elle consiste en ce que le condamné est conduit par l'exécuteur de la haute justice à la porte d'une église ou de l'auditoire, où, étant en chemise, tête et pieds nus, la corde au cou, tenant en main une torche de cire ardente du poids de deux livres, il doit déclarer à genoux, à haute et intelligible voix, que, faussement et contre la vérité, il a fait ou dit quelque chose (on rapporte ici les causes de sa condamnation) contre l'autorité du roi ou contre l'honneur de quelqu'un, et qu'il en demande pardon à Dieu, au roi, à la justice et à la personne offensée.

Que si le condamné refuse de faire la déclaration telle qu'elle est portée dans le jugement, l'ordonnance veut que les juges, après avoir fait trois injonctions différentes, puissent le condamner à de plus grandes peines.

Cette peine est toujours jointe à d'autres et ne s'ordonne que pour des crimes graves, tels que ceux de lèse-majesté, de sacrilége et autres qui ont causé un scandale public.

III.

LES QUATRE PEINES AFFLICTIVES.

Il existe quatre peines purement afflictives :

Le bannissement ;

La réclusion dans une maison de force ;

La prison perpétuelle ;

La peine de l'authentique, prononcée contre les femmes adultères, et qui consiste à être rasée et enfermée le reste de sa vie dans un couvent. Les biens de l'adultère sont dévolus entièrement au mari (1).

IV.

LES CINQ PEINES INFAMANTES DE DROIT.

Il y a cinq peines infamantes de droit :

La mort civile ;

La condamnation de mémoire ;

Le blâme ;

La dégradation de noblesse ;

L'interdiction perpétuelle ou privation d'office, et plus amplement informé indéfini.

Cette dernière peine frappe l'accusé contre lequel il n'y

(1) Muyart de Vouglans, *Les lois criminelles de la France dans leur ordre naturel*, dédiées au Roi. 1780.

a pas de preuves suffisantes, et le laisse sous la crainte et le risque, durant des années entières, d'être traîné au supplice. C'est une agonie indéfinie.

V.

LES SIX PEINES INFAMANTES DE FAIT.

Il existe aussi des peines simplement infamantes de fait, connues sous les noms suivants :

Admonition ;
Abstention de certains lieux ;
Interdiction à temps ;
Réparation d'honneur ;
Défense de récidiver ;
Interdiction.

VI.

LES TROIS PEINES PÉCUNIAIRES

Ces peines sont :
L'amende ;
L'aumône ;
La confiscation.

EXÉCUTION DE LA PEINE DES TRAVAUX FORCÉS.

(*Loi du* 30 *mai* 1854.)

Art. 1er.

La peine des travaux forcés sera subie, à l'avenir, dans des établissements créés par décrets de l'empereur sur le territoire d'une ou plusieurs possessions françaises autres que l'Algérie.

Néanmoins, en cas d'empêchement à la translation des condamnés, et jusqu'à ce que cet empêchement ait cessé, la peine sera subie provisoirement en France.

ART. 2.

Les condamnés seront employés aux travaux les plus pénibles de la colonisation et à tous autres travaux d'utilité publique.

ART. 3.

Ils pourront être enchaînés deux à deux ou assujettis à traîner le boulet à titre de punition disciplinaire ou par mesure de sûreté.

ART. 4.

Les femmes condamnées aux travaux forcés pourront être conduites dans un des établissements créés aux colonies; elles seront séparées des hommes et employées à des travaux en rapport avec leur âge et avec leur sexe.

ART. 5.

Les peines des travaux forcés à perpétuité et des travaux forcés à temps ne seront prononcées contre aucun individu âgé de soixante ans accomplis au moment du jugement; elles seront remplacées par celle de la réclusion, soit à perpétuité, soit à temps, selon la durée de la peine qu'elle remplacera.

L'article 72 du Code pénal est abrogé.

ART. 6.

Tout individu condamné à moins de huit années de travaux forcés sera tenu, à l'expiration de sa peine, de résider dans la colonie pendant un temps égal à la durée de sa condamnation.

Si la peine est de huit années, il sera tenu d'y résider pendant toute sa vie.

Toutefois, le libéré pourra quitter momentanément la colonie en vertu d'une autorisation expresse du gouverneur. Il ne pourra, en aucun cas, être autorisé à se rendre en France.

En cas de grâce, le libéré ne pourra être dispensé de l'obligation de la résidence que par une disposition spéciale des lettres de grâce.

Art. 7.

Tout condamné à temps qui, à dater de son embarquement, se sera rendu coupable d'évasion, sera puni de deux ans à cinq ans de travaux forcés.

Cette peine ne se confondra pas avec celle antérieurement prononcée.

La peine pour les condamnés à perpétuité sera l'application à la double chaîne pendant deux ans au moins et cinq ans au plus.

Art. 8.

Tout libéré coupable d'avoir, contrairement à l'article 6 de la présente loi, quitté la colonie sans autorisation, ou d'avoir dépassé le délai fixé par l'autorisation, sera puni d'un an à trois ans de travaux forcés.

Art. 9.

La reconnaissance de l'identité de l'individu évadé ou en état d'infraction aux dispositions de l'article 6, sera faite soit par le Tribunal désigné dans l'article suivant, soit par la cour qui aura prononcé la condamnation.

Art. 10.

Les infractions prévues par les articles 7 et 8, et tous crimes ou délits commis par les condamnés, seront jugés par un Tribunal maritime spécial établi dans la colonie.

Jusqu'à l'établissement de ce Tribunal, le jugement appartiendra au premier Conseil de guerre de la colonie, auquel seront adjoints deux officiers du commissariat de la marine.

Les lois concernant les crimes et délits commis par les forçats, et les peines qui leur seront applicables, continueront à être exécutées.

Art. 11.

Les condamnés des deux sexes qui se seront rendus dignes d'indulgence par leur bonne conduite, leur travail et leur repentir, pourront obtenir : 1° l'autorisation de travailler aux conditions déterminées par l'Administration, soit pour les habitants de la colonie, soit pour les administrations locales ; 2° une concession de terrain et la faculté de le cultiver pour leur propre compte.

Cette concession ne pourra devenir définitive qu'après la libération du condamné.

Art. 12.

Le Gouvernement pourra accorder aux condamnés aux travaux forcés à temps l'exercice, dans la colonie, des droits civils ou de quelques-uns de ces droits dont ils sont privés par leur état d'interdiction légale.

Il pourra autoriser ces condamnés à jouir ou disposer de tout ou partie de leurs biens.

Les actes faits par les condamnés dans les colonies, jusqu'à leur libération, ne pourront engager les biens qu'ils possédaient au jour de leur condamnation, ou ceux qui leur seront échus par succession, donation ou testament, à l'exception des biens dont la remise aura été autorisée.

Le Gouvernement pourra accorder aux libérés l'exercice dans la colonie des droits dont ils sont privés, par les troisième et quatrième paragraphes de l'article 34 du Code pénal.

Art. 13.

Des concessions provisoires ou définitives de terrains pourront être faites aux individus qui ont subi leur peine et qui restent dans la colonie.

Art. 14.

Un règlement d'administration publique déterminera tout ce qui concerne l'exécution de la présente loi, et notamment : 1° le régime disciplinaire des établissements de travaux forcés; 2° les conditions sous lesquelles des concessions de terrains, provisoires ou définitives, pourront être faites aux condamnés ou libérés eu égard à la durée de la peine prononcée contre eux, à leur bonne conduite, à leur travail et à leur repentir; 3° l'étendue du droit des tiers, de l'époux survivant et des héritiers du concessionnaire sur les terrains concédés.

Art. 15.

Les dispositions de la présente loi, à l'exception de celles prescrites par les articles 6 et 8, sont applicables aux condamnations antérieurement prononcées, et aux crimes antérieurement commis.

MAISONS D'ARRÊT, DE JUSTICE ET DE CORRECTION, CHAMBRES ET DÉPÔTS DE SURETÉ.

Les maisons d'arrêt, de justice et de correction sont au nombre de 482 et sont réparties ainsi qu'il suit :

Dans les chefs-lieux de département.	108
Dans les chefs-lieux d'arrondissement.	286
A Paris et dans le département de la Seine. . . .	8
Total.	402

A cet ensemble de prisons, il faut ajouter un certain nombre de dépôts de sûreté aux principaux gîtes d'étape, de prisons municipales aux chefs-lieux de canton populeux et de chambres de sûreté placées près des casernes de gendarmerie.

Le nombre de ces petites prisons, qui était, en 1865, de 2,404, a pu être réduit à 2,276, par suite de la rapidité des transfèrements (1). Elles sont destinées aux passagers et aux inculpés. Pendant les cinq dernières années, elles ont reçu une moyenne annuelle de 52,000 individus des deux sexes, savoir :

Civils.	Hommes.	38,300	52,000
	Femmes.	7,000	
Militaires et marins.		6,700	

Paris et le département de la Seine ne possèdent que 5 dépôts, y compris celui de la préfecture de police, qui

(1) En 1867, il a été réduit à 2,129.

a reçu pendant les cinq dernières années une moyenne annuelle de 37,000 individus des deux sexes.

Pendant l'année 1867, ces lieux de détention avaient reçu 102,766 individus des deux sexes. Pendant l'année 1868, ce nombre s'est élevé à 111,644.

Il existe une maison d'arrêt dans chaque chef-lieu où siége un tribunal appelé à juger les délits correctionnels.

Les maisons d'arrêt reçoivent les individus des deux sexes placés en état d'arrestation ou d'emprisonnement comme inculpés ou prévenus de crimes ou délits, et les incarcérés pour dettes.

Les maisons de justice sont les prisons établies dans les villes où siégent les tribunaux devant lesquels sont portées les affaires criminelles soumises au jury. Elles reçoivent les accusés renvoyés devant les cours d'assises, les condamnés en appel ou en pourvoi.

Les maisons de correction, au nombre de 97, dont 85 dans les chefs-lieux de département et 12 dans ceux d'arrondissement, sont affectées aux individus des deux sexes condamnés à l'emprisonnement d'un an et au-dessous, aux condamnés à plus d'un an autorisés exceptionnellement, par décision ministérielle, à y subir leur peine, aux condamnés correctionnels, aux réclusionnaires et aux forçats attendant leur transfèrement à une destination pénale, aux jeunes détenus envoyés en correction, aux militaires et marins transférés d'un lieu à un autre.

L'agrandissement de la plupart des prisons des chefs-lieux a permis d'y centraliser tous les condamnés à de courtes peines du même département, sous une surveillance plus efficace, et de les soumettre à la règle du travail.

Ces trois sortes de prisons : maisons d'arrêt, de justice et de correction, sont souvent réunies dans les mêmes bâtiments.

186 occupent d'anciens édifices religieux ou civils, 208 ont été construites pour leur destination.

46 sont cellulaires, 22 partiellement cellulaires; 326 ne sont pas cellulaires, mais 159 de ces dernières sont disposées en vue du régime d'emprisonnement mixte adopté par le gouvernement en 1853, c'est-à-dire avec des chambres communes, ou individuelles, selon le nombre, la catégorie des détenus, les besoins de la discipline et ceux de l'instruction judiciaire.

La loi de finances de 1855 ayant mis à la charge du budget de l'État les dépenses d'administration, de nourriture et d'entretien de la population des maisons d'arrêt, de justice et de correction, les départements n'ont plus à pourvoir qu'à la construction ou à l'appropriation des bâtiments.

La population des maisons d'arrêt, de justice et de correction était :

Entrées.

Au 31 décembre 1867, de.		23,524
Venant de l'état de liberté.	164,375	202,990
Venant d'autres prisons.	37,971	
Réintégrés après évasion.	17	
Réintégrés après transfèrement dans un établissement hospitalier. . . .	627	
Ensemble.		226,514

Sorties.

Par expiration de la peine	119,868	
Par grâce	472	
Par acquittement, ordonnance de non-lieu ou ordre administratif. .	30,146	
Transférés au bagne, dans les maisons centrales ou dans les établissements d'éducation correctionnelle.	17,910	203,516
Transférés dans les prisons départementales.	32,285	
Transférés dans les établissements hospitaliers.	1,900	
Evadés.	20	
Décédés.	915	
Reste au 21 décembre 1868.		22,998

L'année 1867 a été marquée par une notable augmentation dans la population des prisons et établissements pénitentiaires.

Cet accroissement correspond à une période de CRISE ALIMENTAIRE, et ne présente, dès lors, rien qui doive surprendre ni alarmer. Il suffit, en effet, de se reporter à l'année 1863 pour trouver des chiffres encore plus élevés (1).

La population des prisons et établissements pénitentiaires, qui présentait, en 1867, une notable augmentation, par rapport aux années précédentes, s'est encore accrue en 1868.

Cette progression continue pendant les années 1867 et 1868, où LE PRIX DES SUBSISTANCES A SUBI UNE HAUSSE CONSIDÉRABLE, confirme l'observation produite par l'administration à diverses reprises, à savoir que *le nombre des déte-*

(1) *Statistique des prisons et établissements pénitentiaires pour l'année* 1867.

nus varie avec le prix des denrées alimentaires, de sorte que, durant les périodes de cherté, le budget du service des prisons se trouve grevé en même temps et par l'augmentation de l'effectif entretenu, et par l'élévation des frais d'entretien (1).

Chiffre des dépenses, année 1868 :

Transfèrements	510,304f 98c
Maisons centrales, pénitenciers agricoles et colonies publiques de jeunes détenus	4,850,857 23
Établissements particuliers de jeunes détenus	1,700,560 04
Maisons d'arrêt, de justice et de correction	7,350,430 97
Autres dépenses	249,923 44
Total égal	14,662,076f 66c

Personnel attaché au service des prisons :

4,602 fonctionnaires et employés.

(1) *Statistique des prisons et établissements pénitentiaires pour l'année* 1868.

MAISONS CENTRALES.

Les maisons centrales sont au nombre de 26 : 18 pour les hommes, 8 pour les femmes.

Maisons centrales pour les hommes :

1° Albertville (Savoie);
2° Aniane (Hérault);
3° Beaulieu (Calvados);
4° Belle-Isle (Morbihan);
5° Casabianca (Corse);
6° Chiavari (Corse);
7° Clairvaux (Aube);
8° Embrun (Hautes-Alpes);
9° Ensisheim (Haut-Rhin);
10° Eysses (Lot-et-Garonne);
11° Fontevrault (Maine-et-Loire);
12° Gaillon (Eure);
13° Limoges (Haute-Vienne);
14° Loos (Nord);
15° Melun (Seine-et-Marne);
16° Nîmes (Gard);
17° Poissy (Seine-et-Oise);
18° Riom (Puy-de-Dôme).

Maisons centrales pour les femmes :

1° Auberive (Haute-Marne);
2° Cadillac (Gironde);
3° Clermont (Oise);
4° Doullens (Somme);
5° Haguenau (Bas-Rhin);
6° Montpellier (Hérault);
7° Rennes (Ille-et-Vilaine);
8° Vannes (Morbihan.

Sont renfermés dans les maisons centrales les adultes des deux sexes condamnés à la réclusion ou à l'emprisonnement à plus d'un an, et les militaires condamnés à la réclusion par les conseils de guerre.

La maison de Belle-Isle est spécialement affectée aux forçats sexagénaires, pour lesquels les travaux forcés sont remplacés par la détention ou la réclusion, en vertu des articles 70 et 72 du Code pénal modifiés par la loi de 1854.

Les condamnés à la détention et à la déportation (peines spéciales aux condamnés politiques) sont renfermés dans les citadelles servant de prisons d'État.

Les condamnés aux travaux forcés subissent leur peine au bagne de Toulon, et depuis la loi du 30 mai 1854, à la Guyane.

Pour les condamnés âgés de moins de seize ans il y a trois sortes de lieux de détention :

1° Les maisons d'arrêt et de justice départementales, dans lesquelles un quartier séparé est affecté à cette classe de détenus ;

2° Les colonies pénitentiaires, divisées en colonies publiques et colonies privées ou fondées par des particuliers ;

3° Les colonies correctionnelles, créées par l'Etat.

Dans les colonies pénitentiaires sont conduits :

1° Les enfants acquittés en vertu de l'article 66 du Code pénal, mais retenus pendant tel nombre d'années que le jugement détermine, temps qui ne peut excéder l'époque à laquelle l'individu aura accompli sa vingtième année.

2° Les enfants condamnés à un emprisonnement de plus de six mois et qui n'excède pas deux ans ;

Dans les maisons d'éducation correctionnelles sont conduits :

1° Les enfants condamnés à un emprisonnement de plus de deux ans ;

2° Les enfants des colonies pénitentiaires qui auront été déclarés insubordonnés. Dans ce dernier cas, l'autorisation ministérielle est nécessaire.

Les enfants acquittés détenus dans une colonie pénitentiaire y sont élevés en commun, soumis à une discipline et appliqués aux travaux agricoles, ainsi qu'aux principales industries qui s'y rapportent. Il est pourvu à leur instruction élémentaire.

Les enfants condamnés, détenus dans la même colonie, sont, pendant les trois premiers mois, renfermés dans un quartier distinct et appliqués à des travaux sédentaires.

A l'expiration de ce terme, le directeur peut, en raison de leur bonne conduite, les admettre aux travaux agricoles de la colonie. C'est la seule distinction légale entre les enfants *acquittés* et ceux *condamnés* à l'emprisonnement de moins de deux ans.

Les jeunes détenus des colonies pénitentiaires peuvent obtenir, à titre d'épreuve et sous des conditions déterminées par un règlement d'administration publique, d'être placés provisoirement hors de la colonie. A l'époque de leur libération, ils sont mis, pendant trois ans au moins, sous le patronage de l'assistance publique.

Telles sont les principales dispositions de la loi du 5 août 1850, modifiant et complétant, tout en la maintenant en certains points, celle de 1810.

ÉTABLISSEMENTS D'ÉDUCATION CORRECTIONNELLE.

Il y a cinquante-huit établissements d'éducation correctionnelle, dont neuf sont publics, huit pour les garçons, un pour les filles, et quarante-neuf sont privés, dont vingt-cinq pour les garçons et vingt-quatre pour les filles.

Les établissements publics fondés et dirigés par l'État, pour les garçons, comprennent :

1° Trois colonies agricoles :
Les Douaires (Eure);
Saint-Hilaire (Vienne);
Saint-Bernard (Nord);
2° Une colonie horticole :
Saint-Antoine (Corse);
3° Un quartier industriel annexe de la maison centrale de Gaillon (Eure).
4° La maison d'éducation correctionnelle, rue de la Roquette, à Paris;
5° Deux quartiers spéciaux dépendants des prisons de Lyon et de Rouen.

Les établissements privés de garçons comprennent vingt-deux colonies agricoles ;

1° Bar-sur-Aube (Aube);
2° Bordeaux (Gironde);
3° Cîteaux (Côte-d'Or);
4° Fontgombault (Indre);
5° Grande-Trappe (Orne);
6° Guermaney (Nord);
7° Ile-du-Levant (Gard);
8° Marseille (Bouches-du-Rhône);
9° Mettray (Indre-et-Loire);
10° Montevrain (Seine-et-Marne);
11° Naumoncel (Meuse);
12° Oullins (Rhône);
13° Petit-Quevilly (Seine-Inférieure);
14° Pezet (Aveyron);
15° Sainte-Foy (Dordogne);
16° Saint-Hant (Côtes-du-Nord);
17° Sainte-Radegonde (Aveyron);
18° Toulouse (Haute-Garonne);
19° Vailhauquez (Hérault);
20° Val-d'Yèvre (Cher);
21° Villette (Ain);
22° Ostwalt (Bas-Rhin);

Les établissements correctionnels affectés aux filles sont au nombre de vingt-quatre, dont un public à Paris, Saint-Lazare, et vingt-trois privés, savoir :

1° Le Bon Pasteur, à Amiens;
2° Id. à Angers;
3° Id. à Bourges;
4° Id. à Dôle;
5° Id. à Lille;
6° Id. à Limoges;
7° Id. à Metz;
8° Id. à Saint-Omer;
9° Id. à Sens;
10° Id. à Strasbourg;
11° Id. à Varenne-lez-Nevers;
12° Le Refuge, au Mans;
13° Id. à Ribeauvillers (Haut-Rhin);
14° Le Refuge, à Saint-Brieuc;
15° Id. à Tours;
16° Id. à Vannes;
17° Id. à Rouen;
18° Les instituts de servantes catholiques, et 19° de servantes protestantes, à Strasbourg;
20° L'Ouvroir de la Miséricorde, à Clermont (Oise);
21° La Société de patronage de la Seine, à Paris;
22° Le couvent de la Madeleine, à Paris;
23° L'asile de Mâcon.

MAISONS CENTRALES ET PÉNITENCIERS AGRICOLES

D'APRÈS LA DATE DE LEUR FONDATION.

NOMS des MAISONS CENTRALES et PÉNITENCIERS AGRICOLES.	ANNÉES.	DESTINATION ANTÉRIEURE.
1. EMBRUN (Hautes-Alpes).	1803	Ancien grand séminaire, fondé par les Jésuites, réuni au domaine de l'État par la loi du 18 août 1792.
2. EYSSES (Lot-et-Garonne).	1803	Ancienne abbaye de Bénédictins.
3. FONTEVRAULT (Maine-et-Loire).	1804	Ancienne abbaye de bénédictins, fondée en 1099 par Robert d'Arbrissel.
4. MONTPELLIER (Hérault).	1805	Couvent des Ursulines.
5. CLAIRVAUX (Aube). .	1808	Abbaye fondée en 1115 par s[t] Bernard.
6. MELUN (Seine-et-Marne).	1808	Ancien couvent des Sœurs de Saint-Nicolas, à l'extrémité de l'île Saint-Étienne, propriété nationale en 1789.
7. RENNES (Ille-et-Vilaine).	1809	Dépôt de mendicité. En 1863, déplacée pour cause d'utilité publique, elle va être reconstruite sur *les Champs de Beaumont.*
8. LIMOGES (H[te]-Vienne).	1810	Ancienne abbaye de Bénédictins.
9. BEAULIEU (Calvados).	1811	Léproserie, hôpital de la Grande-Maladrerie ou de Notre-Dame de Beaulieu, fondée en 1160 par le duc de Normandie, Henri II. — Dépôt de mendicité en 1768.
10. ENSISHEIM (Haut-Rhin).	1811	École publique en 1542, fondée par lettres patentes de l'archiduc Maximilien II. — Collége de Jésuites en 1614. — Dépôt de mendicité en 1764, époque où les colléges de Jésuites furent supprimés.
11. MONT-SAINT-MICHEL (Manche).	1811	Ancienne abbaye. L'histoire pénitentiaire du Mont-Saint-Michel remonte à Louis XI, qui y fit

NOMS des MAISONS CENTRALES et PÉNITENCIERS AGRICOLES.	ANNÉES.	DESTINATION ANTÉRIEURE.
MONT-SAINT-MICHEL (*suite*).	»	renfermer le cardinal de La Balue. Noel Beda, syndic de la Sorbonne, qui avait amèrement critiqué la conduite de François Ier, y fut aussi incarcéré. Plus tard, Dubourg, gazetier de Francfort, qui s'était permis d'outrager Louis XIV, fut saisi par surprise et mis dans la cage de bois où il mourut. Sous Louis XV on y enferma un rimeur qui avait fait imprimer des vers contre Mme de Pompadour : il fut libéré par Louis XVI. En 1792, on y envoya, comme prisonniers d'État, trois cents prêtres non assermentés que leur âge ou leurs infirmités exemptaient de la déportation.
12. GAILLON (Eure).	1812	Ancien château donné par saint Louis aux archevêques de Rouen, qui en firent leur résidence d'été.
13. RIOM (Puy-de-Dôme).	1813	Ancien couvent des Cordeliers.
14. LOOS (Nord). . . .	1817	Ancienne abbaye de l'ordre de Cîteaux, fondée vers l'an 1146 par Thierry d'Alsace, comte de Flandre. Les cinquante religieux qui y furent envoyés d'abord par saint Bernard défrichèrent ce canton, alors inculte et inondé.
15. NÎMES (Gard). . .	1820	Citadelle construite en 1687, d'après les plans de Vauban, sur les débris du fort Rohan, bâti par les protestants en 1619. En 1797, le gouvernement voulant utiliser ce bâtiment, qui par sa forme et sa position pouvait servir de prison départementale, l'érigea en maison d'arrêt. — Le 20 décembre 1810, on le convertit en dépôt de mendicité.
16. HAGUENAU (Bas-Rhin).	1820	Dépôt de mendicité.
17. POISSY (Seine-et-Oise).	1821	Ancien couvent des Ursulines fondé en 1645. En 1811, dépôt de mendicité, non occupé : de 1813 à 1817, ses bâtiments sont transformés pour y recevoir les blessés de l'armée. —

NOMS des MAISONS CENTRALES et PÉNITENCIERS AGRICOLES.	ANNÉES.	DESTINATION ANTÉRIEURE.
POISSY (*suite*). . . .	»	En 1821, le dépôt des condamnés de Dourdan (Seine-et-Oise) est transféré à Poissy.
18. CADILLAC (Gironde).	1822	Vieux château bâti en 1596 par Nogaret de la Valette, favori de Henri III, qui le créa duc d'Épernon. En 1808, le gouvernement impérial le restitua au comte de Preissac, héritier des ducs d'Épernon. — En 1817, l'État en fit l'acquisition.
19. CLERMONT (Oise).	1826	Ancien château du prince de Condé, — remis au domaine national par décret du 8 avril 1792.
20. DOULLENS (Somme).	1835	Ancien château de François Ier, enclavé dans une citadelle. En 1718 elle servit de prison au duc du Maine, puis au comte de Maillebois qui y faisait jouer la tragédie : le *Cid* et *Néron*. — En 1793 on y enferma le maréchal de Mailly, qui avait défendu les Tuileries le 10 août 1792. — Sous Louis XVIII, Charles X, Louis-Philippe, et jusqu'en 1853, prison politique.
21. VANNES (Morbihan).	1841	Bâtiments dépendants de la prison départementale.
22. ANIANE (Hérault).	1844	Abbaye de Bénédictins, fondée en 780 par saint Benoît (d'Aniane).
23. BELLE-ISLE-EN-MER (Morbihan.)	1850	Constructions élevées sur des terrains dépendants de la citadelle.
24. CHIAVARI (Corse). .	1855	Domaines acquis par l'État.
25. AUBERIVE (Haute-Marne).	1856	Emplacement de l'ancienne abbaye de Notre-Dame d'Auberive, de l'ordre de Cîteaux, relevant de Clairvaux, et fondée en 1135 par Guillaume d'Aigremont, 55e évêque de Langres.
26. ALBERTVILLE (Savoie).	1862	Pénitencier fondé par le gouvernement sarde.
27. CASABIANDA (Corse).	1862	Domaines acquis par l'État.

(*Statistique des prisons et établissements pénitentiaires pour l'année* 1865.)

LA POPULATION CRIMINELLE EN FRANCE.

Statistique des prisons et établissements pénitentiaires.

Année 1868.

MAISONS CENTRALES ET PÉNITENCIERS AGRICOLES.

Les 18,364 individus des deux sexes détenus, au 31 décembre 1867, dans les maisons centrales et les pénitenciers agricoles, avaient été condamnés :

8,790 (6,713 hommes, 2,077 femmes) par les cours d'assises,
8,952 (7,652 hommes, 1,300 femmes) par les tribunaux correctionnels,
622 (621 hommes, 1 femme) par les tribunaux militaires.

D'après la nature de la peine qu'ils subissaient, les hommes étaient répartis ainsi qu'il suit :

Travaux forcés. . . .	148 (1)	soit	0.988 pour 100
Détention.	112	—	0.747
Réclusion.	3,792	—	25.303
Emprisonnement. . .	10,930	—	72.935
Fers.	4	—	0.027

La population des femmes se décomposait en :

Travaux forcés. . . .	1,300	soit	38.484 pour 100.
Réclusion.	292	—	8.644
Emprisonnement. . .	1,786	—	52.872

Le mouvement ascendant de la population des établissements affectés aux hommes, constaté en 1867, a continué en 1868.

(1) Dont 121 sexagénaires à Belle-Isle.

Au 31 décembre 1867, l'effectif était de . . . 14,986

Le nombre des individus entrés a été de 7,832, savoir :

Venant du lieu de leur condamnation.. . .	6,783	7,832
Venant d'autres maisons centrales ou pénitenciers agricoles.	867	
Venant du bagne ou des colonies pénales.	50	
Réintégrés après extraction de l'établissement.	72	
Réintégrés après évasion.	60	
Ensemble.		22,818

Celui des détenus sortis s'est élevé à 7,351, savoir :

Mis en liberté par expiration de la peine.	5,445	7,351
Mis en liberté par grâce.	418	
Transférés au bagne, à destination des colonies pénales.	48	
Transférés dans d'autres maisons centrales ou dans les pénitenciers agricoles de la Corse	651	
Transférés dans les prisons de département.	119	
Transférés dans les établissements hospitaliers.	50	
Évadés.	60	
Décédés	560	
Reste, au 31 décembre 1868.		15,467

Considéré au point de vue de la durée des peines, l'effectif se divisait ainsi :

		NOMBRE.	
		Hommes.	Femmes.
Travaux forcés. .	De 5 à 10 ans.	45	567
	De 10 à 20 ans.	65	551
	A perpétuité.	34	213
	A reporter. . . .	144	1331

		Nombre. Hommes.	Femmes.
	Report. . . .	144	1331
Détention	De 5 à 20 ans (art. 20 du Code pénal).	106	»
Réclusion	De 5 à 7 ans.	2,291	187
	Plus de 7 ans.	1,608	121
Emprisonnement.	De plus de 1 à 2 ans. . .	3,732	787
	— 2 à 3 ans. . .	2,353	379
	— 3 à 4 ans. . .	1,565	182
	— 4 à 5 ans. . .	2,452	271
	Plus de 5 ans.	1,214	248
Fers.		2	»
		15,467	3,506

Comme les années précédentes, la catégorie la plus nombreuse est celle des condamnés de 1 à 2 et de 2 à 3 ans : 39.342 p. 100 pour les hommes, et 33.257 p. 100 pour les femmes. C'est là, on ne saurait trop le répéter, une des difficultés sérieuses que rencontre l'administration dans ses tentatives de réformation des détenus.

En effet, sur 100 hommes :

Avaient antérieurement subi des condamnations entraînant les peines de la récidive.	36.86
Avaient été condamnés à 1 an et au-dessous.	38.57
Avaient été renfermés comme jeunes détenus dans des établissements d'éducation correctionnelle.	4.64
Total.	80.07

Sur 100 femmes :

Avaient subi des condamnations entraînant les peines de la récidive.	21.88
Avaient été condamnées à 1 an et au-dessous.	25.50
Avaient été renfermées dans des établissements d'éducation correctionnelle.	1.14
Total.	48.52

La moitié des hommes et *les deux cinquièmes des*

femmes n'entrent dans les maisons centrales qu'après avoir fait, en débutant par des peines de courte durée, dans les prisons départementales le triste noviciat de la détention.

Pour les deux sexes, ce sont les condamnés à l'emprisonnement qui ont les plus mauvais antécédents judiciaires. La proportion des individus en état de récidive légale, qui est de 38.24 p. 100 pour les hommes, et de 22.65 pour les femmes, s'élevait, en 1866, à 43.49 et 25.84.

La moitié des hommes et le tiers environ des femmes débutent par des peines de courte durée subies dans les prisons départementales, ce qui atteste qu'il est peu de malfaiteurs dont la perversité se manifeste d'abord dans toute son étendue, et ce qui prouve l'inefficacité des peines de courte durée. Trop peu prolongée pour exercer, soit par elle-même, soit par les mesures dont elle peut être accompagnée, l'intimidation et l'action réformatrice, la détention l'est assez pour familiariser le condamné avec le régime de la prison. Dans les maisons centrales, les individus condamnés de 1 à 3 ans seulement forment une proportion de 39.34 p. 100 pour les hommes et de 33.26 pour les femmes, et, parmi les détenus de cette catégorie, on trouve, par des calculs analogues à ceux qui précèdent, que 60 p. 100 pour les hommes et 51 p. 100 pour les femmes ont débuté par des peines de 1 an au plus. Le rapprochement de ces chiffres ne donne-t-il pas, dans une certaine mesure, l'explication du grand nombre de récidives constatées par la statistique criminelle à la charge des libérés sortant des maisons centrales?

En présence du contingent considérable de détenus, déjà récidivistes, fourni aux maisons centrales par les maisons départementales de correction, il est impossible de ne pas reconnaître le vice de la situation actuelle, à savoir : la promiscuité des détenus dans la presque totalité de ces établissements. Il n'y a à ce mal qu'un seul remède, l'appropriation ou la reconstruction des prisons départementales suivant le système cellulaire, pour les prévenus et accusés d'abord, et peut-être même pour la plupart des condamnés correctionnels.

On ne peut nier que la misère, à elle seule, fournisse à la population condamnée un contingent élevé. Ce fait, dont chacun a conscience, a été mis en lumière d'une manière saisissante par le tableau publié dans la Statistique de 1863 ; ce tableau démontre que le nombre proportionnel des atteintes à la propriété varie exactement comme le prix du blé.

Non-seulement la misère agit sur les libérés de même que sur les autres individus, mais l'influence en est, à leur égard, fortement accrue pour plusieurs raisons.

Il faut placer en première ligne les difficultés qu'un préjugé, salutaire peut-être pour la morale publique, mais assurément funeste pour les libérés, oppose à leur réintégration dans le droit commun. L'expérience démontre, en effet, qu'il est presque impossible à un libéré de pourvoir à ses besoins s'il ne possède d'autres moyens d'existence que son travail, ou s'il n'a pas une famille indulgente et dévouée qui l'accueille et le soutienne à sa sortie de prison. C'est surtout contre les condamnés des campagnes et des petites villes que ce préjugé entraîne les conséquences les plus fâcheuses ; pour y échapper, ils se réfugient dans les grands centres de population, où les attendent les tentations les plus fortes et les occasions les plus fréquentes de rechute.

Parmi les condamnés libérés des maisons centrales en

1868, 44.56 p. 100, n'ayant d'autres ressources que l'emploi de leurs bras, n'avaient pas de travail assuré, et 5.33 étaient hors d'état de travailler ; parmi les femmes, les proportions s'élevaient à 30.83 et 5.64 p. 100 ; 43.77 p. 100 hommes et 29.79 femmes s'étaient dirigés sur une localité autre que leur ancien domicile.

La situation est encore aggravée, d'ailleurs, par la peine accessoire de la surveillance. Pour s'en convaincre, il suffit de constater que, sur les 40 hommes et les 26 femmes repris dans l'année de la libération ou dans les deux années suivantes, 8 hommes et 4 femmes l'ont été uniquement pour rupture de ban ; 4 hommes et 4 femmes pour mendicité et vagabondage. N'est-il pas présumable que, parmi ces individus, la plupart n'ont été ramenés devant les tribunaux que parce que leur état de libérés leur avait fait fermer toutes les portes? Et parmi les autres récidivistes, combien ont dû retomber pour le même motif!

Contre cette cause de récidive, concourant avec la misère, il n'est pas de système d'emprisonnement qui puisse prévaloir.

Dans la théorie du droit pénal, un des objets des peines est de prévenir les récidives en infligeant au coupable un mal dont il craigne le retour. Or, ce résultat ne se produit que sur un petit nombre de sujets. En général, on peut dire, au contraire, que, loin de corriger par l'intimidation, toute peine déprave, parce que si afflictive qu'elle soit, dès qu'elle a cessé d'être *l'inconnu,* elle est moins redoutée ; parce que l'homme étant éminemment apte à contracter des habitudes, la plupart des condamnés s'accoutument promptement à leur sort ; parce qu'enfin les caractères faibles sont les plus nombreux dans les prisons : la première condamnation épuise toute la résistance dont ils sont capables, toute la honte dont ils sont susceptibles, de telle sorte que, toutes choses égales d'ailleurs, un libéré est bien moins arrêté par la crainte d'une nouvelle condamnation qu'un individu qui n'a jamais été frappé par la justice.

Il résulte, en effet, des comptes de la justice criminelle que, pour les libérés des années 1864 à 1866, le nombre de ceux qui ont été repris dans l'année de la libération et les deux suivantes est, en ce qui concerne les hommes, de 46 p. 100, pour les individus ayant été détenus deux ans et moins, et de 29 seulement pour ceux qui ont été détenus plus de deux ans; en ce qui concerne les femmes, les proportions sont de 31 et 16 p. 100.

Le nombre des récidives est donc en raison inverse de la durée des peines.

Dans les maisons départementales, la durée des peines est trop courte pour que l'amendement moral y soit efficace. C'est un motif de plus pour qu'on ait à regretter, dans beaucoup de cas, des condamnations qui n'ont réellement pour effet, bien souvent, que de familiariser ceux qui en sont l'objet avec la prison et de les jeter ainsi dans la classe des récidivistes.

3,204 jeunes détenus, soit 37.68 p. 100 de l'effectif, appartiennent à des familles dont ils n'ont pu recevoir que de funestes inspirations ou tout au moins de pernicieux exemples. S'il était possible d'aller au fond des choses et d'examiner la situation particulière des parents désignés comme *vivant du produit de leur travail,* on trouverait que beaucoup d'entre eux, par suite de leur situation précaire et de leurs occupations qui les forcent à quitter leur domicile dès le matin pour n'y rentrer que le soir, sont hors d'état de surveiller leurs enfants et de pourvoir à leur éducation, en admettant même qu'ils en aient le désir. Il serait donc nécessaire que l'État fût substitué en principe à ces pères de famille et investi d'une tutelle spéciale, afin de pouvoir remplir complétement la mission d'éducation correctionnelle et de patronage que lui imposent le Code pénal (art. 66) et la loi du 5 août 1870. C'est en effet aux familles des jeunes détenus que l'on est fondé à faire remonter la responsabilité des méfaits pour lesquels les enfants sont traduits en justice. On s'est demandé à cette occasion s'il conviendrait d'atteindre par différentes pénalités les parents convaincus d'une négligence coupable; si l'on devrait, par exemple, prononcer contre eux, suivant les cas, une amende, un emprisonnement, la destitution de tout ou partie de la puissance paternelle. L'application de ces mesures soulèverait probablement beaucoup de difficultés et serait le plus souvent inefficace. Il y a lieu de faire remarquer cependant que la législation anglaise a édicté une pénalité pécuniaire contre les familles des jeunes détenus, et que les sommes qu'on les oblige de verser ainsi, pour contribuer à l'entretien de leurs enfants, sont comprises dans les recettes des écoles de réforme en Angleterre et en Irlande (1).

69,125 individus arrêtés provisoirement ont vu cesser leur détention préventive pendant l'année, savoir :

2,693 par la mise en liberté provisoire;

6,881 *par des ordonnances de non-lieu;*

55,400 par leur comparution devant les tribunaux correctionnels;

(1) Détails extraits de la *Statistique des prisons et des établissements pénitentiaires* publiée chaque année, depuis 1853, par le ministère de l'intérieur. L'initiative de cette publication appartient à M. de Persigny, qu'elle honore.

On remarquera, page 434 ci-dessus, qu'après avoir flétri en 1853 le régime cellulaire, l'administration des prisons le réhabilite en 1870.

3,799 par leur renvoi devant les chambres d'accusation;

352 par tout autre motif (renvoi devant la juridiction militaire, maritime ou administrative, transaction avec l'administration compétente, etc.).

Leur détention avait duré :

Moins d'un jour pour.	3,558
D'un jour à trois jours.	18,111
De quatre à huit jours.	18,858
De neuf à quinze jours.	12,420
De seize jours à un mois.	9,994
D'un mois à deux mois.	4,481
De deux à trois mois.	1,191
Plus de trois mois.	512

Parmi les 2,600 inculpés mis en liberté provisoire, 466 étaient poursuivis pour des crimes et 2,227 pour des délits. La liberté provisoire a été subordonnée à une caution pécuniaire dans 224 cas et à une simple soumission d'un tiers dans 36. Des 2,693 inculpés mis en liberté provisoire, 19 *seulement* n'ont pas répondu plus tard à la citation qui leur a été faite de comparaître en justice.

Le dernier rapport de M. Dufaure, garde des sceaux, sur l'*administration de la justice criminelle en France*, auquel ces derniers renseignements sont empruntés, annonce la publication prochaine de « Rapports sur la statistique internationale qui faciliteront la comparaison de l'état de la justice chez les divers peuples et jetteront une vive lumière sur les questions de législation criminelle qui préoccupent les esprits sérieux. »

En attendant qu'ait paru cette statistique officielle, on peut affirmer que la population criminelle n'est pas plus considérable en France qu'en Europe et que particulièrement en Allemagne; c'est ce qui résulte des chiffres qui ont été relevés par M. Maurice Block dans son livre intitulé : *L'Europe politique et sociale.*

TABLE DES MATIÈRES

Préface. 1

LIVRE PREMIER.

Chapitre Ier. De la servitude pénale. 19
— II. De la légitimité du droit de punir. 32
— III. De l'utilité du droit de punir. 47
— IV. L'échelle pénale. 58
— V. De la privation de la vie. 62
— VI. De la privation de la liberté. 76
— VII. De la privation de la patrie. 158
— VIII. De la privation des droits civiques et civils. . . 161
— IX. De la privation d'une somme d'argent. 165
— X. De l'abus de la pénalité. 174
— XI. De la spécialité des peines 237
— XII. De l'élimination pénale. 242
— XIII. De l'adoucissement des peines. 255

LIVRE DEUXIÈME.

Chapitre Ier. De la publicité pénale. 275
— II. La société sans pénalité corporelle. 319
— III. Appel à la controverse. 388

APPENDICE.

Peines et supplices en usage en France avant 1789. 399
Exécution de la peine des travaux forcés. — Loi du 30 mai 1854. 414

Maisons d'arrêt, de justice et de correction, chambres et dépôts de sûreté. 418
Maisons centrales. 423
Établissements d'éducation correctionnelle. 425
Maisons centrales et pénitentiaires agricoles d'après la date de leur fondation. 427
La population criminelle en France. 430

FIN.

Printed in Dunstable, United Kingdom

91223687R00251